张海鹏文集

第四卷
港澳台
及中日关系

张海鹏 著

社会科学文献出版社

目 录

一 港澳研究

百年沧桑话香港 …………………………………………… 003

香港回归的历史和现实意义 ……………………………… 013

香港对于 21 世纪中国人的意义 ………………………… 019

澳门史研究：前进和困难

    ——国内澳门史研究的动向 ………………………… 026

里斯本访史散记 …………………………………………… 036

澳门回归的回顾与展望 …………………………………… 044

二 台湾历史与现实问题研究

我的台湾经历与我的研究 ………………………………… 057

首次赴台进行学术访问的情况报告 ……………………… 080

历史和现实："一国一制"和"一国两制"研究 ………… 090

与王晓波教授商榷"不完全继承"理论 ………………… 099

中国的统一要靠中国人自己

    ——书生议政：年终看两岸关系 …………………… 107

从史料解禁看"一国两制"的历史根据 ………………… 114

"一国两制"是和平统一祖国的根本方针 ……………… 120

访台归来谈李登辉主持的"修宪" ……………………… 127

台湾选举与政治生态的观察 …………………………………… 134
捍卫中国领土主权不可分割的原则
　　——在《开罗宣言》发表60周年纪念座谈会上的发言 …… 141
关于台湾史研究中"国家认同"与台湾史主体性
　　问题的思考 ……………………………………………………… 145
当前形势下对二二八事件的认识与思考 …………………………… 149
我对二二八事件的粗浅认识 ………………………………………… 161
《反分裂国家法》是维护海峡两岸和平稳定的大法，
　　也是促进祖国统一的法律 ……………………………………… 168
关于陈水扁终止运作"国统会"和"国家统一纲领"后
　　对台工作的建议 ………………………………………………… 172
与许信良、林浊水、邱进益等人谈两岸关系 ……………………… 175
两岸学术交流的一些回顾与建议 …………………………………… 180
对未来两岸政治关系的可能定位及发展刍议 ……………………… 186
海峡两岸关系发展趋势蠡测 ………………………………………… 199
超越党争　共倡统一
　　——贺台湾《湖北文献》50周年 ……………………………… 210

三　中日关系历史与现实研究

近代中日关系的历史回顾 …………………………………………… 221
反省近百年中日关系的历史教训 …………………………………… 227
全球化与中日关系 …………………………………………………… 235
宇野重昭／张海鹏：中日关系对谈录 ……………………………… 243
试论当代中日关系中的历史认识问题
　　——兼评《中日接近和"外交革命"》发表
　　　　引起的"外交新思考"问题 ……………………………… 251
解析近代以来的中日关系史 ………………………………………… 271
中日关系的现实与中日关系史研究 ………………………………… 280

警惕日本军国主义复活
　　——写在世界反法西斯战争胜利 68 周年之际 …………… 301
钓鱼岛争端与中日关系评析与展望………………………… 304
《马关条约》与日本的崛起 ………………………………… 312
正视甲午是改善中日邦交的前提…………………………… 320
甲午战争与中日关系
　　——对甲午战争 120 周年的反思与检讨 ………………… 323
忘记历史教训难以改善中日关系
　　——写在第一个法定抗战胜利纪念日来临之际 ………… 329

一
港澳研究

百年沧桑话香港*

现在距 7 月 1 日中国政府恢复在香港行使主权，不过百余日了。三个月前，经香港民众民主推选的香港特区行政首长董建华，已获中华人民共和国中央人民政府正式任命，特区临时立法会也已产生，首任特区行政长官正在为筹组特区政府，谋划恢复中国主权后香港的繁荣和发展而积极工作。全世界的目光都在关注着香港即将到来的历史性变化。我们已分明感到，历史前进的脚步加快了。

今天的香港地区，包括香港岛、九龙和"新界"，是在晚清由三个不平等条约割让、租借给英国的。回顾香港地区被迫割让、被迫租借的历史，差不多就要回顾近代中国的全部屈辱历史。回顾这百多年的历史，我们的心情是沉重的。但是哲人有言，读史使人明智。一个面向未来的民族，是不会被历史的沉重包袱压倒的。我们会从历史中醒来，我们会轻装前进。

英国是怎样侵占香港的

英国占领香港，是近代中国历史开端的标志，也是近代中国屈辱历史的标志。

英国想在中国南海沿岸占领一块地方作为通商据点，早在 17 世纪前期英国资产阶级革命以前，就有人提出了。工业革命以后，英国机器

---

* 本文是应中共中央机关刊物《求是》杂志之邀约，为迎接香港即将回归祖国怀抱而写作的，发表于《求是》杂志 1997 年第 6 期。

工业蓬勃发展，大大刺激了它对海外贸易的追求，英国在海外掠夺殖民地的步伐加快。18世纪后半叶到19世纪初，它多次向中国派出使团，提出割让土地的要求。1834年8月，英国驻华商务监督律劳卑正式向英国外交大臣建议，派军舰来华占领香港岛。这是第一个提出用武力占领香港岛的英国官员。

先于军舰来华的是英国的鸦片走私船。英国是当时对华贸易的主要国家，但在18世纪末，英国对华贸易存在巨大逆差，英国工业品无法占领中国市场。英商在印度殖民地大量收购鸦片，走私来华，终于改变了对华贸易逆差的不利局面，到1833年，因鸦片大量流入，英国从中国运走的白银近1000万两，中国从出超变成入超。推动非法鸦片走私贸易的，是新兴的英国工业资产阶级，代表这个阶级利益的"自由商人"，是可耻的鸦片贸易的主要承担者。鸦片贸易为英国带来巨大的利润，不仅填补了外贸逆差，积聚了工业资本，而且为英国工业品打开了市场。难怪当时中国政府派林则徐来广州严禁鸦片一事，那样刺痛了英国资产阶级的神经，英国要以武装侵略中国相报复了。

1839年6月3日，林则徐在虎门海滩公开销毁英商交出的两万箱鸦片，完全是维护中国主权的正义行动。消息传到伦敦，英国政府恼羞成怒，外交大臣巴麦尊表示要"先揍它一顿，然后再作解释"，悍然发动侵略中国的战争。1840年8月，英国东方远征军开到天津白河口外海面，要挟清政府赔偿烟价，提出割让沿海一处或数处岛屿的要求。同年12月，钦差大臣琦善在广州与英国全权代表义律交换照会，琦善要求英军交还定海，义律提出赔偿烟价、增开通商口岸、在香港"树旗自治"，遭到琦善拒绝。义律即于1841年1月7日凭借优势海军攻占珠江口的沙角、大角两炮台，并以割占沙角相要挟。琦善不同意割让沙角，义律即提出"以香港一岛接收，为英国寄居贸易之所"。未等琦善答复，英国军舰"硫磺"号即于1月25日在香港岛强行登陆，宣布占领香港岛。1月27日，琦善与义律在珠江口内会晤，义律要求中方同意割让香港岛，琦善当即拒绝。谈判桌上得不到的东西，英国要通过战争手段来取得。

1842年8月，英国全权代表璞鼎查率80多艘舰艇云集南京下关江面。由于清政府腐朽无能，被迫定下城下之盟，签订了近代中国对外第一个不平等条约——《南京条约》。中国的主权受到严重损害。英国从

《南京条约》中取得了广泛的权利，香港的割让是其中重要的一项。1843年6月26日，钦差大臣耆英代表清政府去香港与英方互换了《南京条约》批准书。首任香港总督璞鼎查宣布香港岛及其属土被命名为"香港殖民地"，并将香港岛北部称为维多利亚。从此，英国对香港的殖民统治正式开始。

不久，割占九龙半岛的问题又提出了。

与维多利亚城（又称香港城）隔海相望的尖沙咀一带，是九龙半岛南端。两地相隔数公里，是天然深水良港。英国如果占有尖沙咀一带，这个拥有5200公顷的深水良港就成了英国的内湖，对港英当局来说，它的经济、政治、军事意义是无比巨大的。早在1841年初，义律率军攻下沙角、大角炮台后，就曾提出要以沙角换香港和尖沙咀。英国商人也一再鼓吹，尖沙咀是平地，宜于建造城市，要求英国政府把那里夺过来。英国远东舰队司令也从香港发展的安全和供应着眼，认为必须占领九龙和昂船洲（九龙半岛西边的一个小岛）。英国政府因力量不够，条件不成熟，没有行动。

第二次鸦片战争爆发后，英军占领广州，九龙半岛人民抗英情绪激烈，香港的中国人也纷纷内渡，港英当局进一步认识到九龙地位的重要。1858年3月，英国军人再次提出占领九龙半岛对香港的发展、安全，对英军获得宿营地，都是必须的。这一意见，得到英国政府认可。英国外交大臣指示驻华全权特使额尔金，一旦出现机会，应竭力从中国政府手中取得九龙半岛和昂船洲。1860年3月，来华扩大侵略战争的英国援军占领尖沙咀，九龙半岛成了英法联军的大本营。随着中国在第二次鸦片战争中的失败，英国割占九龙的欲望，在1860年10月签订的《北京条约》中实现了。像香港岛一样，九龙地区也是先经由军事占领，再通过强迫签约，被英国取得的。

占领九龙，英国追求的利益并未终结。不过两三年，英国军方就提出了香港扩界的要求。30年后，中日甲午战争的爆发，给英国满足其贪欲，提供了契机。1894年11月，当中日黄海大海战后不久，港督罗便臣向英国殖民地部大臣提出建议，认为"从防御的观点看"，香港界址应拓展到大鹏湾至深圳湾一线，并应包括距香港三海里以内的所有岛屿。罗便臣认为："应当在中国尚未来得及从失败中恢复过来以前，向它强行提出这些要求。"

甲午战争发生于 19 世纪末期，这正是垄断资本主义代替自由资本主义，世界资本主义向帝国主义转变的时候。帝国主义在世界范围内爆发了瓜分殖民地的尖锐斗争。这一斗争也反映到中国。帝国主义各国纷至沓来，它们又争夺又勾结，除了在经济上向中国输出资本、攫取铁路矿山等大量权益外，还在政治上掀起了强租租借地和划分势力范围的狂潮。瓜分中国之说，一时也甚嚣尘上。德国、俄国、法国、日本都在华参与了划分势力范围的争吵。英国对甲午战后的远东形势，尤其对俄、法两国在中国取得的权益极为警惕。英国政府除了宣布长江流域为英国势力范围外，还要在俄国租借旅大地区后，以租借威海卫作为补偿；法国租借广州湾，要以拓展香港界址作为补偿。

1898 年 4 月 2 日，英国驻华全权公使窦纳乐向清政府提出展拓香港界址的要求。在两个多月的谈判过程中，英国公使凭恃列强在华掀起的瓜分声浪，凭借英国在华势力，掌握谈判方向，无理搅三分，所提谈判要点，不准总理衙门大臣奕劻、李鸿章等辩驳。李鸿章等畏谈判对手如虎狼，英国代表说谈就谈，说停就停，说改就改，清政府代表完全丧失谈判主动权。一个半月后，在清政府代表一再退让的情况下，双方就展拓香港界址达成共识，准备不日签字。这个方案的要点是：从沙头角海至深圳湾的最短距离画一直线，线南租与英国；展拓界址不是割让，是租借，租期 99 年；九龙城由中国控制，九龙码头仍由中国船只使用；九龙城到新安（今宝安）陆路，中国官民照常行走；港英政府协助中国反对走私；大鹏、深圳两湾水面，中国兵船不论平时战时仍可享用。但是，这个方案遭到英国海军部和殖民地部等当权部门的反对，认为展拓界址还不够大。它们提出要把整个大鹏湾都包括在界内，北界要以自然边界为界，这就比原方案以最短距离直线为界拓宽多了。此后，窦纳乐根据英国外交部训令向中国政府再次提出香港拓界交涉，又是清政府让步。6 月 9 日，李鸿章等代表清政府，窦纳乐代表英国，在《展拓香港界址专条》上签字。

这个《展拓香港界址专条》，同以前的《南京条约》《北京条约》一样，是不折不扣的不平等条约。西方学者史维理（Peter Wesley-Smith）在 1980 年出版的著作《不平等条约（1898—1997）：中国、英国与香港新界》一书中指出："1898 年的北京条约（指《展拓香港界址专条》）是一个不平等条约。所以这样评价，是因为只有一方从中得到好处。中国暂时丧失了土地，但没有得到补偿。再者，在起草条约时缔约双方并非处于平等的谈判地位。"他的评论是客观的。对于缔约双方并非处于平等地位，参与谈判过程的总理衙门大臣翁同龢说过，窦纳乐"贪如狼，狠如羊"，每次提出要求，总是先拟就文件，强迫总理衙门承认，不准改动一字。《展拓香港界址专条》就是由窦纳乐亲自拟订，然后交清政府代表签字的。

尽管如此，专条签字后，英国仍然得寸进尺，对专条中清政府坚持的东西一律予以推翻，千方百计攫取对自己有利的东西。出尔反尔，毫无信义可言。如关于九龙城及其附近码头的管辖问题，英国就不信守条约。又如关于北部边界的勘定问题，英方否定了专条中从沙头角海至深圳湾间最短直线为划界原则的规定，违约提出以深圳北部山脚为界，而把深圳和沙头角包括在内。经过反复交涉，中方官员让步，同意以深圳河为界，把深圳河划入英界内。而后在1899年3月签订了《香港英新租界合同》。主持划界的英国官员事后供认："我很高兴，经过相当大的困难以后，我得以诱使中方委员同意以深圳河北岸直抵该河河源作为中英地界。"这个供词充分暴露了一个老牌殖民者的嘴脸。为了为英国拿到更多的利益，昨天说过的话，签过字的条约，都是可以不算数的。清政府任人宰割的模样，我们今天回顾起这一段历史来，真是不堪回首。

新界地区较原香港行政管辖区（香港岛加上九龙）大十一倍，租借地水域较原水域大四五十倍，其性质是租借，而不是割让，这是约有明文的。但是英国政府一开始就把这块租借地当作自己的殖民地，完全无视条约的规定，完全无视中国对租借地的主权。这显然是非法的。

中国政府一再坚持对九龙城的管辖权和对整个新界的主权。但是旧中国国家落后，政府软弱，对英国政府顽固的殖民主义立场没有办法。尽管如此，英国对"租借"二字仍不满足，总想把"租借"改成割让。20世纪20—30年代，英国政府一再向中国提出这一问题。最后一次提到是1938年，港督罗富国宣称："香港非常需要新界，英国非常需要香港，用金钱来获得割让，割让或延长租期的成熟时机总会到来。"

这个时机终于没有到来，也永远不会到来。

香港回归祖国怀抱的历程

进入20世纪以后,中国人民要求废除不平等条约的呼声日渐高涨。1919年巴黎和会和1922年华盛顿会议上,列强不理睬中国关于收回治外法权和租借地的要求。1941年太平洋战争爆发以后,中国政府再提收回香港,得到国际舆论的支持。但是,英国拒不从殖民主义立场后退。1943年中英签订关于取消英国在华治外法权及其有关特权的条约,香港及"新界"租借地不在内。1945年日本无条件投降前夕,在涉及香港归还问题时,英国首相宣布"决不放弃英国旗帜下的一寸领土"。8月底,英国派军队重新占领了整个香港地区。

中华人民共和国建立之后,中国与周边国家及西方国家建立了全新的国家关系。中国政府宣布不承认列强强加于中国的一切不平等条约,当然也不承认有关香港问题的三个不平等条约,始终认为香港自古以来就是中国的领土。中国政府主张在适当时机,通过谈判来解决这一历史遗留问题。中国恢复联合国席位和中英正式建交以后,周恩来总理对来访的英国客人说过,"租约届满时,中英双方必须进行谈判……从中国拿走的领土必须归还"。这说明中英谈判香港问题的时机快要成熟了。70年代末,国内国际局势发生了很大变化。中美建交后,中国确立了改革开放、建设社会主义现代化的总方针,提出了用"一国两制"解决台湾以及港澳主权回归问题这个实现祖国统一的总任务。英国也认为再也不能回避香港问题了。这表明中英谈判香港问题的时机成熟了。

1982年9月24日,邓小平代表中国政府对英国首相撒切尔夫人宣布,"主权问题不是一个可以讨论的问题","1997年中国将收回香港。就是说,中国要收回的不仅是新界,而且包括香港岛、九龙"。"如果不收回,就意味着中国政府是晚清政府,中国领导人是李鸿章!"此前,他还对香港客人说过,这里没有当代的李鸿章,如果我们不收回香港主权,人民会起来打倒我们。从1982年9月开始,经过长期的艰苦谈判,英方认识到,中国提出的"一国两制""港人治港""保持繁荣""50年不变",照顾到中英港三方利益,合情合理,颇得港人之心,不得不顺应时势,放弃幻想,改变策略,终于在1984年12月签订了中英《关于香港问题的联合声明》。这个联合声明确认了中华人民共和国将于 1997 年 7 月 1 日恢复对香港行使主权，成功地解决了中英两国长期悬而未决的历史遗留问题。

联合声明表明，一百多年前英国用炮舰政策强加给中国人民的不平等条约彻底废除了！这是新中国外交政策的胜利，是中英平等外交成功的典范。这也是社会主义中国国力强大的象征，旧中国做不到的事情，这一届中国政府做到了。香港的回归洗雪了百多年前中国人民所蒙受的耻辱，我们可以告慰列祖列宗说，在中国共产党的领导下，社会主义中国强大了，中国人民真正站起来了。香港回归、"一国两制"也将给解决澳门、台湾问题树立良好的范例，祖国真正统一的日子，不会遥远了。

香港经济发展的过去与未来

香港被英国占领不久，即被宣布为自由港。说者往往以此为香港发展的根本原因。事实似乎并不尽然。香港是在 20 世纪 60 年代末经济开始起飞，逐渐发展成为亚洲"四小龙"之首的。何以在此前一百年香港经济不能起飞呢？太平洋战争以前，香港主要是转口贸易港，工业基础薄弱。日本占领期间，经济几乎崩溃。战后开始转变经济模式，发展本港加工业。1949 年，人均生产总值不过 248 美元，比国内一些大中城市可能还要差些。到 1962 年，人均生产总值才 364 美元。

自由港政策诚然是香港发展的重要因素。英国是老牌的资本主义国家，它积累了丰富的发展资本主义生产的经验。把这种经验移植到香港，特别是把运用得成熟的自由港政策移植到香港，对于香港发展成后来的那个样子，显然是长远起作用的因素。早在 1843 年英国占领香港之初，英国殖民地部大臣就指示港督，英国占领香港，"不是着眼于殖民，而是为了外交、军事和商业的目的"。这表明，英国占领香港，是从世界眼光出发的，首先是为了远东的战略目的，是为了最便当地从中国取得政治、军事、经济利益。政治、军事的作用是显而易见的，19世纪 40 年代以后的侵华活动，几乎都是在香港策划的。但是，经济的利益最初并不明显。所以港英政府把实现鸦片贸易合法化作为对华交涉的重要目标,并且通过发动第二次鸦片战争,迫使中国签订了又一个不平等条约——《北京条约》,实现了鸦片贸易合法化。在此之前,在港英政府的保护下,鸦片走私活动愈演愈烈。1847年,香港出口总值22.6万英镑,其中仅鸦片一项就占19.5万英镑,超过总值的86%。1857年,据准确的统计数字,通过香港进入中国的鸦片达6.6万箱,大大超过了鸦片战前的最高水平。鸦片贸易合法化后,鸦片走私非但没有减少,反而更加猖獗了。照美国学者费正清的研究,香港作为世界上最大的鸦片走私巢穴和贮存、转运中心的地位,前后保持了30年之久。用《十九世纪的香港》一书作者的话说,"可以说香港靠鸦片才得存在",这样的评论是很平实的。应该说,不仅香港靠鸦片存在,英印政府从鸦片贸易中发了大财,英国政府也从鸦片贸易中获得了巨大的收入。

香港不仅是鸦片贸易的中心,而且是苦力贸易的中心。"契约华工"(即苦力贸易)是继非洲黑人贸易后西方殖民者从亚洲掠取劳动力的重要形式。鸦片战争后,苦力贸易在中国沿海港口迅猛发展,由于香港便于航运,又有自由港政策,去美澳两洲的契约华工皆集中于此,使香港成为名副其实的华工贸易中心。据记载,1852年自香港运往美国加利福尼亚的华工达3万人。1848—1857年,从香港运往古巴的华工约2.4万人。另据统计,1851—1872年从香港运往美洲、大洋洲和东南亚的华工超过了32万人。华工用他们的血与汗,用他们的生命,支持了香港的航运业和商业,支持了香港的发展。

可以毫不夸张地说,鸦片贸易、苦力贸易和中国对英赔款,为香港早期的发展提供了动力。19世纪60年代以后,香港中转贸易港地位的逐步确立,以及香港成为航运中心、金融中心,无不与鸦片贸易、苦力贸易有关。自由港政策是一个重要的润滑剂。它吸引了外来的投资,也吸引了中国内地的投资。但是,如果没有中国的发展需要,光有自由港政策,中转贸易港地位是难以建立起来的。当然,朝鲜战争、越南战争以及冷战时期国际反动势力对华布置的半月形包围圈,对香港的发展给予了某种影响或者刺激,也是毋庸讳言的。

香港人口中,95%是中国人。华人对香港的发展做出了不可磨灭的贡献。他们在政治上、种族上受到英国殖民者歧视的情况下,含辛茹苦,披荆斩棘,勤奋经营,为香港积累了财富。据研究,从19世纪70年代起,华商的实力就在香港经济生活中占有举足轻重的地位。1881

年港督轩尼诗承认，华人对英国的商业利益极为重要，"华人是香港最富有的商人，他们拥有大量财富……香港政府岁入的十分之九是靠华人出钱"。他还认为，没有华人的合作，就没有香港的繁荣。这是面对事实的评论。香港经济的几次转型主要是华商做出的贡献。今天，香港成为国际贸易中心、国际金融中心、国际航运中心、国际信息中心，人均生产总值达到2.3万美元（1995年），离开了华人的努力是不可想象的。香港十大华资集团所控制的上市公司的市值，1993年底达到10007亿元，占香港股市总市值的33%。谈香港的自由港政策，而不谈华人对香港的发展和繁荣所做出的贡献，是不公平的。

香港的繁荣，与它背靠祖国那样一个广阔的腹地是分不开的。19世70年代以后，中国出现过一个有限的发展时期，这便带动了香港的发展。20世纪50年代以后，中国政府为香港的发展创造了适宜的国际环境和稳定的政治气氛，这是经济起飞不可缺少的大背景。从70年代起，中国在对外开放的方针下，从事大规模的社会主义现代化建设，为香港的发展提供了极为重要的经济舞台。根据1993年的资料，在香港产品的五大出口地中，内地居第一位，超过美国、德国、英国和日本；在香港五大转口目的地中，内地占2244亿港元，远超美、德、日，台湾地区更在其后；在香港五大进口来源地中，内地高达3300亿港元，远居于日本、台湾地区、美国之前，韩国更不在话下。中国经济的迅猛发展，极大地刺激了香港的转口贸易。香港转口贸易在1988年再度超过港产品后，1995年占出口总值的比重跃升至83%，香港由此成为全球最大的转口贸易港。经香港转口的货物，大约90%转往内地或来自内地，中国内地是香港最大的转口贸易伙伴。香港资金到国内投资，是国内吸引外资的主要部分，占外资总额的60%；中国内地资金流向香港，累计已超过250亿美元，仅次于当地华资和英资，构成香港资金来源的基本部分。50—60年代上海、广州一带资金、管理人才和劳动力大量流入香港，也是香港发展的重要原因。香港的生活资料（包括淡水）和加工业的原材料，全部、大部或主要部分由内地提供，也是不可忽视的因素。香港和内地经济的互补架构已经牢固地形成了。经济互补、分工合作、共同发展、共同繁荣，必然成为一个长期的趋势，不可扭转。总之，香港的发展，离不开祖国的发展，否则便是无源之水，无本之木，是绝对不能持久的。综合来看，香港的自由港政策，自由资本主义的发展模式，优良的地理环境，港人的艰苦奋斗，包括早期的种种牺牲，加上以祖国内地作为广大的腹地，以及适当的国际环境，是香港发展的必不可少的重要条件。

到今年 7 月 1 日，英国"租借"香港新界满 99 年，正式割占香港岛 155 年，割占九龙 137 年。百年沧桑，在我们回顾历史的时候，常常涌起一种复杂的感情。展望未来，我们豪情满怀，无限欣慰。香港的回归，不仅使我们洗刷了百多年前的民族耻辱，使我们获得了解决祖国统一这一历史任务的宝贵经验，而且这一镶嵌在祖国南疆的"东方明珠"必将更加亮丽。香港，相对于祖国广袤的土地，虽只是南海一隅，却是著名的国际经济中心，它的金融、贸易、航运、旅游、信息、轻工业制造，都具有地区性和国际性的地位。香港生产总值在全球前 30 名内，人均值超过英国、加拿大、澳大利亚，居全球第六；总出口值居世界第八，总进口值列世界第七，人均外贸额居世界第二名。它的经济活动具有极为广泛的国际联系。它是东西文化的交汇点。它是典型的自由资本主义发达的地区，又受到祖国的社会主义制度的制约和影响，可以说是社会主义和资本主义的交汇点。香港的回归，对于我们进一步探索祖国统一的路子，就近了解和借鉴资本主义经济运营的特色，加强国际联系，发展和繁荣内地的社会主义经济，更好地担负起振兴中华的历史重任，都是极为有利的。

恢复中国在香港行使主权，已是指日可待了。五星红旗在香港飘扬的日子不远了。"一国两制""港人治港""高度自治""50 年不变"，这是我国政府对香港的基本国策。香港的繁荣，离不开祖国的繁荣；祖国的繁荣，离不开香港高度活跃的经济能力。因此，"一国两制""港人治港""高度自治""共同繁荣""50 年不变"，绝不是一时的心血来潮，权宜之计，而是从振兴中华、统一祖国的历史需要出发制定的战略决策。在香港即将回归祖国怀抱的时候，广大的港人充满了比以往更多的对香港未来的自信，许多移居海外的港人，纷纷归来，海外投资者对香港未来抱有热情的期望。就是英国的企业家，也不打算放弃在香港赚钱的机会。我们相信，具有光荣爱国传统的香港人，一定会主动把握机遇，舍弃殖民心态，吸收以往香港历史发展中的积极成分，在祖国的怀抱里，把香港治理得比以往任何时候都好。这是香港人民的期望，更是祖国人民的期望！

香港回归的历史和现实意义*

香港回归祖国怀抱，现在是指日可待了。全国人民正在翘首盼望这一天的到来。香港特区政府行政长官和特区临时立法会正在积极有效地进行工作。中国人民解放军驻港先头部队业已进驻港岛。世界上任何力量都不能阻止这个历史事件的进程。经过中英两国政府商定，主权交接仪式已经敲定。6月30日和7月1日，数以千计的世界政要和数以千计的各国媒体记者将要云集香港，观看交接仪式和特区政府的就职。届时，英国将体面地退出香港。中英两国的外交将翻开新的一页。

今天的香港地区是由香港岛、九龙、新界（包括各离岛）及其周围海域组成的。香港岛、九龙割让给英国，新界租给英国，是由历史上英国对华三个不平等条约造成的。在鸦片战争的过程中，英军于1841年1月强行占据香港岛，1842年8月签订《南京条约》，中国被迫将香港岛割让给英国。1856年，英法发动第二次鸦片战争，1860年3月英法增兵来华，占领尖沙咀，九龙半岛南端成了英法联军的大本营。1860年10月签订《北京条约》，英国从中国手中强行取得了九龙半岛。19世纪末，列强在华掀起划分"势力范围"的狂潮，趁俄国取得旅大租借地、法国取得广州湾租借地的机会，英国强迫清政府把山东半岛的威海卫租与英国，把九龙半岛界限街以北、深圳河以南原属广东新安县的大片土地（后来名为"新界"）以租借的名义拿到手，在条约上规定租期为99年，1898年7月1日生效。到今年7月1日，英国"租借"香港新界满99年，正式割占香港岛155年，割占九龙半岛137年。

英国占领香港后，每每以香港的防卫为由，要求扩界，侵占九龙是

---

* 本文是应武汉《改革纵横》杂志约稿而作，发表于《改革纵横》1997年第7期。

这样，强租新界也是这样。难道香港的防卫问题真有那么严重吗？事实绝非如此。所谓防卫问题只不过是英国殖民者的口实而已。英国外交大臣索尔兹伯里在涉及香港的第三个不平等条约《展拓香港界址专条》签订后的议会答辩中说："不能说（香港）面临什么危险"，"看不出危险会来自何方"。中国处于半殖民地半封建社会，外受列强侵略压迫，自身难保，连港九、新界，甚至连九龙城那样一个小小的地方都保不住，还能对英国控制的地方构成威胁吗？试问，租借了新界，香港的防卫问题就解决了吗？这不过是为下一轮再次割占中国领土制造一个骗人的借口罢了。明明是侵略，它却叫防卫，殖民者的逻辑就是这样。当对香港的威胁真正出现的时候，英国是不会为它的安全流血的。1941年12月日军占领香港时，港英政府有何作为呢？只有香港地区的中国人在坚持对日抗战，直到抗战最后胜利。

香港新界地区较香港岛加上南九龙大十一倍，租借地水域较原水域大四五十倍，其性质是租借，而不是割让，这是约有明文的。但是英国政府一开始就把这块租借地当作自己的殖民地，完全无视条约的规定。1898年10月和1899年12月的英国《枢密院令》，明确规定"新界"和九龙城"应视同并实际上成为女王陛下香港殖民地的重要组成部分"。它把中国政府对这块土地享有的主权完全剥夺了。这即使是对已经签订的不平等条约来说，显然也是非法的。

英国是在中国封建王朝的衰败期打开中国门户的，它一进来便割地赔款，严重损害了中国领土和主权的完整。它虽把当时先进的资本主义文明引进中国，如同《共产党宣言》所说，"按照自己的面貌为自己创造出一个世界"，却是在残酷无情的情况下，迫使香港和中国走入近代社会的。就香港而言，它用自由主义的经济模式，严酷的不民主的政治手段，把香港带进了自由资本主义社会。香港后来的繁荣，是以香港华人的牺牲为代价换来的，也是在香港华人的奋斗中取得的。从另一个角度看，中国近代的一些改革家（包括改良派和革命派）曾从香港的发展和变化中吸取营养、受到鼓舞，产生改造中国的愿望；20世纪的中国革命者，也曾由于香港的自由港地位，在那里获得了比较可靠的活动基地。今天回过头来，冷静地看待香港的百年沧桑史，面对香港即将回归祖国怀抱，我们心中常常涌起一种复杂的感情。

旧中国政府也曾提出过收回新界问题，但顽固坚持殖民主义立场的英国政府不予理睬。中华人民共和国成立以后，中国政府宣布不承认与香港有关的三个不平等条约，表示这个历史遗留问题，要通过谈判来解决。当中国政府决定了改革开放、集中精力从事社会主义经济建设和用"一国两制"办法解决祖国统一问题的大政方针以后，通过谈判解决香港问题的时机成熟了。1982年9月24日，邓小平代表中国政府对英国首相撒切尔夫人宣布，"主权问题不是一个可以讨论的问题"，"1997年中国将收回香港。就是说，中国要收回的不仅是新界，而且包括香港岛、九龙"。邓小平还明确表示，如果中国不收回香港，就意味着中国政府是晚清政府，中国领导人是李鸿章！这是多么掷地有声的语言！通过中英两国政府两年多的谈判，终于在1984年12月签订了《关于香港问题的联合声明》，确认中国政府于1997年7月1日恢复对香港行使主权，成功地解决了一个长期悬而未决的历史遗留问题。这不仅为解决国际争端提供了良好的范例，也为解决祖国统一问题创造了宝贵的历史经验。

香港回归有着重大的历史意义。香港为英国占领，可以说是近代中国屈辱史、国耻史的第一页。今天我们收回香港，洗雪国耻，可以告慰我们的先人了。对于近代中国历史来说，这个意义是不说自明的。

在香港即将回归之际，我们更应该重视它的现实意义。

第一，香港回归祖国是祖国统一事业的神圣需要。1949年中华人民共和国成立，开启了近代中国以来空前统一的时代。但是，台湾在1945年后虽在法理上回归祖国，今天却在事实上存在"一中一台""台湾独立"的倾向；香港和澳门还分别由英国和葡萄牙侵占。金瓯不全，仍时时撞击着中华民族的心灵。完成祖国统一，是新中国政府的神圣使命。1978年党的十一届三中全会以后，对内对外政策经过一系列调整，国内国际环境变得愈来愈有利于集中力量进行经济建设和完成祖国统一的使命。党和国家首先考虑的是台湾与大陆的统一问题。1979年全国人民代表大会常务委员会发表的《告台湾同胞书》和叶剑英同志的"九条"，提出了和平统一台湾的基本方针。统一祖国的事业正式提上日程。这时候，距离香港新界租期期满的年限不到20年了。于是，设计来解决台湾问题的"一国两制"战略决策，便首先用到解决香港问题上来。因此，香港的终于得以回归，首先是出于祖国统一的需要。

第二，光有祖国统一的需要，是难以完成香港回归祖国的事业的。祖国国力的强大是一个决定性的因素。50—70年代，我们都没有提出收回香港问题。不是那时候不想收回，是那时候我们还缺乏必要的国际国内条件，首先是国内条件。经过三十年的国内建设，国家已经打下了发展的基础。而"文革"结束以后，党和国家确立了集中一切力量从事经济建设的基本路线，国力逐年增强，这就为我们在适当时候向英国交涉收回香港问题，打下了坚实的国力基础。中英两国政府经过艰苦谈判，终于发表了中国收回香港的联合声明。难道英国是要照顾中国的国家统一吗？难道英国真是要谋求光荣撤退吗？都不是。英国面临中国国力的逐年增强，不得不接受"无可奈何花去也"的局面。这个经验告诉我们，国家强大，人民富裕，是实现金瓯无缺的基本条件。香港回归，是祖国国力强大的象征，是中国人民真正站起来了的象征。

第三，有祖国统一的需要，又有国力强大的条件，固然是十分重要的，但是如果没有收回香港的正确的政策，未必能顺利实现收回的愿望。邓小平同志集中了党和国家各方面的智慧，提出了"一国两制"的方针，并且广泛听取香港各界同胞的意见，为收回香港制定了与"一国两制"方针相适应的一系列正确的政策。诸如"港人治港""高度自治""共同繁荣""50年不变"等等，这些政策，港人欢迎，英国人也无话可说。正确政策的威力，极大地减少了香港回归这一历史难题本身所应具的种种阻力，为香港回归的历史车轮注入了最高级的润滑剂。香港的繁荣，离不开祖国的繁荣；祖国的繁荣，离不开香港高度活跃的经济能力。因此，"一国两制""港人治港""高度自治""共同繁荣""50年不变"，绝不是一时的心血来潮、权宜之计，而是从振兴中华、统一祖国的历史需要出发制定的战略决策。政策就是生命，从一定的意义上来说，这又是一次成功的验证。

第四，还有一个条件不可缺少，那就是香港同胞对祖国的向心力，就是香港同胞身上所体现出来的中华民族的民族凝聚力。以上三项都具备，而缺少最后一项，香港的顺利回归也是难以想象的。香港95%以上的人口是中国人。百多年来，他们没有忘记自己是中国人，他们始终坚信香港是祖国领土不可分割的一部分。他们的爱国心体现在百多年来对祖国苦难与发展的关注与投入之中。祖国也时刻没有忘记香港同胞。香港的生活资料（包括淡水）和加工业的原材料，全部、大部或主要部分由内地提供，体现了祖国政府对香港同胞的关怀。50年代以来，祖国政府创造条件保证了香港政治上的稳定和经济发展的环境。祖国的改革开放又为香港的经济起飞提供了最好的外部经济条件。缺少了这些，仅有英国的自由港政策，是无济于事的。香港同胞看清了这些，他们感受到了祖国的温暖。他们明白，香港的发展离不开祖国的发展。绝大多数香港同胞拥护祖国政府提出的处理香港回归的各种方针政策，这使得香港回归成为天时地利、水到渠成、瓜熟蒂落而任何人不可阻挡的历史趋势。

展望未来，我们豪情满怀，无限欣慰。香港的回归，不仅使我们洗刷了百多年前的民族耻辱，使我们获得了解决祖国统一问题这一历史任务的宝贵经验，为人类解决国际争端做出了新的贡献，而且这一镶嵌在祖国南疆的"东方明珠"必将更加亮丽。香港，相对于祖国广袤的土地，虽只是南海一隅，却是著名的国际经济中心，它的金融、贸易、航运、旅游、信息、轻工业制造，都具有地区性和国际性的地位。香港生产总值在全球前30名内，人均值达到2.45万元（1996年），超过英国、加拿大、澳大利亚，位居全球第六；总出口值居世界第八，总进口值列世界第七，人均外贸额占世界第二名。它有全球最大的集装箱港口。它的经济活动具有极为广泛的国际联系。它是东西文化的交汇点。它是典型的自由资本主义发达的地区，又受到祖国的社会主义制度的制约和影响，可以说是社会主义和资本主义的交汇点。这块宝地的回归，对于我们进一步探索祖国统一的路子，就近了解和借鉴资本主义经济运营的特色，加强国际联系，发展和繁荣国内的社会主义经济，更好地担负起振兴中华的历史重任，都是极为有利的。

香港回归以后，摆在全国人民面前最重要的任务，是要保证香港的政治稳定、经济繁荣。不是一年如此，而是年年如此。不仅50年不变，50年以后也不要变。要做到这一点，就要坚决执行全国人民代表大会颁布的《中华人民共和国香港特别行政区基本法》。不仅中央政府要坚决执行基本法，各省、自治区、直辖市政府要坚决执行基本法，香港特区政府也要坚决执行基本法，不能有丝毫含糊。国外那些不怀好意的人，不管他们如何指手画脚、兴风作浪，都不要被他们不负责任的言行模糊了我们的视线，转移了我们的方向。

只要我们认真贯彻基本法，切实保证实施"一国两制""港人治港""高度自治",那么,香港未来与祖国共同繁荣的发展前景,是没有理由怀疑的。这样,就为澳门回归,为解决台湾问题,打下最好的基础。榜样的力量是无穷的。香港的繁荣前景,将使台湾某些人的疑虑得到化解。我相信,祖国金瓯无缺的前景是一定会实现的!

香港对于21世纪中国人的意义[*]

评 论

这是本次研讨会的第一场讨论。本场讨论的主题，是香港历史与回归的意义。本次研讨会是讲21世纪，而本场讨论的是19和20世纪。本人做第一场的第一个评论，算是开场白，抛砖引玉，好戏在后头。

这一场讨论中，来自大陆、台湾、香港的三位学者分别发表了自己的见解。三篇文章尽管题目不同，但都与本场讨论的主题有关，都涉及香港历史与回归问题。三位学者的学养和专攻不同，一位是学考古学的，一位是学社会学的，一位是学政治学的，各位分别从自己的专业出发，同台唱戏，的确很有意义。

说到香港的历史，论者往往认为，香港历史从1842年英国人占领开始。许多英国学者的著作都是这样写的。近几年，不少中国学者努力用历史事实纠正这种说法，试图引起读者的注意。吴耀利教授以《香港的考古发现与历史回顾》为题发言，把香港的历史提前到史前时代，虽然这个考察使人感觉到离现实太遥远了一些，太专门了一些，但是也很有意义。通过他的介绍，我们知道了，在1842年以前，

---

[*] 1998年10月由中国社会科学院、香港中文大学、台湾胡佛基金会联合在香港中文大学举办"香港对于21世纪中国人的意义"学术讨论会。我作为以汝信副院长为团长的中国社会科学院学者代表团团员出席。我没能专门为这次会议撰写论文，但会议主持者安排我为第一场讨论的评论员、闭幕式上的引言人。我发表的评论和引言，后来刊载在香港珠海书院亚洲研究中心主办的《亚洲研究》1999年第30期上。

香港并不是一个荒岛，它有着差不多6000年的人类活动历史，从史前时代到青铜时代再到秦汉以后的诸历史时代，有着不同时代的历史文化遗存，已经发掘的遗址有40处，登记在案的遗址超过180处。从这里可以看出，在遥远的古代，祖国南海边陲的香港一隅，有那么丰富的人类活动。不仅如此，考古发掘还证明了香港的古代文化从来没有脱离过大陆母体，早在史前时代，香港先民的文化就与华南文化，甚至长江中游文化有着相当密切的关系，史前的香港文化与大陆文化有着不可分割的同一性、统一性和同源性。从秦汉开始，香港居民就在中原统一政权的管辖之下，为中华民族的文明进步做出自己的贡献。尤其令人兴奋的是，从唐五代开始，华南乃至长江中游一带的产品就通过香港远销国外，成为沿海货物的一个重要集散地。这不期然与近代以来香港的情况相似。这是由香港的地理位置决定的，也是由内地的生产发展引起与海外交流的需要决定的，可见内地产品通过香港与海外交流，不自近代始。

吴先生的文章说到早在唐五代香港就是海上丝绸之路的集散地，其他人也有这样的说法，我觉得，这个提法是否可以商榷。据我的了解，海上丝绸之路作为东西方之间一条较大规模的物质交流路线是相对于陆上丝绸之路说的。一般说丝绸之路就是指陆上丝绸之路。只是在16世纪，奥斯曼帝国遮断了丝绸之路之后，才有海上丝绸之路的开辟，这就是葡萄牙人的东来。不知道这样的理解是否合适？

杨开煌教授和刘兆佳教授的大作，都是讨论香港回归的历史意义的，读后颇受教益。不过两位教授的文章，似乎都有一个小毛病，就是都认为，鸦片战争以前，香港的历史不甚重要。在杨教授看来，"香港在中国历史舞台上几乎不曾出现，也不曾活跃过"，只是鸦片战争才把香港拱上了中国的历史，他在中国历史上像流星一样方生方灭。刘教授说："香港原来本是荒岛，大体而言，首先在这个荒岛上植根的，是由英国派驻的殖民政府。"这样看待鸦片战争以前的香港历史，我以为是有欠公正的，是值得商榷的。香港的历史文化遗存相当久远，吴教授的文章已经详细谈到。鸦片战争以前，香港绝对不是一个荒岛。据《新唐书》，屯门已见诸记载。唐宋两朝就在香港地区驻兵，保护往来商舶。元朝初年，政府在屯门设置屯门巡检司，有士兵150人。明朝政府在九龙城附近设置官富巡检司，据学者考证，官富巡检司管理的地方，大致相当于今天的香港地区。香港岛上，香港、赤柱、筲箕湾、黄泥涌等地名已见诸明朝记载。鸦片战争前，赤柱居民已超过两千人，有商铺180间，是香港地区一个相当繁荣的渔港市镇。超过一百或者超过一千居民的居民点还有多处。因此说香港原本是一个荒岛，恐怕不符合事实。当然，我们不能否认，英国在香港建立殖民政府以后，把资本主义制度、自由港政策移植到香港，经过百多年努力，经过香港人民的奋斗，经过许多苦难和牺牲，香港得到了空前的繁荣。如果我们讲香港资本主义的发展历史，当然应当从英国占领香港讲起；但是如果一般讲香港历史，鸦片战争就不是它的起点了。

两位教授对香港回归的历史意义，做了很多的分析，特别是从两岸三地不同的中国人出发，分析他们对香港回归意义的感受，都有各自的道理。我想，香港回归，最重要的是，说明中国强大了，中华民族站起来了，我们可以把祖宗留下的历史包袱扔掉了，把帝国主义加在中国人民头上的耻辱洗雪了，可以在一向趾高气扬的西方列强面前抬起头来了！这是因为，我们以往不是没有可以收回香港的机会，比如，巴黎和会时，华盛顿会议时，1943年废旧约、定新约时，1945年日本投降时，我们都有可能收回香港，但那时列强不理睬我们的民族感情，中国国力太弱，政府也太软弱。

可能有评论说，你这样说是中国人民族主义的反映。我觉得说是中国人民族主义的反映有什么不好？世界进入资本主义时代以后，西方列强讲民族主义讲了几个世纪。本世纪之初，中国留日学生才懂得了中国人没有国家观念，没有民族观念，所以要提倡民族主义，要建立国家观念。梁启超提出"新民说"，中国留日学生大力训练"军国民主义"，孙中山主张三民主义，中国共产党主张反帝反封建，其中一个目的，就是要建立中华民族的民族主义。抗日战争取得了近代以来对外作战的第一次胜利以后，中华民族的民族主义才第一次真正勃发。只有国家强盛了，民族主义才能真正树立起来。西方人怕中国有民族主义，因为他们怕中国强盛。中国人应该不怕自己有一点民族主义。当然，我们不能只有民族主义。我们还要打开国门，让外国人走进来，中国人也要走出去，我们要把西方资本主义发展过程中积累起来的好的经验拿过来，在中国来试验，用于建设自己的国家。

引 言

　　这两天，听了许多朋友的高论，学习了许多，受到不少启发。会议安排今天的引言，又是三家分晋，很有意思。我听了一些学者的发言，有些感想，是否能作为引言，实在不敢当，提出来，权请各位参考吧。

　　我想谈三点看法。首先，"一国两制"造成中国的"二元化"社会，是不是一个理想的社会？有的先生认为，香港以"一国两制"方式回归中国，其首要意义在于，自1997年起，中国在政治制度、价值观、社会结构及经济体制诸方面，便从一个一元化的国家，转变为一个二元化的国家。并且认为，中国自秦始皇统一以来，基本上是一个在各方面都实行大一统政策的国家。中央政府之所以容许中国在香港回归后出现一个二元化的局面，很大程度上是基于实际与理性的考虑。但是，根据中国过去的传统及中国共产党的意识形态分析，中央政府并非视多元化社会为一个理想的社会。这样的分析，不能说没有一点道理，但是，这样的分析，细细想来，使人有似是而非的感觉。"一国两制"首先是在维护主权和实现祖国和平统一方面采取的一项重大政治决断，的确它是基于实际与理性的考虑，在这种考虑下，收获最大，损失最小。从这个角度说，这也是一种最理想的解决办法。至于说中国自秦以来基本上是一个大一统的国家，只是在香港回归后才出现二元化的局面，恐怕并不尽然。关于中国历史上的统一与分裂，这里难以涉及。仅就大一统时代而言，由于中国各地经济、文化发展不平衡，在国内治理方式上，未必都是一种制度。比如，在大西南广大少数民族地区，元以前实行部落酋长制，元朝开始实行土司制度，明清两朝长期实行、保留土司制度，清雍正年间实行大规模改土归流，并未将土司制度完全消灭。直到本世纪中叶，我们在那里还可以看到或多或少的土司制度及其残留。民国时期的例子就更多了。20年代有北洋政府和广州政府的对立，30年代有南京政府与瑞金政府的对立。抗战时期，在中华民国治下，还有中国共产党领导的陕甘宁边区和晋察冀边区等抗日民主政权的存在，实行着不同的社会制度。如果说有二元化的局面，中国社会早就有了，并不自香港回归始。

至于二元社会是不是理想社会的问题，内地提倡的理想社会当然是共产主义社会，但是现在谈论理想社会并不现实。我们总是生活在现实社会中，不是生活在理想社会中。

其次，关于实行"一国两制"是一项相当冒险的策略，其根据是香港的资本主义体制的存在与发展威胁到内地的社会主义体制的存在与发展。这是一种皮毛之见，也未免把内地的社会主义制度的优越性估计得太低了。"一国两制"的策略是一项稳操胜券的策略。这一点从今天中国内地的现实来看，是非常明显的。80年代初中国改革开放刚刚开始，中国政府与英国谈判中提出这项策略，就对自己的国力和社会主义的前途做了充分而又审慎地估计，而且事实证明是成功了。风险是存在的，但不是单向的，而是双向的。难道香港就不担心内地的社会主义制度吃掉香港的资本主义制度吗？"一国两制"是一把双保险的锁，既保证香港的资本主义制度在50年甚至更长的时期内按照自己的法则运行，又保证了内地的社会主义制度不会吃掉香港的资本主义制度。这种双保险把可能产生的风险消弭于无形。这正是它的成功之处。

最后，我想说，香港对21世纪中国人的意义，决定于什么？我认为，首先决定于香港自身社会经济的发展。根据1993年的资料，在香港产品的五大出口地中，内地居第一位，超过美国、德国、英国和日本；在香港五大转口目的地中，中国内地占2244亿港元，内地远超美、德、日，台湾地区更在其后；在香港五大进口来源地中，内地高达3300亿港元，远居于日本、台湾地区、美国之前，韩国更不在话下。内地经济的迅猛发展，极大地刺激了香港的转口贸易。香港转口贸易在1988年再度超过港产品后，1995年占出口总值的比重跃升至83%，由此香港成为全球最大的转口贸易港。经香港转口的货物，大约90%转往内地或来自内地，内地是香港最大的转口贸易伙伴。香港资金到内地投资，是内地吸引外资的主要部分，占外资总额的60%；内地资金流向香港，累计已超过250亿美元，仅次于当地华资和英资，构成香港资金来源的基本组成部分。这样一个经济运行格局，到今天并未发生变化。只要这个经济运行格局没有发生变化，内地甚至台湾要借重于香港的地方，就不会发生变化。这正是香港对于内地的价值之所在。香港的这种经济运行格局和经济地位保持多久，它对21世纪中国人的重大意义就能保持多久。否则，就会向相反的方向发展。

有的朋友非常看重香港民主制度的发展，以为它未来定会对内地产生重大影响。这是一种看问题的角度。照我看来，英国在香港实行殖民统治150年，在民主制度的运作上几乎没有什么进展。香港回归后，香港社会的政治民主将会在自身运行的基础上得到发展，但这种发展是渐进的，需要有一个过程。因此，过高估计香港民主对内地有多大影响是不现实的。即使香港的民主运作机制有了大的发展，它也难以对内地的政治民主带来多大威胁。大体上说，香港民主可能向西方的模式发展，内地的民主运作模式正在按照有别于西方模式的方向发展。可以说，即使香港的民主制度发达到了西方的程度，它对内地的影响也是有限的。有的台湾朋友对我说，将来香港发生了类似1989年北京政治风波那样的事件，内地将会怎么办？照我的想法，内地将不会管它。除非它影响到香港本地的经济运行，将会由香港特区政府加以合理处置，中央政府不会加以特别的干预。这样的着眼点，首先在于如何保持香港的经济繁荣，如何保持它的经济地位和它的经济运行格局，而不在其他。

香港对21世纪中国人的意义，除了从香港发展自身寻求答案外，还要决定于中国内地政治、经济、社会生活的发展。内地经济继续沿着目前的发展态势前进，社会主义市场经济体制按照预定目标实现，人民生活水平继续大幅度提高，政治体制继续得到改进和完善，社会生活继续朝着提高素质的方向发展，内地有赖于香港的地方甚多，香港的地位将不会动摇。如果从坏的角度估计，世界政治经济发展出现令人难以预料的曲折而影响到中国经济的发展，或者社会主义市场经济体系的建立遇到不可抗拒的阻碍而难以达到预期目的，腐败风气继续恶化，政治动荡，社会生活不稳定，造成中国经济社会发展的倒退，那时候，香港也可能要随之发生相应的变化。如果发生那样不祥的变化，香港自身的地位究应如何变化，尚不可知，何谈对21世纪中国人的意义？后一种变化虽不是必然的，但却是可能的。当然，我们今天还没有看到出现这种变化的迹象。中国共产党、中国政府和老百姓必然要竭尽全力避免这种变化的出现，这是毫无疑义的。我相信，所有中国人都不会希望出现这种变化。

总起来说，在即将到来的21世纪，内地要发展，台湾要发展，香港要发展，澳门也要发展。如果澳门和台湾都能先后顺利实现"一国两制"，在这种"两制"的制度下，在一个中国内部，在经济、政治上相互竞争，相互促进，中国未来的发展是无可限量的，内地、台湾、香港、澳门，都能在这种发展中找到自己合适的位置，都能对中国和世界做出自己的贡献。这就是我对这场讨论的主题所生发的一点并非成熟的看法，请各位学者、先生指教。谢谢！

澳门史研究：前进和困难[*]

——国内澳门史研究的动向

  澳门是中国版图的构成部分之一。因此，澳门历史是中国历史的一个组成部分。据推测，澳门有中国人居住，大约始自南宋末年。但澳门受到人们注意，却始自16世纪中叶葡萄牙人入居之后。人们通常所说的澳门史，是指葡萄牙人入居澳门以来的历史。按国内学术界的看法，中国历史可分为中国古代史、中国近代史、中国现代史，中国古代史又大别为先秦史、秦汉史、魏晋史、唐宋史、元史、明清史。研究香港史，从近代意义来说，大抵从1840年开始，因此香港只有近代史和现代史。研究澳门史则可从明中叶开始，澳门史有它的古代、近代和现代。

  从学术研究的意义来说，澳门史的研究，当以1936年出版周景濂《中葡外交史》为发端。该书取名为《中葡外交史》，实际讲的是16世纪初叶以来葡萄牙商人东来，在中国东南海疆侵扰、寻求贸易机会、在澳门定居以来的澳门发展史，以及与此相关的中葡交涉史。1949年新中国建立后，中国历史学界，特别是中国近代史学界鉴于中国百年来所遭遇的种种耻辱，特别着重于帝国主义侵华史的研究。不仅从帝国主义侵华史的角度研究整个中国近代史，而且以帝国主义侵华史作为特殊对

---

[*] 本文是应澳门大学邀请写作的，曾于1995年3月初在澳门大学举办的"澳门历史的教与学"学术讨论会上宣读，澳门大学校长弗雷拉（Ferrer）主持了研讨会。原载《中国社会科学院研究生院学报》1995年第5期；又载澳门文化司署主办《文化杂志》第26、27期，1996年夏秋季号，中、葡文。转载于中国人民大学复印报刊资料《中国地理》1995年第10期。本文曾在澳门和葡萄牙国内引起重视。收入张海鹏《东厂论史录》，广东人民出版社，2005。

象展开专门研究，撰写出版了一系列论著。单以敝研究所来说，四十年来，就先后出版了《美国侵华史》、《帝国主义侵华史》（两卷）、《沙俄侵华史》（四卷）、《日本侵华七十年史》和《十九世纪的香港》等著作，国内多个高等院校和相关研究机构出版的尚不在内。英、法、俄、美、日、德等主要资本主义—帝国主义国家侵略中国的历史，都有专门的著作来加以表述。有趣的是，50—70 年代，有关葡萄牙侵占澳门的历史，或者说有关中国领土澳门被侵略的历史的研究，却显得相形见绌。依我孤陋，所见澳门历史的论文不足 10 篇，相关历史资料两三种而已（介子编《葡萄牙侵占澳门史料》、《帝国主义与中国海关》第 6 编）。

80 年代初中国实行改革开放政策以来，尤其是中葡两国政府关于中国恢复澳门主权的谈判以来，我国历史学界关心、探寻澳门历史演变的人增多了，有关澳门历史研究的论著显著增多了。这些作者分布在广州、南京、上海、南宁、北京等地。据初步了解，十年来，专门研究澳门历史的论文不下 50 篇，著作已有几本。如 1984 年北京出版了广州的澳门史学者戴裔煊的《明史佛郎机传笺证》，1989 年香港商务印书馆出版了南京学者黄鸿钊的《澳门史》（10 万字），1990 年上海出版了上海社科院的青年学者费成康的《澳门四百年》（27 万字），1991 年福州出版了黄鸿钊教授的《澳门史纲要》（24.5 万字）。广州学者黄启臣、邓开颂发表的有关澳门历史的论文最多，据了解，邓开颂先生的著作也即将问世。1991 年还出版了邓开颂、黄启臣两位编辑的《澳门港史资料汇编（1553—1986）》。看来，澳门史的研究与香港史的研究，差不多处在仲伯之间了。

十年来，国内史学界关于澳门史的研究，已初步描述了澳门四百年来的发展历史。关于 16 世纪初葡萄牙人东来、入居澳门的经过，明政府对是否允许葡人来澳租地贸易的种种政策酌量以及清中叶以前中国政府在澳门实施治理的种种特殊政策，葡萄牙人在澳门开埠后 80 年间使澳门成为东西方国际商贸交流的枢纽和中心及其鼎盛情况，17 世纪中叶葡萄牙商人与日本、西班牙、荷兰商人的矛盾，以及中国政府海疆政策的变化和葡人的内讧等原因导致澳门作为国际贸易中心港地位的衰落，18 世纪初以后鸦片和劳工贸易促进了澳门经济的复苏，传教士来澳和澳门作为文化津梁对东西文化交流的突出贡献，鸦片战争以后葡萄牙殖民者强行改变澳门地位的图谋，1887 年《中葡会议草约》、《中葡友好通商条约》的缔结和澳门地位的变化,中国官民关于收回澳门的筹议和百年来中葡关于澳门的种种交涉,等等,在已有论文和著作中都得到了讨论和描写。

对于澳门历史发展中的许多问题,学者们讨论的意见是相近的,但是,在若干重大问题上,认识有不尽相同之处,毋宁说有些还有较大分歧。下面,我要列出澳门史研究中的若干分歧和问题,并且做出评论。

一 葡萄牙入居澳门的由来

周景濂在《中葡外交史》一书中,根据中外史料列举了葡萄牙人入居澳门的诸种异说,大要不外是:①葡人驱逐了盘踞于澳门的海盗,被地方当局允准以居留澳门为酬报,或中国皇帝为表彰葡人讨伐海盗而赐予澳门,或葡人驱逐澳门海盗后径予占领;②葡萄牙人大量贿赂地方当局长官(如海道副使汪柏),获得借居澳门的允许。

中国学者一般都不同意葡萄牙人驱逐海盗而得澳门的说法,认为在中国史料中找不到根据,《葡萄牙侵占澳门史料》的编者介子认为这一说法完全是葡萄牙殖民者的无耻捏造。黄鸿钊在《澳门史纲要》中专门驳斥"葡人驱盗得澳"的种种谬说,指出澳门没有海盗渊薮的记载。《澳门四百年》的作者费成康也不同意葡萄牙人驱逐濠镜海盗,在那里建立"殖民地"的说法。中国学者一般同意葡人入居澳门是大量贿赂地方官吏的结果。但是对于葡人在澳门居留是否得到明政府的批准,学者有不同的说法。介子认为没有经过明政府的批准。黄鸿钊和费成康都引用葡萄牙船长苏萨(Leonel de Sousa)1556年1月写给葡萄牙路易斯亲王的信,葡萄牙人通过中国商人贿赂海道副使汪柏,冒用他国名义,表示愿意向明政府缴纳各种课税,寻求来广东贸易机会,汪柏于1553年上报朝廷,1554年获批复准其贸易,这就使葡人获得了来澳门贸易的机会。如果此说成立,葡人来澳门就是获得朝廷批准的。但这一说法找不到中文档案史料来支持。费成康又说,"葡萄牙人未经明政府的正式许可,又在濠镜居留了近十年"(按:应为近20年),此后即向地方政府交纳地租。作者认为,葡萄牙人向中国政府交纳地租,再次表明他们承认濠镜是中国领土;中国政府收受他们所交的地租,而且将这笔地租载入万历年间刊行的《广东赋役全书》，表明中国官府已正式允准葡萄牙人在澳门租地居留。费成康还引用新任两广总督陈瑞于1582年在收受贿赂后表示允准葡人继续在澳门居留，但必须"服从中国官员的管辖"的史料，认为这在实际上代表了明政府的封疆大吏首次明确允许葡人在澳门居留。

事实上，在葡人来澳门不久，地方当局内部就开始了关于是否接受葡萄牙商人的政策讨论。到1614年，两广总督张鸣冈上疏，认为对付葡人最好的办法，不是将他们尽数驱逐，而是利用葡人在澳"日夜所需仰给于我"的处境，"申饬明禁"，加强防范和管理。这一意见得到朝廷同意。《鸦片战争前后澳门地位的变化》（《近代史研究》1986年第3期）一文作者王昭明认为："这是我们所见到的朝廷对葡人占据澳门问题最早表示的态度。"

看来，葡人入居澳门获得明政府允准一事大体有如下几种意见：①1554年获朝廷批复；②在此后20年的1573年正式向明政府交纳地租，可被认为允准；③1582年陈瑞作为两广总督正式表态允准，《广东赋役全书》将地租编入大约在此时；④1614年朝廷批准张鸣冈的建议。可见，没有经过明政府批准的说法是不足为据的。

二 葡萄牙人居留澳门的性质

葡萄牙人居留澳门的性质，中国学者传统上看作入侵、侵占、侵略，或为某些中外著述所说是殖民地。介子所编资料题为《葡萄牙侵占澳门史料》，观点很明确。黄鸿钊在《澳门问题的历史回顾》（《南京大学学报》1987年第1期）一文中将葡萄牙对澳门的侵略分为三个阶段：1517—1557年，是葡人贿赂中国官员开放澳门和混入贸易时期；1557—1849年，是强行居住和经营澳门贸易时期；1849年以后是破坏中国主权，直接对澳门进行殖民统治时期。敝所丁名楠先生等1958年出版的《帝国主义侵华史》第一卷也持葡萄牙侵略澳门的观点。这是很自然的，也是很能理解的。鸦片战争以后，中国人受列强的侵略的确太惨重了。

从前述明政府对葡萄牙人入居澳门的态度来看，1553年地方当局是默许的，1573年地方政府接收了地租，1582年两广总督允准，至迟到 1614 年明朝廷也允准葡萄牙人居留澳门。那时的葡萄牙商人还没有强迫中国政府接受他们居留的力量，晚明政府也还不至于惧怕葡萄牙商人。费成康分析了明政府同意葡人居留澳门与倭寇在海疆活动有关，也与东莞巨寇何亚八在海上活动有关，同时与澳门税收能缓解地方财政有关。葡萄牙人在 16 世纪初曾经想武力叩关，但在广东屯门、西草湾碰了钉子，在福建、浙江也碰了钉子，这使葡萄牙人认识到武力叩关对当时强大的中国是无济于事的，于是转而采取和平谈判和贿赂方式寻求到了来华贸易机会。而且在澳门定居后，葡人是服从中国政府管理的。这种情况持续了差不多 300 年。这与 19 世纪中叶列强对华入侵的情况迥然有别。费成康不赞成使用"侵占"的说法，认为鸦片战争前近三百年的历史，并非葡萄牙侵略澳门的历史，而是以中葡双方友好、合作为主旋律的历史。这是值得学术界进一步研究的。

那时的澳门是葡萄牙殖民地的说法也是难以成立的。澳门与葡萄牙的其他海外殖民地不同。中国政府在澳门的主权行使是不受限制的。黄启臣在 1990 年发表的《16 至 19 世纪中国政府对澳门的特殊方针和政策》一文（广西《学术论坛》1990 年第 6 期）对此做了详细的分析。他认为 1583 年两广总督陈瑞默许澳门葡人成立市政议会，其行政长官由明朝政府授予"夷目"一职，让他作为中国政府官吏负责管理葡人在围墙以内即半岛南端的自治事务。这种"自治"组织仅限制在葡萄牙人的范围之内，仅仅是葡萄牙人内部的一种自治组织机构而已。中国政府始终有效地管理着整个澳门，澳门葡人完全承认中国政府的管理。费成康认为允许葡人实行"自治"，是明政府仿照唐、宋两代管理广州外国侨民的"番坊"制度。因此，如黄启臣所说，这时期的澳门是"一个由中国政府行使主权和直接管理、葡萄牙人经营贸易的海岛型的特殊地区"。可见，说鸦片战争前的澳门是葡萄牙人的殖民地，是没有说服力的。

三　葡萄牙人经营澳门对中国历史发展的影响

这是一个有趣的话题。学者们在这个问题上的讨论，颇有相左之处。黄启臣、邓开颂两位先生在 1984 年联名发表《明清时期澳门对外贸易的兴衰》（《中国史研究》1984 年第 3 期），分析了 1553—1911 年澳门对外贸易的兴衰及其原因，特别指出了这种贸易对中国历史发展的影响。该文指出：由于澳门的开埠和海外贸易的发展，始终操纵在葡萄牙等殖民国家的手中，而且主要是进行掠夺性和野蛮性的贸易，所以它对中国社会经济的促进作用不占主导地位，而促退作用却很大，特别是清朝以后，这种促退作用越来越明显地表露出来。葡萄牙殖民者控制了澳门的海外贸易，大大加重了中国商人借助澳门进行海外贸易的困难和危险，使中国的海外贸易不能发展或者发展缓慢，给中国封建社会经济带来严重后果：不仅影响中国商品生产的发展，而且使中国不能通过澳门的海外贸易积累足够的货币资料，使某些出现了资本主义萌芽的手工业长期停滞不前，可以说是中国社会从16世纪开始落后于西欧国家的一个重要原因。

黄启臣此后又重新探讨这个问题，做出了较前不同的论述。他在研究16—19世纪明清政府对澳门实行特殊政策的后果时指出，既有严重后果，又有积极影响。所谓严重后果，是指鸦片战争后中国政府对澳门的主权行使遭到了破坏，这是从政治上讲的。所谓积极影响，主要指促进了中国社会商品货币经济的进一步发展，促进了中西科学、技术和文化的交流。这是从社会经济和文化角度讲的。从社会经济来说，黄文指出，1573—1644年的72年中，葡萄牙、西班牙、日本在澳门贸易输入中国的白银达一亿四千万元，这就为明中叶以后中国基本上确立以白银为主、铜币为辅的银本位体制提供了条件，使明政府得以于万历九年（1581）在全国统一实行"计亩征银"的一条鞭法得以顺利施行，"在法律上确立了赋税的货币形态的主导地位，具有新时代的重要意义"（见1990年第6期《学术论坛》，黄启臣文）。北京学者刘重日1993年撰写《明清之季的澳门是中西文化交流的桥梁》一文也引用史料论证了葡萄牙商人控制的澳门国际贸易，对我国的商品生产与流通起到了促进和刺激的作用，从而支持了前述论点。他认为，明季大量白银通过澳门流入中国，无疑对正在发展中的商品经济是有好处的，它事实上成了当时货币经济的添加剂、刺激商品生产的催化剂，对长江三角洲和珠江三角洲明清之际资本主义萌芽因素的增长，起到了促进的作用（见吴志良主编《东西方文化交流》，澳门基金会，1994）。费成康在1993年澳门"东西方文化交流"国际学术研讨会上发表的《重新评价澳门在东西方文化交流中的地位》一文，进一步支持了上述论点。他认为，从葡人进入澳门贸易至 1849 年，虽然小摩擦在所难免，但中葡双方没发生激烈的军事对抗，两国之间一直维持着友好关系。同时，从此时至英国输入大批鸦片的 1799 年，通过澳门进行的东西方贸易也一直以正当贸易为主，特别在澳门近 80 年的黄金时期，这一贸易对中国极为有利，大大刺激了中国城乡的商品生产及有关地区的经济繁荣。"因此，直到 18 世纪末为止，不论这条绕过好望角的航线在世界的其他区域起着何种复杂的作用，它的运行十分有利于中国社会的进步。"

四　关于澳门的历史地位的评价

国内史学界鉴于葡萄牙长期侵占澳门，对于澳门的历史地位的评价，传统的看法是不高的。近些年的澳门史研究者，以比较冷静的态度来研究澳门的历史，不因 1849 年特别是 1887 年后葡萄牙对澳门的侵占而否定澳门四百多年的历史，不因 19 世纪后在澳门兴起了鸦片贸易、苦力贸易和澳门成为东方的"蒙特卡洛"而贬低以往澳门在国际贸易中发挥的作用，而对 16 世纪中叶以来的澳门及其在国际贸易中所占地位，分阶段进行研究，得出不同的评价。一般学者都能强调 16—18 世纪澳门作为亚、欧、美洲贸易的中继港和中国对外贸易的外港的地位和作用，强调它是中西文化交汇的桥梁，黄启臣、刘重日、黄鸿钊、邓开颂等在这方面有所论述。对澳门开埠之初 80 年国际贸易的黄金时期而言，费成康甚至认为，澳门在国际上的地位甚至比广州、长崎、马尼拉、马六甲、巴达维亚更为重要，它是远东最著名的商品集散地，是中国最重要的与海外交通的窗口（见《澳门四百年》）。

对比人们对中国古代以长安为起点的陆上丝绸之路的高度重视，费成康在《重新评价澳门在东西方文化交流中的地位》一文里，从总体上考虑了澳门的历史地位问题，呼吁给予澳门在东西方文化交流中的明星地位恰当的评价。费文认为，比较丝绸之路而言，通过澳门等地进行的东西方文化交流规模更大、范围更广、层次更高，因此以澳门为锁钥的海上交通干道在东西方文化交流中的历史地位和作用，并不比丝绸之路逊色。费文认为，对于鸦片战争以前的古代中国来说，通往西方最重要的交通路线只有两条。一条是以古都长安为起点，穿越中国西部及中亚、西亚的沙漠、戈壁和崇山峻岭，抵达地中海东岸的丝绸之路，从西汉起至明朝初期，这条丝绸之路一直是中国与西方进行经济文化交流的干道。但是这条古道后来被横亘在中间的奥斯曼帝国隔断。另一条便是15世纪末16世纪初葡萄牙人驾船绕过好望角，穿过马六甲海峡，所开辟的连接东亚的海上航线，这时，中国才以广州、澳门为门户恢复了与西方的联系。从明代中期到清代中期约300年间，这条航线便成为中国与西方经济文化交流的干道。从这个角度来思考问题，可以看出，在明季澳门的黄金时期，澳门在东西方交通中的地位可直追作为丝绸之路起点的古都长安，此后直到鸦片战争前，澳门仍是当时中国唯一的东西方文化交流的中心，大致相当于丝绸之路上的敦煌。

鸦片战争以后，澳门的地位为香港尤其是上海所取代，澳门才从东西文化交流中心的地位上跌落了下来。此后由于列强的侵略，朝廷的昧于世情、颟顸和积弱，葡萄牙趁机剥夺了中国政府在澳门的行政管理权，直至1887年在复杂的国际背景下中国政府通过条约承认了葡萄牙"永居管理澳门"之权，但要求葡国永不得擅自将澳门让与他国。即使发生了中国政府在澳门几乎丧失主权的情形，我们仍不能否认此前三百年间明清政府在澳门的政策，不能否认葡人在经营澳门的过程中与中国政府的配合，不能否认澳门在东西方文化交流的历史过程中所应有的历史地位。因此，费成康认为："纵观中华五千年的文明史，澳门无疑是中国历史上最重要的东西方文化交流的枢纽之一。"对于费成康的结论，研究者当然还可以继续探讨、修正，得出自己的看法。我个人认为，费成康这种研究的视野和思考的路数，是值得学术界注意的。

从以上报告可以看出，十年来国内史学界有关澳门史的研究是取得了很大进展的，澳门历史的基本脉络已经描绘出来了。愚以为，澳门史研究中也还存在困难。

困难之一：档案史料的挖掘还有待继续努力。中国学者利用中文档案史料已经做出了很大努力，当然还需要继续发掘史料。尤其需要指出的是，国内似乎还未见一个深谙葡萄牙语的澳门史学者。在他们的著述中，很难直接利用葡文档案史料。这是令人遗憾的。不能直接利用葡文档案史料，当然就谈不上全面地研究澳门四百多年的历史发展，也不能深入地研究澳门历史发展中的重大问题。例如对澳门的主权行使，中国学者和葡萄牙学者有不同的看法。中国学者认为：中文史料证明，在 1849 年以前，中国政府在澳门的主权行使是无限制的，明清政府在澳门采取了特殊的治理办法，允许居留澳门的葡萄牙人成立管理自己事务的议事机构就是那种特殊政策之一。1887 年葡萄牙人通过条约取得了澳门的主权，但葡萄牙在澳门的主权行使不是完全无限制的，根据条约，葡萄牙不经中国同意，不能对澳门主权做出处置（如让与）。

葡萄牙学者认为，自 16 世纪中叶起葡萄牙人在澳门有限度地行使主权，这构成葡人在澳门存在的重要环节。我们知道，在 1887 年或 1849 年前，澳门葡人一直试图取得澳门的主权，但未能成功。澳门史学者如果能全面占有中葡双方有关在澳门行使主权的档案史料，进行对比研究，并参照 19 世纪以前的国际法观念进行分析，我们在这个问题上的认识也许会深入一步。不管如何，中国学者如果能自由阅读四百年来澳门所保存的葡文史料，自由地阅读葡萄牙政府保存的中葡两国交涉的档案史料，对澳门史研究当有无穷裨益。

困难之二：对澳门历史作用的分析要使人接受，还需要做出巨大的努力。

前面提到过澳门对中国历史发展的影响。说促进者有之，说促退者有之，说促退是主要的、促进是次要的有之；说阻碍了中国资本主义萌芽的发展者有之，说有利于中国资本主义萌芽者有之。学术观点鲜明，但史料支持均感不够，分析有教条之嫌，使人感到缺乏说服力。如学者很重视明代推行以银纳税的"一条鞭法"，是完成由实物税到货币税的重大改革，得益于由澳门流入的总数超过一亿两的白银。学者为此引用著名学者梁方仲所做的统计数字。据《中国社会经济史集刊》第 6 卷第 2 期所载梁方仲《明代国际贸易与银的输出入》一文，1572—1644 年共 72 年中由澳门流入的白银在一亿两左右，而明代实行"一条鞭法"在 1581 年，距梁方仲统计的起始年不过 8 年，所谓超过一亿两的顺差不可能全部、绝大部或大部在这 8 年内发生吧？

我们知道，在澳门贸易的黄金时期，有大量白银流入，但在澳门贸易没落时期，白银又有流出的现象。对澳门贸易的高潮和没落，对贸易发生额的大小，对白银的输出入，都要做出扎实的研究，方能用以说明澳门的国际贸易对西欧资本主义原始积累的作用和对中国社会经济发展的影响，否则都会是软弱无力的。我认为，澳门史研究的深度在这里，难度也在这里。这个问题弄清楚了，澳门的历史地位问题就比较容易说清楚了。而研究这个问题，如果不能利用葡文档案史料，困难几乎是无法克服的。

1995 年 2 月 4 日下午完稿

里斯本访史散记[*]

一

中国和欧洲交往，无论从哪个角度，都要追溯到从16世纪开始的中葡之间的交往。明朝称为佛郎机，清朝称为大西洋国，今称葡萄牙的那个国度，对于中国人来说，是一个颇为称奇的地方。近年来，我数度往访澳门，与澳门学术界的朋友讨论澳门历史，接触葡萄牙人，多少获得一些葡萄牙的知识，遂萌生访问葡京的念头。

今年10月下旬，我终于应邀访问里斯本，有机会在那里探访中葡交往的史迹。里斯本科技大学社会与政治学院国际关系研究中心主任萨安东（Antonio V. Saldanha）教授是我在葡国的主人，在他的周到安排下，我访问了里斯本几家档案馆和图书馆，游览了市容。

在多次接触中了解到，萨教授的家族在葡国对外开发史上颇具声名。里斯本有一个以萨氏命名的公园，就是纪念萨氏家族的。葡国海外部历史档案馆址就曾是萨家的家产。据说，那座院落原先极大，一直延伸到海边，现在只是市内一处有着花园和草坪的档案馆了。在海外部历史档案馆参观时，该馆负责人送我一件档案复印件，是1666年葡国国王的一封信，曾由老萨氏带到中国，致送中国皇帝。该使节于1667年到了北京，送了葡王的信，南返途中，于1670年病死于淮安府，遗体葬于澳门。据说，在18世纪，他家还有一位先祖曾奉命出使中国，担

---

[*] 本文连载于《澳门日报》1996年3月17日、31日和4月14日。

任过澳门总兵头。他的家族中，还出了一位果阿总督，一位巴西总督，还有五位出任大学校长。由于家族的历史渊源，萨教授对研究葡中关系历史抱有浓厚兴趣，对葡京各档案馆所藏有关葡中关系的葡文档案，了如指掌，用葡文撰写的有关葡中关系史的论文已有几种，有的已刊，有的待刊。

萨教授的儿子小安东只有九岁，正在上小学，对到访的两位中国客人极表欢迎，有一次陪我们游览市容，对我们表现了很友好的亲近感。由于家庭的熏陶，知道一些有关中国的情况。他说，与他的同学相比，他的中国知识极丰富，他很奇怪，为什么他的同学对中国一无所知。我问他："你觉得中国人和葡萄牙人有什么不同吗？"他观察良久，腼腆地指着我们中的一位说："中国人有单眼皮。"我们笑了，他的观察是准确的。据说，葡萄牙人全是双眼皮。小安东是第一次同中国人接触。我意识到，这是东西两个不同民族、不同文化背景的人在相互观察。

我记得，《明史·佛郎机传》对佛郎机人的描绘是："其人长身、高鼻，猫眼鹰嘴，拳发赤须"。史家已经证明，《明史》所记佛郎机就是葡萄牙。这里描绘的葡萄牙人的形象，与我在里斯本所见颇不相同，葡萄牙人高个子不多，矮个子不少，"猫眼鹰鼻"也不多。我以此请教萨教授。他说，纯正的葡萄牙人有阿拉伯人血统，面色深沉，黑眼珠，黑发，自然卷曲，络腮胡。就黑眼珠、黑发而言，与东方人有类似处。萨教授就是一个典型的葡萄牙人。看来，《明史》作者的观察是不准确的。当初海交初开，荷兰人、西班牙人、葡萄牙人16世纪东来，中国人很难把握他们的准确形象。正像把葡萄牙人称作佛郎机人、大西洋人一样，都是很不准确的。

我们应邀到萨教授家里做客。萨太太端庄贤淑，甚具大家闺秀形象。萨家陈设，颇有中国气息，蓝花瓷器、折扇、清代中国官员画像等，很使我们感到亲近。主人拿出从中国买来的乌龙茶，说是他们家世代喜欢的品种。萨教授说，葡萄牙人称呼茶为"沙"，而不叫"梯"，"沙"是茶的葡国读法。他家历代是按中国人的办法喝茶的。他家曾有一位先祖母，约在18世纪到英国一位贵族家做客，见那家茶里放糖，曾加批评，并告以中国茶的喝法。移时，萨家的印度仆人给我们端上茶，略抿一口，发现那茶水不是冲出，而是煮过的，与我们平常在国内饮用的乌龙茶，味道是不一样了。

二

有关鸦片战争以后的葡中关系档案,主要藏于葡国外交部历史档案馆。此行有机会参观了这家档案馆。我们抵达里斯本的次日,适逢公休日,与中国相关档案的馆方负责人即将出访外国,故于公休日带我们参观。外交部历史档案馆设于外交部内,而外交部原是葡国王宫。

我们随主人之后,通过外交部门口的持枪警卫,进入故王宫。故王宫为典型的欧洲式建筑风格,高大轩昂。上下楼梯,又转乘电梯,看到王宫高大的石柱,楼梯沿墙边镶贴有一米多高的蓝花瓷砖,主人告诉我们,这些蓝花瓷砖是17世纪仿中国明代的广东花瓷烧制的。我们在这里看到了中国建筑对葡国王宫建筑的影响。类似的蓝花瓷砖镶贴,我们以后还在海外部历史档案馆原萨尔达尼亚家建筑物上看到过。在进入档案馆前,我们路过外交部的一些办公室,那里还有人在值班。主人告诉我们,我们到葡国访问的入境签证,就是从这里发出的。

在一间房间内,主人已为我们安排好了供参观的葡中关系的档案,都是未经整理、装订的档案原件。馆方负责人玛丽亚·费维雷诺(Maria I. Fevereiro)女士和萨安东教授为我们做了介绍,外交部档案大都为19世纪中叶以来葡萄牙驻外使节送呈政府的报告和葡萄牙与外国签订的条约、会谈纪要等文件。给我们看的有鸦片战争时期葡英、葡中交涉情况;有1862年中葡条约谈判情况和条约文本;有1887年条约谈判情况及条约文本,中国海关总税务司赫德(R. Hart)和中国海关驻伦敦办事处主任金登干(Campell)关于里斯本议定书的交涉经过以及赫德、金登干通信原件等;1887年中葡条约签订后两广总督张之洞主持与澳葡当局划界谈判的经过,其中有中方致送葡方的历次谈判节略和葡方致送中方的划界要求的中文译件,中方对葡方要求多所辩驳;1900年葡驻外使节关于各国对义和团事件的反应和湖广总督张之洞、两江总督刘坤一在上海策划东南互保的情况;1901年葡萄牙关于各国对华谈判的反应;1908年关于二辰丸事件引起的中葡交涉档案;1912年关于清帝退位、民国成立的反应,关于澳门划界交涉情况;1916年对袁世凯称帝的反应;1922年华盛顿会议情况、葡国态度;1928年民国政府与葡萄牙谈判新的通商条约的档案与条约文本；1949年葡政府迫于美国压力，放弃承认中华人民共和国而与台湾继续保持关系的交涉，有关英葡对港澳回归的交涉；20世纪50年代中葡交涉情况；1966年红卫兵冲击澳门引起的中葡交涉；1971年联合国决定恢复中国席位时葡国的态度；等等。

我们看到的全是档案原件。档案馆负责人告诉我，我是1862年、1887年两个中葡条约（1862年中葡条约未经正式批准）签字后第一个摸到葡方所藏条约文本的中国人。馆藏档案数量大，内容重要，不仅涉及中葡关系，而且涉及中葡两国与西方各国的关系，文件写成时主要用葡文，也有英文、法文文件，还有不少中文文件，是研究中葡关系历史的重要参考资料。

我在离开里斯本以前，有机会第二次进入葡外交部历史档案馆，接受馆方送我的1862年条约中文本的复印件。

三

中葡关系，自葡商阿瓦莱斯于1514年由马六甲来广东屯门谋求通商贸易，迄今已有近500年的历史。自1557年广东地方当局允许葡人在澳门居留以来，也有438年。总起来看，葡人居澳以来，中葡两国间未有战争行为，中葡两国间的关系是好的，中国对澳门的主权行使是充分的。

我们在国立托尔·多·东宝档案馆参观，承馆长马塞多（Jorge Borges de Macedo）教授亲自接待，看到乾隆二十三年（1758）正月二十六日钦命管理粤海关税务内务府佐领李发给葡国船商若望蒙打惹的粤海关澳门洋船牌，证明该商已按规定完纳丈抽税饷，该商前往吕宋（菲律宾）贸易，请所有行经关津要隘汛防处所验牌即放行，不得重征税饷，留难阻滞，并规定船内不许多带并夹带违禁货物等情形；乾隆五十七年（1792）五月十九日，香山县正堂许发给澳门夷目喽嚟哆的牌照，鉴于大井洋面有夷船二只，逗留洋面，不进埔输税，要求该夷目遵照旧例，"遇有夷船来广贸易，立即禀报，一面押令进埔湾泊，报验输税，毋许逗遛洋面，致滋偷漏"。这两件政府文书原件，显系葡商带回国内保存的。它证明了 18 世纪下半叶中国政府在澳门的主权行使是不受任何阻碍的。

近年国内学者研究中葡关系史，主要通过澳门历史来看中葡关系，最新的看法是，鸦片战争以前 300 年的澳门历史，基本上不是葡萄牙侵略澳门的历史，而是以中葡双方友好合作为主旋律的历史；1849 年以后情况不同，那时葡萄牙人逐步强占了澳门。1849 年以后，中国处在被动挨打的地位，尽管这样，如果没有英国的支持，单凭葡萄牙本身力量，是难以实现"永居管理澳门"的。外交部历史档案馆所藏赫德、金登干通信及赫、金与澳葡当局和葡国外交部交涉档案，从一定意义上反映了英国的意向。

我们在里斯本看到了中葡两国友好交往的证据。在葡国皇家图书馆参观，馆长列奥（Francisco G. Cunha Leao）先生亲手为我们展开一长约 3 米、高约 90 公分的卷轴，周边为金黄色的彩饰龙云图纹，极为华贵，它是乾隆十八年（1753）四月二十五日乾隆皇帝给葡萄牙国王的复函。兹录原函如下（格式仍旧，原件无标点）：

奉
天承运
皇帝敕谕：博尔都噶里雅国王：览王奏，并进方物，具见悃忱。洪惟我
圣祖仁皇帝、
世宗宪皇帝恩覃九有，光被万方。因该国王慕义抒诚，夙昭恭顺，是以叠沛
温纶，并加宠赐。今王载遣使命，远涉重瀛，感
列祖之垂慈，踵阙庭而致祝，敬恭式著，礼数弥虔。披阅奏章，朕心嘉悦。既召见
使臣，遂其瞻仰之愿，复亲御帐殿，优以宴赏之荣。西洋国人官京师者晋加显秩，慰王远念！兹以使臣归国，特颁斯敕。其锡赉珍绮具如常仪，加赐彩缎罗绮珍玩器具等物，王其祗受，悉朕睠怀。故兹敕谕。

以下附赏赐及加赐珍绮等礼单，计开礼品 112 种 1411 件，均极

珍贵。

这件乾隆敕谕，回顾了康熙皇帝以来约一百年（跨 17 世纪和 18 世纪）的中葡友好交往历史，对葡王的来函和礼物，深表欣慰，并召见、宴赏来使，对在京师做官的葡人连连晋级，加赐珍玩，以慰葡王远念，并示乾隆帝怀柔远人之意。中葡友好情谊跃然纸上。

这件国书之大，恐世无出其右者。我在北京中国第一历史档案馆和台北"故宫博物院"所见皇帝国书，比在这里所见，要小得多多了。尤为称奇的是，国书用三种文字书成，右手为葡萄牙文，正中为汉字，左手为满文。在三种文字的年号上，都盖有乾隆御宝。国书用三种文字写成，也是在别处所未见的。此件确是稀世珍品。《明史·佛郎机传》称嘉靖四十四年（1565）葡人伪称满刺加入贡，改称蒲都丽家，为守臣所拒。上引文书，既称"博尔都噶里雅"，又称"大西洋国人"，显已接受葡萄牙的本名。盖蒲都丽家、博尔都噶里雅、葡萄牙，都是 Portugal 的不同汉译。但有清一代，佛郎机这一名称已被放弃，官方文书称葡国为西洋国，尊称国名前加大字。光绪二十八年（1903）中葡所签《分关章程条款》，官文书中始见葡国之称呼。光绪三十年（1904）所签《办理新约第三款合订章程》和《广澳铁路合同》，则西洋国和葡国混称。清宣统元年，廷命云南交涉使高而谦为办理澳门勘界事宜大臣，皇帝敕谕中第一次称西洋国为葡国。1917 年中葡签《邮资条件》合同，第一次放弃了西洋国称呼，而直称葡萄牙国。此国名沿用至今。近世葡国与中国交通最早，而中国人对葡国国名的称呼，四百年而数变。中西认识之难，于兹可见。

友好交往的另一证据是在国立东宝档案馆发现的。光绪十六年（1890）三月十九日，光绪帝悉西洋国使臣告该国新王登极，即致函葡新国王卡洛斯，极表祝贺之意。这一件国书长 194 公分，高 68 公分，也是稀见之珍品。马塞多馆长垂询该国书是否郑重，我极道其郑重珍贵，主客皆抚掌称奇，笑容可掬。

国立东宝档案馆建筑宏敞，档案多已输入电脑，查阅复制称便。

皇家图书馆设于原王宫内，原为国王图书馆，藏书十余万册，尤以收藏历代手稿著名。文物、藏书也已输入电脑。那件长三米的稀世之宝已有少许虫噬，我问何以不加修补，馆长答曰："怕修补匠复制毁损，不敢将原物拿出馆门。"可见珍重之至。承馆长好意，将此件从电脑中复印赐我。

海外部历史档案馆亦已购置电脑，因档案太多，输入工程刚刚起步。

四

邀我访葡的萨安东教授，对我此行安排周到，极示殷勤。他对中葡友好关系抱有期望。他希望中葡两国学者担负起研究中葡历史的责任，不要让他国人等专美于前。我对他的看法深表称赞。他还希望他的儿子长大后多了解中国，到中国学习。我说有志者事竟成，他的愿望一定能实现。在交流中，他还希望能有一个中国名字。我略沉吟，提笔写出三个中国字：萨安东。萨取自他的本姓的第一音；又与一个中国名人的姓相同，这个人就是萨镇冰。萨镇冰出身海军，福州人，清末曾任北洋水师统领、筹办海军大臣，入民国后，任海军上将、海军总长、驻沪海军总司令等职，身世显赫。萨姓，显然可与萨尔达尼亚家族相配。萨名安东尼奥，取前两字安东，音与本名相符，中文又有寓意。萨听到解释后十分高兴。

萨教授介绍我同东方基金会董事、原葡国驻华使馆一等参赞林若翰（Joao de Deus Ramos）先生认识，并应林之邀共进午餐，叙谈中葡关系。林先生曾作为葡国政府代表，参加1987年中葡两国有关澳门回归中国问题的谈判，出席了两国谈判协议的签字仪式。他本人对中葡关系史研究工作颇感兴趣。我对林说，你是创造中葡友好关系历史的人，我们是记述中葡关系历史的人，历史的记述者应对历史的创造者表示尊敬。林笑着表示感谢。林先生略懂中国话，发音纯正，可略事应酬，但词汇不够，交流不便。他提笔在他的名片上用中文写上林若翰三个字送我们。

此次访问，我发现葡国似乎没有精通中文的人才，没有精通中文的汉学家。国立东宝档案馆收藏一本《宋元通鉴增补》的明代刊刻本（仅一册），为私人刊刻，刀法、纸质均差。该馆视为珍藏，用羊皮纸装订，署名《中国历史》，但馆内无人识得中文，不能判断书的价值，且不能判断书的倒顺，羊皮封面装反了。该馆馆长双手递我阅看，我即指出此事，馆长只得苦笑。我还为展出文件做说明，馆方连忙笔录，郑重异常。我听说该馆曾从澳门聘得一中国人前往整理中文档案三年，但上述错误却未予纠正。在海外部历史档案馆看到展出一本澳门出版的圣保禄学院建立四百周年纪念刊，封面大字标出一五五四——一五九四，我指出其印制错误，这不是四百年，而是四十年，馆方负责人明白后也只是苦笑不置。

我曾向萨安东教授和林若翰先生提到，葡萄牙是中国最早接触的西方国家，葡人在中国的澳门居留以来已有四百多年，葡国却没有培养出深谙中国文化的汉学家，没有培养出精通中国语言的人才，似乎是一失误。澳门交回中国后仍是中西交流的孔道之一，葡萄牙应利用自己与中国最早接触这一优势，积极发挥中葡、中西商务和文化交流的作用。他们同意我的看法，认为葡国未能培养出中文人才是葡政府短视造成的。今日葡国政府已认识到这一点，但已有措手不及之感。葡外交部决心在澳门交回中国前，梳理中葡关系历史，特别是鸦片战争以来的中葡关系史，以便在澳门交回中国后翻开中葡关系新的一页。

目前中国学者研究中葡关系，研究澳门历史，最大困难在于不懂葡文，不能直接阅读、利用葡文档案。今年（1995）2月参加澳门大学主办的"澳门史的教与学"研讨会，我在报告中曾把中国历史学者不懂葡文、葡国历史学者不懂中文列为澳门史研究的困难之一。此次访问里斯本，加深了这一认识。据悉，国内学术单位已在送人去里斯本和澳门学习葡文，亡羊补牢，犹未为晚，做出这一补救努力是值得的。我期待着中葡关系史的研究者，在今后利用中葡文档案史料方面能有所前进。

此次访问期间，我还同里斯本科技大学社会与政治学院院长、副院长、学术委员会主任等诸位教授先生相识并共餐。我发现，葡萄牙人对中国人是热情友好的。时间不长，访史心切，我对葡国美丽的山河未能多得流连，但对里斯本附近海滨景色、17世纪的城堡留下了深刻的印象。

分别的日子到了。萨教授驱车送我们去机场。临别，他拿出他九岁的儿子送我们的礼物，令我们十分感动，可惜我们一时手蹙，无以为回赠。道别时我们祝愿中葡关系会有一个更美好的前景。

澳门回归的回顾与展望[*]

著名诗人闻一多1926年呼唤澳门回归的诗《七子之歌》，通过新闻媒体的传播已经家喻户晓。澳门，紧接着1997年7月1日香港回归之后，就要在今年12月20日回到祖国怀抱了。回归后的特区行政长官何厚铧先生已经选出，并且已经获得中央政府任命。澳门回归的步伐已经没有任何力量可以阻挡了。半个多世纪以前诗人的殷殷呼唤，马上就要成为事实了。澳门同香港一样，从来都是祖国南疆神圣领土不可分割的一部分。但是，澳门为葡萄牙人管治，与香港曾经为英国人管治不一样，是由不同的历史原因形成的。今天我们来回顾葡萄牙人管治澳门的历史经过，不禁内心涌起500年中国历史发展的酸甜苦辣。

葡萄牙逐步侵占澳门的经过

人们在探讨中国历史的变化，追索其由盛转衰的历史原因时，往往要提到15—16世纪。15世纪初叶，正当明朝永乐年间，三保太监郑和率300艘船、2.8万人远航东非，创下了那个时代世界远洋史上的奇迹。郑和下西洋，也是中国远洋史上的绝响。大约半个世纪后，当意大利人哥伦布受西班牙国王派遣远航美洲时，远洋航道上已经看不到中国船队的踪迹。从郑和下西洋到哥伦布"地理大发现"，正是中国历史发展的转折时期，也是欧洲历史发展的转折时期。由于资本主义生产力发

---

[*] 本文是应中共中央机关刊物《求是》杂志之邀约，为迎接澳门即将回归祖国怀抱而写的，发表于《求是》杂志1999年第23期，《求是》用的标题是《回归之际话澳门》。收入张海鹏《东厂论史录》，广东人民出版社，2005。

生、发展的躁动,"地理大发现"激发了早期欧洲列强寻找海外殖民地的热情。15 世纪末,印度新航线的发现,促进了欧洲人的东来。葡萄牙人、西班牙人、荷兰人带着火枪先后来到亚洲,并且到达中国的南海。这时候,距离郑和下西洋,不过一个世纪。

16 世纪初,葡萄牙人以在果阿(属印度)和马六甲掠取的殖民地为基地,开始把触角伸向中国粤闽浙沿海各地,他们掠买人口、驱赶商船,进行骚扰,实行武力叩关,干扰了我沿海居民的正常生活。明朝政府不欢迎这样的客人,下令逐客。但是中国的生丝和瓷器在欧洲有很大的市场,葡萄牙人不愿意放弃这样的商机。他们看见武力不能达到目的,便采用甜言蜜语、欺骗、贿赂中国地方官员的办法,终于取得成功。他们被允许在广东香山县所属的蚝镜澳地方登陆。这一年,便是明嘉靖三十二年,即 1553 年。据刊刻于 1602 年的《广东通志》记载,嘉靖三十二年,葡萄牙商船到了蚝镜,"托言舟触风涛缝裂,水湿贡物,愿暂借地晾晒,海道副使汪柏徇贿许之"。本来,允许上岸,只是允许他们像东南亚商人一样前来贸易,抽分完税,"捆载而来,市毕而去",并不允许他们长期居留。但是这些葡萄牙商人违反中国政府规定,上岸不过十年,他们就在蚝镜南端"筑室建城,雄居海畔若一国",形成了一个葡萄牙人的聚落。当地官员拿了他们的贿赂,又增加了税收,便没有执行朝廷规定的逐客令。不久,由于明朝政府开通了广州对外贸易,蚝镜的东南亚商人不愿与葡萄牙商人为伍,纷纷前往广州贸易,蚝镜便完全成为葡萄牙人居留的地方了。

这个蚝镜或者蚝镜澳,就是后来说的澳门。因澳口南海上有四座离岛,形若十字,称为十字门,故合称澳门。葡萄牙人上岸,见澳口有一座当地人早已修建的妈阁庙雄踞海畔,以为妈阁即是地名,故称澳门为 Macao。据近年澳门考古发掘证明,早在新石器时代,澳门就有人类活动。至迟在南宋,这里就形成了中国人的村落。澳门是香山县管辖的一块地方。

前面说到的贿赂,大约是每年 500 两银子,一直被地方官员装入自己的腰包。20 年后的 1573 年,葡人公开缴交贿赂,官员不便收纳,便改称地租,正式纳入官府,同时这也意味着地方官员正式允许了葡萄牙人居留澳门。葡萄牙人寓居澳门之后,势力不断坐大,以致"冒禁触法、桀骜不驯","陵轹居人、蔑视澳官","贩卖子女为奴、夹带违禁出洋"等，时有发生。明朝广东地方政府为了如何治理寓居澳门的葡萄牙人，进行了长期的政策辩论。最后决定实行"以汉法约束之""用夏变夷"的政策。为了有效地控制葡萄牙人，防范其入侵内地，避免奸宄为结为害边民，遂于万历二年（1574）在莲花茎南端修建关闸一道，设官把守，"使华人不得擅入，夷人不得擅出"。关闸门的设立，在阻止葡萄牙人"拥众入踞香山"方面起到了一定作用，同时也为葡萄牙人"筑室建城""增缮周垣"、据澳为家，特别是摆脱澳官束缚、实现独立自治，在客观上创造了有利条件。1582年，新任两广总督陈瑞听说澳门葡萄牙人要成立市政机构，使用葡萄牙法律，在广东肇庆召见澳门葡萄牙人主教和行政头目，示以颜色。葡萄牙人摆出价值1000金币的礼物，于是他笑着通知他们："该地的一切情况可以照旧继续下去，但当然服从中国官员的管辖。"这是明朝政府第一个地方大员正式对澳门葡萄牙人做出回答，也是一个荒唐的回答。他被葡萄牙人的金钱腐蚀了。他在重金贿赂之下，同意葡萄牙人以服从中国官员管辖为前提，继续在澳门居住并实行一定程度的自治。明朝政府授予葡萄牙人自治头目以"夷目"的名义。历史资料表明，贿赂是葡萄牙人征服中国地方官员的利器。在他们与中国地方官员交涉不顺利的时候，只要拿出贿赂的手段，就无往而不胜。这次贿赂陈瑞成功以后，在教会和商人的推动下，澳门葡萄牙人的自治机构——市政议会就正式成立了。1614年，两广总督张鸣冈上疏，认为对付葡人最好的办法，不是将他们尽数驱逐，而是利用葡人在澳"日夜所需仰给于我"的处境，"申饬明禁"，加强防范和管理。这一意见得到朝廷同意。研究者认为：这是我们所见到的朝廷对葡人占据澳门问题最早表示态度的记载。

市政议会在葡萄牙人内部主持自治的局面持续了200年。葡萄牙国王认为澳门市政议会给国王的税太少，决定改变这种体制，正式派出国王任命的总督，取代了市政议会。

鸦片战争开始以后，澳葡当局改变了从前对清政府的恭顺态度，积极支持英国的侵华活动，并且不顾明清政府几百年间对中国领土澳门的管治，肆意扩大地盘，削夺中国官员的管治权力。趁着清政府在鸦片战争后的困难局面，1845年，葡萄牙国王公然不顾澳门是中国领土这一基本事实，单方面宣布澳门是"自由港"。1846年澳葡总督亚马勒在澳门倒行逆施，侵夺中国主权，向澳门的中国居民和其他外国人征收地租、人头税和不动产税，向停泊在澳门的华人船只征税，进而在1849年不顾两广总督的抗议，派兵袭击香山县设在澳门的中国海关，"钉闭关门，驱逐丁役"，并且宣布拒绝向清政府缴纳每年500两的地租银。亚马勒虽被澳门义士杀死，但是澳葡当局还是派兵捣毁了香山县设在澳门望厦村的官府（县丞衙署，即副县长办公处所），驱逐了清政府官员，占领了关闸。清政府虽然不承认葡萄牙的非法行为，但由于官员腐败昏庸，居然对此侵略行径不闻不问，听之任之。这样，从1849年开始，经过差不多300年的和平相处之后，葡萄牙多年的企图终于得逞，非法抢占了中国领土澳门。

为了稳定葡萄牙夺占澳门的成果，改变300年来中葡之间没有形成关于澳门的任何法律文件的现实，葡萄牙政府极力谋求与中国政府签订有关澳门的条约。1862年，中葡代表在北京开始谈判。由于清政府不同意出让澳门主权，条约草案未经清政府批准。1887年，清政府为了解决鸦片走私和征税问题，扩大财政收入，希望港英当局配合征税。港英当局提出要与澳门统一行动。澳葡当局则借机要求解决澳门地位问题。于是中葡之间又恢复谈判。主持谈判的却是两个英国人，一个是供职于中国海关的总税务司赫德，另一个是中国海关驻伦敦办事处主任金登干。在他们的上下其手下，3月，金登干代表中方与葡方在葡国首都里斯本签订了草约。12月，在北京签订正约，这就是《中葡和好通商条约》。这是330年来中葡之间签订的第一个条约，对中国来说，它却是一个不平等条约。这个条约除了规定葡萄牙在华享有最惠国待遇，取得帝国主义列强在中国取得的一切特权以及澳葡政府协助中国征收鸦片税厘外，最重要的是规定葡萄牙可以"永居管理澳门"。这样，葡萄牙从条约上正式取得了管治澳门的权利。但是，条约也规定不经清政府首肯，葡国永不将澳门让与他国。从这一方面可以说，葡萄牙并没有取得随意处置澳门的权利，清政府并没有将澳门割让给葡萄牙。

条约虽然规定葡萄牙"永居管理澳门"，但关于澳门界址的勘界事宜却规定留待以后再议。所以这个条约关于澳门地位的规定是不完整的。按照明清两代的习惯，葡萄牙人的居留地在澳门半岛南端围墙以内。多年来，葡人力图向北扩展地盘。条约签订以后，澳葡当局利用有利条件不仅向北扩展，而且抢占岛屿，到20世纪初实际上控制了相当于今天澳门的范围，并且向清政府进一步要求水域和更多的陆地。这引起了中国官民的严重关注。从 1909 年起,中葡双方开始谈判澳门界址问题。清政府方面拒不答允葡方的要求,久拖不决。后来因为葡方和中方国内相继爆发革命,中葡勘界谈判便不了了之。

五四运动以后,特别是国共合作以来,国内各阶层人民强烈要求废除不平等条约,广东和各地群众要求政府收回澳门。迫于这种压力,南京国民政府在 1887 年条约第四个十年修约期满之时,于 1928 年 6 月宣布不再修约,条约自动失效。葡萄牙政府虽然不承认条约失效,但在与中国国民政府在 1928 年 12 月签订的新约《中葡友好通商条约》中,再没有提到澳门问题。这说明当时的中国政府已经不再承认 1887 年条约中葡萄牙"永居管理澳门"的规定,但是也承认了葡萄牙政府管理澳门的现实。抗战胜利后,国民政府曾向葡萄牙政府提出收回澳门的要求,但因忙于内战,未能实现。

纵观 1849 年以前的中葡关系史,体现在澳门问题上,可以说基本上是友好的。明清两代中国政府实际上执掌着澳门的主权和治权。万历四十二年(1614)海道副使俞安性在澳门颁布了《海道禁约》五款,勒为石碑。清朝雍正年间,将香山县丞移驻前山寨。乾隆九年(1744)还设立军民海防同知,加强了对澳门事务的管理。乾隆十四年(1749)澳门海防同知张汝霖订出《澳夷善后事宜条议》,在澳门刻石公布。这些都是不容回避的事实,无法否认。这是我们说明清政府对澳门享有主权并掌握着治权的基本历史根据。居留在澳门的葡萄牙人服从、顺从中国政府的管理,承认、基本上尊重中国政府在澳门的统治权力。葡萄牙人与中国人在澳门基本上是一种和平共处的关系。19 世纪早期曾经长期在澳门居住并且在澳门史研究上做出了重要成绩的瑞典人龙思泰,在其名著《葡萄牙人在华居留地史纲》(中文译本名为《早期澳门史》)中,根据对大量文献档案资料的研究指出,虽然葡萄牙人居留澳门三个世纪,但从未得到过澳门的主权,澳门始终是中国的领土。这是一个严肃的历史学家得出的严肃的历史结论。但是我们也应该根据历史事实指出,即使在 1849 年以前,葡萄牙人在澳门也是一支挑战中国主权和治权的力量,他们在逐步侵夺中国的主权,同时在逐步扩大在澳门的治权。这主要体现在收税和驻军两方面。他们在 17 世纪就在澳门驻军,并且在中国的税收系统之外,建立了自己的税收系统,这是对中国主权和治权的明显挑战。1849 年以后,葡萄牙人实际上掌握了澳门的治权,并在澳门建立起殖民体系。1887年中葡条约承认了这种状况，但是中国政府名义上保留着对澳门的主权。

这就是澳门政治历史发展的简单线索。从这个简单线索中，我们可以看出，澳门政治发展中的主体力量存在着此消彼长的情况。所谓此消彼长，指的是：葡萄牙人的政治势力从小到大、从局部到全部、从形式到实质、从自发到受到葡萄牙政府的支配，终至于全部掌握澳门的政治局势。而中国政府在澳门的政治控制则反是。这个势力消长的政治现实就是葡萄牙逐步侵占澳门的历史过程。

澳门历史地位的学术探讨

从前文所述葡萄牙逐步侵占澳门的历史过程来看，葡萄牙人居留澳门的历史显然可以1849年为界，分成两个阶段。对澳门历史地位的探讨，要依据这两个阶段的不同情况，分别予以评价。

对1849年以前的澳门地位，学术界存在不同的评价。早些年一般认为是葡萄牙侵占的殖民地，近年评价要积极些。显然，从葡萄牙人居留澳门的历史过程看，说澳门是葡萄牙人的殖民地，是不符合事实的。因为澳门是在中国政府管辖下的，中国政府在澳门行使主权基本上是不受限制的。葡萄牙人组织的市政机构虽然有挑战中国主权的意味，但是它并不敢明目张胆地藐视中国主权，它对中国主权基本上是尊重的。因此有学者基于对澳门在16—17世纪海外贸易中所起作用的判断，认为鸦片战争前近三百年的澳门历史，并非葡萄牙侵略澳门的历史，而是以中葡双方友好、合作为主旋律的历史。这样的分析不无道理。

对于促进中国社会商品货币经济的进一步发展，促进中西科学技术和文化的交流来说，通过葡萄牙商人的中介作用，澳门的影响是积极的。广州有学者研究指出，1573—1644年的72年中，葡萄牙、西班牙、日本在澳门贸易，使澳门长期处于出超地位，输入中国的白银达一亿四千万元，这就为明中叶以后中国基本上确立以白银为主、铜币为辅的银本位体制提供了条件，使明政府于万历九年（1581）在全国统一实行"计亩征银"的一条鞭法得以顺利施行，"在法律上确立了赋税的货币形态的主导地位，具有新时代的重要意义"。北京有学者认为，葡萄牙商人控制的澳门国际贸易，对我国的商品生产与流通起到了促进和刺激的作用。明季大量白银通过澳门流入中国，无疑对正在发展中的商品经济是有好处的，对长江三角洲和珠江三角洲明清之际资本主义萌芽因素的增长，起到了促进作用。上海有研究者认为，从葡人进入澳门贸易至1849年，虽然小摩擦在所难免，但中葡双方没再发生激烈的军事对抗，两国之间一直维持着友好关系。同时，从此时至英国输入大批鸦片的1799年，通过澳门进行的东西方贸易也一直以正当贸易为主，特别在澳门近80年的黄金时期，这一贸易对中国极为有利，大大刺激了中国城乡的商品生产及有关地区的经济繁荣，有利于中国社会的进步。

近些年的澳门史研究者，以比较冷静的态度来研究澳门的历史，不因1849年特别是1887年后葡萄牙对澳门的侵占而否定澳门四百多年的历史，不因19世纪后在澳门兴起了鸦片贸易、苦力贸易和澳门成为东方的蒙特卡洛而贬低以往澳门在国际贸易中发挥的作用，而对16世纪中叶以来的澳门及其在国际贸易中所占地位，分阶段进行研究，得出不同的评价。一般学者都能强调16—18世纪澳门作为亚、欧、美洲贸易的中继港和中国对外贸易的外港的地位和作用，强调它是中西文化交流的桥梁。对澳门开埠之初80年国际贸易的黄金时期而言，有学者认为，澳门在国际上的地位甚至比广州、长崎、马尼拉、马六甲、巴达维亚更为重要，它是远东最著名的商品集散地，是中国最重要的与海外交通的窗口（见费成康《澳门四百年》）。通过贸易，澳门与日本、东南亚、南美洲相连接，把中国较高的生产力和产品推向各地，推动了这些地方的经济发展，同时也提高了西欧早期资本主义发展原始资本积累的水平。

还有学者指出，比较中国古代以长安为起点的陆上丝绸之路，以澳门为锁钥的海上交通干道在东西方文化交流中的历史地位和作用，并不比丝绸之路逊色。由于丝绸古道后来被横亘在中间的奥斯曼帝国隔断，15世纪末16世纪初葡萄牙人驾船绕过好望角，穿过马六甲海峡，开辟了连接东亚的海上航线，这时，中国才以广州、澳门为门户恢复了与西方的联系。从明代中期到清代中期约300年间，这条航线便成为中国与西方经济文化交流的干道。从这个角度来思考问题，可以看出，在明季澳门的黄金时期，澳门在东西方交通中的地位可直追作为丝绸之路起点的古都长安，此后直到鸦片战争前，澳门仍是当时中国唯一的东西方文化交流的中心，其地位大致相当于丝绸之路上的敦煌。

鸦片战争以后，澳门的地位为香港尤其是上海所取代，澳门才从东西方文化交流中心的地位上跌落了下来。但是非法的鸦片贸易和苦力贸易却长期在澳门居于重要地位。18世纪初以后，澳门的葡萄牙人曾长期独占鸦片贸易的垄断地位，从18世纪末起，才逐渐让位于英国商人。鸦片战争以后直至20世纪初，澳门始终是对华鸦片贸易的中心之一。至于苦力贸易，澳门的葡萄牙人则更是长期经营，至19世纪50—60年代达到高潮。经营苦力贸易的所谓"猪仔馆"多达300多家，从业者约4万人。高潮期每年从澳门运走的苦力差不多上万人。这些中国人多被运往巴西、古巴、秘鲁。许多葡萄牙商人从鸦片贸易和苦力贸易中发了财。但是从澳门经济发展说，它的黄金时期是一去不复返了。蒸汽发动机带动的大吨位轮船需要深水良港，澳门不具备这样的条件。

澳门回归与中国历史发展的新转折

中华人民共和国建立之后，中国政府宣布不承认列强强加于中国的一切不平等条约，当然也不承认有关澳门问题的不平等条约，始终认为澳门自古以来就是中国的领土。中国政府主张在适当时机，通过谈判来解决这一历史遗留问题，在未解决以前暂维持现状。1979年，中葡两国政府签订正式建交的联合公报，公报宣布："澳门是中国的领土，目前由葡国政府管理。这是一个历史上遗留下来的问题，在适当的时机，中葡两国将通过友好协商来解决。"这一年，正是中国改革开放的第一年。接着在1984年中英两国通过外交谈判解决了香港问题。看来，解决澳门问题的时机成熟了。1985年5月24日，邓小平接见应邀来访的葡萄牙总统时说，中葡之间没有矛盾，更没有吵架的问题。中葡两国就谈判解决澳门问题达成了协议。经过历时九个月的谈判，中葡两国于1987年4月13日正式签署《关于澳门问题的联合声明》，宣布中国政府将于1999年12月20日恢复对澳门行使主权，澳门回归后，中国政府将对澳门实行"一国两制"的基本方针。现在澳门后过渡期即将结束，澳门特区行政长官何厚铧先生正在为筹组未来的特区政府紧张工作。澳门正式回归祖国的日子指日可待了。

在澳门即将回归之际，关于澳门在未来的作用，我们应有什么认识？

第一，澳门与香港有诸多不同，如面积、人口、经济力量、历史文化传统等。但是，澳门与香港有一个共同的方面，那就是都位于珠江三角洲地区，背靠内地、背靠祖国大陆。港澳的经济文化生活，大体上依赖于祖国内地经济文化发展的状况。香港是这样，澳门也是这样。单以澳门而论，在明清之际，中国社会经济文化还处在高度发展中，澳门在对外贸易方面曾经发挥重要作用，是海上丝绸之路通道上一个十分重要的关键所在。鸦片战争以后，中国衰落了，澳门也衰落了。改革开放20年来，中国社会经济迅猛发展，把澳门的经济发展也带动了起来，澳门经济在停滞了许多年之后，又活跃起来，显得有了生气。准确地说，澳门的现代化、工业化，就是在这时候开始的。我们现在看到的澳门，是一个崭新的澳门，与过去死气沉沉的澳门决然不同。澳门人均GDP 1990年突破1万美元，现在大约在一万七八千美元。这已经是一个很不错的数字。近年由于亚洲金融危机，由于澳门社会经济结构机制不灵活，也由于内地出口减少，澳门经济发展疲软。

这是对澳门的第一个认识。如果对澳门的认识仅停留在这一点上，那就太肤浅了。如果澳门的作用就是这样，那么回归以后，澳门可能与内地或沿海某个城市没有多少区别，在澳门实行"一国两制"的意义，就没有多大了。所以，还应该有对澳门的第二个认识。

第二，澳门与葡萄牙、与欧洲交往，迄今差不多有500年连绵不断的历史。中国任何地区和城市都不具备这个特点。说澳门是东西方文化交汇、交融发展的天然博物馆，正是这500年东西交往历史的外在表现。澳门有许多有一定文化素养的华人会讲葡萄牙语，有一万左右在澳门世代生活会讲葡萄牙语又会讲广州话的土生葡人。澳门虽小（大约23平方公里），长期以来，却与欧洲、与葡语国家有着相当多的经济文化联系。澳门在世界贸易组织、在欧盟都有一定的贸易份额。这是澳门的特点和优点。澳门回归以后，我们要充分发挥澳门的这个特点和优点。我认为，在"一国两制"方针的指引下，澳门特区政府本着"澳人治澳"精神，应该充分发挥中国人的聪明才智，努力加强与葡萄牙、欧盟、葡语国家的经济文化联系，发挥澳门作为中国对外经济文化交流一个重要窗口的作用。中国已经向全世界开放，再增加一个别具特点与优点的澳门窗口，对澳门自身发展有益，对中国自身也有益。这个窗口的作用，与内地别的开放城市所起的作用是绝对不一样的。如果这样认识澳门，在澳门实行"一国两制"就有了不同凡响的意义。

香港回归已经两年，在"一国两制"方面已经积累了丰富的经验。加上澳门回归，我们必将在"一国两制"方面积累更加成熟的经验。这两方面的经验在和平解决台湾问题上必将产生积极的效应。当然，解决台湾问题，简单地运用在港澳取得的"一国两制"经验，显然是不够的。但是解决台湾问题，要借鉴在港澳取得的"一国两制"经验，则是确定无疑的。

500多年前，郑和下西洋所创造的中国人的航海奇迹及其绝响，澳门为葡萄牙人所入据，正是中国历史由盛转衰的重要标志。今天，我们恰逢其时，看到了由香港、澳门回归所代表的中国历史由衰转盛的另一个标志。仔细体会这500年中国历史和世界历史的曲折变化，我们有多少历史经验可以总结和借鉴啊！

1999年6月30日夜完稿

二
台湾历史与现实问题研究

我的台湾经历与我的研究[*]

1949年以后，海峡两岸隔绝数十年，学术界也是鸡犬之声相闻，老死不相往来。中国社会科学院近代史研究所（前身为中国科学院近代史研究所）图书馆订有台湾出版的《中央日报》，也采购了一些台湾近代史学界的学术著作，研究人员只要有兴趣，还是可以接触到有关台湾的消息。改革开放以后，大陆学者可以在海外见到台湾学者。从近代史来说，最有影响的还是1982年在美国芝加哥举办的亚洲年会。大陆方面派了以胡绳为团长的代表团，台湾方面派了以秦孝仪为团长的代表团，两团在旧金山飞往芝加哥的飞机上见面，颇多佳话。

海峡两岸的人民都是中国人，两岸学者通过著作可能彼此有一定了解，对于能亲自见面，畅叙友情，都颇为期待。1989年，台湾"解禁"不久，我有机会多次在北京接待来自台湾学术界的客人。那时候，有台湾客人来，我们都迫不及待去会见。5月，台湾淡江大学历史系教授王明荪、讲师王樾来访，我那时是研究所副所长，便请各研究室主任出席欢迎。这是本所第一次接待来自台湾的学者。我在本所食堂请他们两位吃了便饭。王教授是湖北宜昌人，我是湖北汉川人，交谈似颇相契。6月初，美国夏威夷东西研究中心吴燕和教授来北京，经社科院丁伟志副院长介绍，说他想和近代史研究所建立某种联系，又听说他是台湾人，我便约了中外关系史研究一室主任张振鹍赶到宾馆去看他。那时候，纽约圣约翰大学教授李又宁女士正在本所访问，政治风波后，美国美中学术交流委员会通知她，说待在北京不安全，要她立即返回美国。李又宁

---

[*] 本文是为我的《书生议政——中国近现代史学者看台湾的历史与现实》（九州出版社，2011）写的代序，收入本书时略有删节。

教授坚持在北京很安全，要完成在北京的访问，认为学术界人士希望继续交流。我和本所代所长张友坤专门在四川饭店宴请了她。她也是从台湾出去的。8月，台湾东吴大学商学院国际贸易系赵淑敏教授应邀来所做报告，听众甚多，临时改在学术报告厅进行。她介绍了台湾研究近代史的机构、期刊，以及她本人研究中国近代经济史的寂寞情况。这是本所第一次邀请台湾学者来所做学术报告。报告虽然较为浅薄，听众反应却较为热烈。接着，中研院近代史研究所副研究员熊秉贞女士到北京，她是来山西参加明史讨论会的。我听到消息，约我所科研处孙思源女士去民族饭店看她。那时候，北京大街上还有解放军执勤。我问她：在北京看见荷枪实弹的解放军没有？她说看到了，但是不怕。9月，我在本所会见了中研院近代史研究所研究员张存武。我说，北京的近代史研究所和台北的近代史研究所是兄弟单位，我们一直在寻求与你们建立联系。张先生也表示在寻求与我们建立联系。我提出，两个近代史所有很多相同之处，可建立资料互换关系，进一步可以共同编辑资料，更进一步可展开共同研究。张先生赞成此意。我请张存武先生回台湾后，转达我对张玉法所长的问候。这位张先生颇富爱国情怀，觉得中国人要为中国争气，要把中国事办好。他对洋人的中国史著作颇为不直。相谈极为恳切。中研院近史所所长张玉法先生后来告诉我，他也曾在政治风波后不久到过北京，敲过近代史研究所的大门，因为是周末，无人值班，只好怏怏而返。

1990年2月16日，以作家陈映真任团长的中国统一联盟大陆访问团访问中国社会科学院，李慎之副院长主持欢迎座谈会。我出席了这次座谈会，与现任《海峡评论》副总主笔兼副总编辑毛铸伦、《海峡评论》杂志社总经理方守仁先生就是这时认识的。4月12日，我与王庆成所长会见台湾淡江大学历史系主任郑梁生和罗运治、陈茂进（山地人）教授。5月21日，台湾东海大学文学院院长吕士朋教授来访。吕教授主张祖国统一，对"一国两制"有不同看法。我曾陪同吕教授游天坛，参观卢沟桥和抗战纪念馆，参观了周口店北京猿人洞。8月2日，我与王庆成所长一起会见中研院史语所副研究员宋光宇先生。

1990年是中国社会科学院近代史研究所建所40周年，为此在8月30日—9月3日举办了纪念建所40周年的国际学术讨论会，会议主题为"近代中国与世界"。除了内地学者外，还有香港大学校长王赓武、香港中文大学历史系教授兼系主任吴伦霓霞，以及加拿大约克大学陈志让，英国剑桥大学讲师罗澜（Peter Nolan），法国巴黎东方语言文化学院教授白吉尔（Marie-claire Bergere），日本三重大学教授小野和子、花园大学教授小野信尔、庆应义塾大学教授山田辰雄、京都大学名誉教授井上清和狭间直树教授、神户学院大学中村哲夫教授、追手门学院大学伊原泽周教授、早稻田大学名誉教授安藤彦太郎、东京大学东洋文化研究所滨下武志教授、亚细亚大学校长卫藤沈吉、美国哈佛大学东亚研究中心孔飞力（Philip Kuhn）、伊利诺伊大学教授易劳逸（Lloyd E. Eastman）、西方学院教授陈锦江出席了会议。台湾方面，中研院近代史研究所前所长吕实强研究员、张朋园研究员、林满红副研究员出席了"近代中国与世界"学术讨论会。这是台湾学者第一次出席大陆的学术会议。

1991年8月9日，我与王庆成所长出席海峡两岸关系学术讨论会在国际饭店举办的冷餐会。主要是与淡江大学战略研究所李子弋教授会面，李子弋教授提议与我们就召开孙中山学术讨论会交换意见。李子弋说：孙中山与21世纪，是台湾方面确定的学术讨论会的主题。第一次已于今年5月在香港召开，会上无意中有争论，经报纸的渲染，扩大化了。第二次希望在大陆开，第三次在台湾开。台师大三民主义研究所所长赵玲玲的丈夫是郝柏村的办公厅主任，在大陆主办会议，郝柏村同意，军方愿意出钱。李子弋说：他们在台湾是两面作战，十分辛苦。一是反对"台独"，一是反对美国自由主义，希望得到大陆的精神支持。他希望多带些年轻人（特别是本省人）来大陆看一看。按以往的经验，硕士、博士生来一次大陆，民族感情便大大加深一些。此次会议也希望多带些年轻的博士、硕士来。经过讨论，初步达成共同召开学术讨论会的意愿。

同年8月29至9月4日，在美国檀香山东西方中心出席纪念辛亥革命80周年学术会议。大陆出席的有金冲及、李侃、李文海、张海鹏、张岂之、张磊、章开沅、姜义华、汪敬虞，王玉璞为随行秘书，台湾方面出席的有蒋永敬、李国祁、吕芳上、吕士朋、古鸿庭、张朋园、张玉法、李恩涵、胡春惠、王曾才、陈鹏仁等。会议期间，海峡两岸的学者相处甚亲密。吕士朋、李国祁、王曾才三位还专门约我出去吃了早点。会议期间，日本学者藤井升三教授所提论文涉及辛亥革命后孙中山与日本方面签订出卖东北主权的协议问题，引起了台湾学者的极大愤慨。出席会议的大陆学者因为对这个问题缺乏专门研究，没有参与讨论。在会下，有的台湾学者对我们没有在会上声援台湾学者有埋怨。那时，在台湾学者头脑中，孙中山是国父，是不能批评的。我曾与蒋永敬教授私下讨论，我认为，无论是孙中山，还是毛泽东，都是可以批评的，在学术讨论中尤其如此。蒋先生对此似不持异议。

这次会议是日本亚细亚大学校长、东京大学名誉教授卫藤沈吉策划的。卫藤在开幕式上说，策划这次会议，本意是促进台海两岸学者的会面与对话，没有想到，海峡两岸学者已经很熟悉了。卫藤在结束语中说：1981年在东京召开辛亥革命70周年学术讨论会，临到开会前一天，台湾学者宣布不能到会。这一次会议，由于苏联政变给中华人民共和国带来极大震荡，我担心海峡西岸的学者不能到会。我在夏威夷给东京打电话，知道海峡西岸的学者已经到了东京，我才放下了心，云云。在夏威夷会议期间，中国国民党党史委员会副主任委员陈鹏仁先生挽蒋永敬教授向我求求，希望允许他前往沈阳出席"九一八事变"60周年国际学术讨论会。我答应立即做出安排，连夜给社科院联络处卢晓衡处长打电话，请他做出安排。去沈阳开会前，我给在台北的陈鹏仁电话，询问何时起程。陈告，未得李登辉批准，不能与会。

9月13—21日，中国抗日战争史学会和中国社会科学院近代史研究所等单位在沈阳召开"九一八事变"60周年国际学术讨论会。我是那次会议的秘书长。台湾学者蒋永敬、胡春惠、李恩涵等以及国内研究抗日战争历史的学者多人出席。会议主题为抗日战争与中国历史。台湾学者与我们的关系已经很亲密了。

9月25日，我在本所主持了中研院近代史所李恩涵研究员演讲会。这是中研院近史所研究员第一次在本所做学术演讲。李恩涵先生私下对我说，50年代，他们读到我所丁名楠等先生著的《帝国主义侵华史》时，是把它当成经典著作来看的。

1992年5月的台湾之行，是我的台湾经历中，也是我的人生经历中一个重要事件。

该年5月8—9日，台北木栅的政治大学历史研究所主办"黄兴与近代中国学术讨论会"。主办者是该校历史研究所所长兼系主任胡春惠教授，继任所长兼系主任张哲郎协助。那时候，两岸关系发展势头很好，台湾学者进入大陆不难，大陆学者入台还是禁忌。主办者立下雄心，要突破两岸关系的障碍，决心邀请一批大陆学者与会。他们提出了三十多位大陆学者的邀请名单送有关当局审查。被邀者中一部分有人大代表、政协委员身份，未能通过台湾"入出境管理局"的审查。通过的部分才能寄出邀请函。被邀者中另一部分在大陆这边被否了，因为，有的主事者未能认识到批准学者去台湾出席学术会议，是两岸关系的一次重要进展。结果成行的只有三位：我和尚明轩、韦杰廷。那时候，除了极个别的直系亲属因丧病事故被允许入台探视外，学者们还没有入台的先例。中国社会科学院有关方面积极支持学者入台访问，这个想法得到国台办支持。我和尚明轩是近代史所研究人员，入台申请得到批准。韦杰廷是湖南省属的湖南师范大学教授，他的入台申请也被国台办批准了。我被国台办指定为代表团团长。这是大陆学者第一次赴台参加学术会议，是中国社会科学院学者第一次应邀赴台湾访问，是中国社会科学院与台湾的学术交流从单向转为双向的标志。我向大会提交了论文：《论黄兴对武昌首义的态度》。论文报告后，论文评论人是政治大学历史系副教授林能士，他的评语说："张教授的这篇大作，广泛运用了各方面资料，以流畅的文笔，论述黄兴对武昌革命的认识与态度。整篇论文可说是论理清楚，无懈可击，令人敬佩。"[①] 吕实强先生也在中研院近史所的大会上当着我的面，表达了对拙文的欣赏。

会后，我写过一篇会议报道刊登在《近代史研究》。

关于这次台湾之行，有一些花絮，值得在这里记录。从这些花絮，可证推动两岸学术交流的不易与可贵。

国台办批准

国台办是国务院主管对台事务的官方机构。由于海峡两岸关系的缓和，国台办在两岸学术交流方面，希望推动大陆学者入台。正好有了台湾学术单位的邀请，国台办支持了中国社会科学院台办的入台申请。事涉初办，各方面关系尚待协调。我知道国台办批准赴台的消息后，立即

[①] 胡春惠、张哲郎主编《黄兴与近代中国学术讨论会论文集》，台北，1993，第304页。

派人到国台办取到正式批准文件。因为距离启程的时间只有一周了，我拿到国台办的批准文件，直接驱车到公安部出入境管理局，找到一位主持工作的副局长，请他给我写公文给北京市公安局签证处办理出入境手续。那位副局长表示为难，因为他还没有收到国台办的批准公文。我把我手头的那一份文件给他看，我说这份文件就放在你这里，请你依据这份文件给北京市公安局发出办理手续的指示。幸好那位副局长没有怀疑文件的真实性，同意照此办理。我拿到公安部开出的给北京市公安局的指令，直接来到前三门北京市公安局签证处。签证处工作人员拿到公安部的指令，态度很好，答允一周内办好手续。5月6日我去机场时，路过公安局签证处，取到了"中华人民共和国往来港澳通行证"。这是我此行唯一合法的身份证明。

国台办临行谈话

临行前，我和尚明轩在社科院台办主任卢晓衡陪同下到国台办交流局听取临行谈话。主谈人是交流局王晓民处长，陪同的是该处工作人员李唯一（后任国台办新闻发言人，现任交流局局长）。王晓民处长对此行甚为支持，她交代赴台注意事项，主要是坚持学者身份，尽可能避免官方人士在政府办公楼内接见，办公楼外可以会见；要求积极主动，广交朋友，了解台湾近代史学界情况。我提出，第一次到台湾，情况难以预料，如果遇到紧急情况，我无法与你们联系，怎么办。王晓民答以临机处置。"临机处置"四个字，是我此次临行谈话最大的收获。

过境香港

那时，两岸三地之间达成的协议，是大陆赴台人员必须经罗湖过境香港。5月7日，我们三人在深圳会合，上午9点在深圳一侧通关，手续简单。那时罗湖桥很简陋，走在罗湖桥上，看到浑浊的深圳河，一时感慨万千。我在80年代初编绘《中国近代史稿地图集》时，绘有一幅香港租借地地图，我从文字上和地图上已经熟知深圳河，此时从河上走过，东张西望，很想把深圳河看个究竟。竟然走不了几步，就到了香港一侧。此时香港还是英国管治，情形果然不同。通关时，我们被引导到一处简陋的大厅，在那里被要求等候。一等候就等了6小时，令人殊为难耐。这间大厅除了有水喝，其他什么都没有，也不能对外打电话。大厅里还安置了若干间小屋。人们被叫进去一个个谈话。我们一行三人，除了我侥幸未被谈话外，尚、韦两位都被叫进去谈话了。谈话时间可久可暂，议题五花八门，叫人摸不着头脑。他们两人从小房间出来，我正准备进去，忽被告知，我们三人可以出关了。

雨滞旺角

出关后到罗湖车站，胡春惠教授前来接车。我们不免一路骂英国人的统治，意颇难平。胡教授安排我们一行在旺角 Stanford Hotel 下榻。一天折腾，到旅店时已经晚了。夜晚休息时，听到附近有枪声和爆炸声，有人告知，香港治安不好。8日早起，得知昨夜一夜大雨，报道说是数十年未见。我们一行先到港岛金钟大厦"中华旅行社"（实际上是台湾在港的领事机构）办理领取入台许可证手续，但是，许可证尚未拿到。胡教授告，香港珠海书院校长梁永燊请喝午茶，因为胡教授在此间担任珠海书院亚洲研究中心主任，对于梁校长的宴请，感到却之不恭，便应邀前往。哪知大雨下个不停，以致大雨天留客，我们难以和主人告别。下午要登机飞台，不得不冒雨回到旅店。出租车开到旅店街道中间，不肯走了，街两边积水太深，开到旅店门口，车要进水。我们付了费，请出租车等我们一下，接着拉我们到启德机场。等我们下了车，司机启动车子开跑了，把韦杰廷脱下来的一双皮鞋也拉走了。走进旅店，发现水淹旅店，大门前垒着沙袋，电梯间进水，电梯开不动了。记得我们的飞机是下午3点多起飞。我们匆忙结了账，却叫不到出租车。我请旅店的服务生帮忙叫一辆车。这位服务生西装革履，毫不迟疑，立马出门涉水找车，这颇让我惊讶。此举着实让我体会到了香港的服务态度之优良，令人佩服。这中间，珠海书院的秘书带韦杰廷上街买了皮鞋。服务生出门很久，才叫了一辆去机场运菜的货车，答应拉我们顺道去机场。上卡车时，已过下午3点，飞机快要起飞了。我说，不管三七二十一，去了机场再说。到了机场,才发现因为大雨,所有航班都停飞了,我们也松了一口气。下午5点左右,雨停下来了。华航和港龙合并,很快安排起飞。

启德机场登机交涉

记得我们一行(包括胡春惠)改搭华航航班飞台。哪知登机时,才发现我们手中没有台湾方面发出的"入台许可证",机长不允许我们三人登机。我们不得已从舷梯上退了下来。经过胡春惠教授紧急交涉,又与台湾方面电话联系,得知所谓"许可证"即"中华民国台湾地区入出境许可证",台湾有关方面刚办好,还来不及送到香港。证实了这一点后,机长才允许我们三人登机。大约晚9点,飞机在台湾桃园机场(正式名称为中正国际机场)降落。在飞机即将停稳时,机舱喇叭里响起了空姐的呼声:请张海鹏等三位到舷梯旁领取"许可证"。我们下得舷梯,有人把我们三人的"许可证"送到我们手中。我还记得,在那张"许可证"上签字的是"中华民国内务部长吴伯雄"。

胡教授陪同我们通关。在通关处,机场一位中年女士,非常热情地招呼我们,让我们把大陆方面发的"中华人民共和国往来港澳通行证"押在她那里,只许我们带着"中华民国台湾地区入出境许可证"出关。出关后,有车来接。我们一行在8日晚10点多才到政治大学行政大楼顶层的访客住处。张哲郎等来问候安排一应事宜。半夜1点,我匆忙入睡。

出席政治大学黄兴与近代中国学术讨论会的经过与情况

9日上午9点,学术讨论会在政治大学行政大楼会议厅举行。尚明轩、韦杰廷紧随我后走进会议大厅。会场上的横标大书"黄兴与近代中国国际学术讨论会"。按照规定,我们不能出席台湾方面召开的"国际"会议。为此,我在事前与政治大学筹备方面联系时,已经说明。我们的来往函件,以及会议手册,都不见"国际"字样。走在我后面的尚明轩扯着我的衣角，指着会场横标，小声问我：要不要退出会场？我说，走吧，找自己的座位吧！我想的是，两岸隔绝数十年，我们终于走进了台湾的土地，走进了台湾的学术殿堂，这对于海峡两岸的关系，对海峡两岸的学术，是利莫大焉的。退出会场很容易，造成两岸关系的退步，挽回却甚不易。我有"临机处置"四个字，我就这样决定了。此后，会议按照议程，行礼如仪。会议中关于孙中山、黄兴历史作用的讨论，关于革命的评论，我在报道中写过了，此不赘述。

会议进行中，台湾大学三民主义研究所李炳南教授、台湾师范大学三民主义研究所赵玲玲所长先后来会，邀请我前往访问，接待方面当面严拒。我感觉形势严峻，不便插话。

会议期间，《联合报》记者要求采访，我拒绝。蒋永敬教授劝我不要拒绝。我告诉记者，我是学者，主要任务是参加讨论会，我接受采访，只谈学术，只有10分钟。5月10日该报刊登了《联合报》记者陈碧华专访：《大陆史学家最想看"大溪档案" 社科院近研所副所长张海鹏：学者都希望以实事求是态度研究历史》。

在会场，我还邂逅海基会副秘书长李庆平。他主动来打招呼，告诉我，他刚从美国回来。

戴国辉安排受阻

9日下午，会议茶歇时，日本一桥大学的戴国辉教授夫妇主动与我相识。他是台湾桃园人，又是北京的常客。他问我：张教授是否愿意与王晓波认识？我答：很愿意，只是无缘相见。戴说他来安排。10日中午，戴国辉夫妇在外面请我吃饭。他说，他已经给王晓波打过电话，告诉王晓波，北京社科院的张教授来了，你愿不愿意与他见面？王答：非常欢迎！中国统一联盟可以请他演讲。戴说：混账！张先生是学者，怎么可以用中国统一联盟的名义呢？王答：那好，我们用台湾史研究会的名义来欢迎他。戴问我：你是否可以跟接待方面提出要求，在日程中留出半天，到台湾史研究会去坐坐？我同意了。

下午，我见到政大主持接待的朋友，提出在日程安排中请给我预留半天，我好有点自由活动时间。接待的朋友告诉我，接待计划有改变，我们离台的时间提前了，不可能给我预留自由活动时间。我随后把这个消息告诉了戴国煇先生。

晚饭后，有一杜姓青年来找我，很神秘地要我跟他走，说与王晓波见面。我跟他来到政大一处宿舍，走进政大中文系尉天聪教授家，在他家的顶层，大约是尉先生的书房，据说是违章建筑。在那里，陈映真（中国统一联盟主席）、王晓波（台湾史研究会会长）、尉天聪、戴国煇夫妇，以及杜姓青年在座。尉天聪先生准备了酱牛肉、口条和白酒。戴国煇与我介绍了交涉经过。王晓波等听后情绪激动。王晓波分析，可能是他与戴国煇的通话被窃听了。王晓波那时反国民党，情治机构对他控制很严，他家的电话是被监控的。

谈话中，王晓波问我：张先生怕不怕坐牢？我说，在1949年前，我当然是怕坐牢的。但是，在此时此刻，在台湾，我不怕坐牢。王晓波说：我们可以找一个"立法委员"到"立法院"提出质询，既然已经邀请张海鹏先生到台湾来了，为什么不可以安排张先生与台湾史研究会的学者见面？我略微沉吟一下，说：我不主张这样做。这里不产生坐不坐牢的问题，我不是怕坐牢。我以为两岸关系发展到这一步，已经很不容易了。如果到"立法院"质询，我就可能成为一个新闻人物。成为新闻人物事小，使两岸关系倒退事大，两岸学术交流倒退，可能得不偿失。此事因我而起，则罪莫大焉。对此，与会各位颇首肯。最后大家建议，可以请政大方面安排飞机票在17日下午，这样，那天上午可能还有一点时间到台湾史研究会与诸位见面。我以为可以试试。戴国煇还谈及，他虽是台湾人，也是国民党盯着的对象，他也不能按计划在台湾多待几天了，他要提前回日本，否则怕走不了了。14日晚，杜姓青年来电话询问如何安排。我告诉他，计划行不通，政大方面已经安排了17日早班飞机，17日上午完全没有时间了。

与政治大学校长张京育在校长办公室共进早餐

入台后，每天日程安排很满。5月11日早，安排与政治大学校长张京育共进早餐。早餐在校长办公室进行。客人除了我们三人外，还有从美国来的薛君度、李又宁等。校长办公室很宽敞，有专门厨师伺候。分宾主入座后，主人起立，说：各位请坐；各位请用餐。在这里，我体会了台湾的官式作风；第二天，蒋永敬教授请我在学生食堂共进早餐，体会了民情。

参观党史会和"故宫博物院"

5月11日早餐后的日程有两项：一是参观中国国民党党史编纂委员会，另一是参观台北"故宫博物院"。上午在阳明山阳明书屋参观党史会。此地原是蒋介石退台后的"总统府"。党史会主任委员李云汉、副主任委员陈鹏仁带领我们参观了蒋介石的办公室、宋美龄的卧室以及蒋经国的办公室。这几处都照原样保存。蒋介石办公室正中摆放着蒋介石巨幅戎装像，宋美龄卧室陈列着画架，还有宋美龄未完成的画作，似乎是梅花与花草。室外山坡下有一处水池，水池旁有两个圆圆的石凳，据说，这是宋美龄观鱼处，蒋氏夫妇休息时常在石凳上坐坐，以修心养性。陈鹏仁先生还陪着我在石凳上照了一张相。李云汉先生带着我们参观党史会档案和"大溪档案"。"大溪档案"是蒋氏担任中华民国总统时的"总统府机密档案"，1949年退台后，放在桃园县的大溪镇，因此得名。秦孝仪（蒋介石侍从秘书）担任党史会主任委员后，为便于管理，把"大溪档案"调到阳明书屋。我看到玻璃柜里陈列的"大溪档案"，都是蒋氏手书信函、电报之类，很希望亲手拿出来看一看。李云汉先生说不可，因为没有开放，且管理权在"国史馆"。

中午，李云汉主任委员在阳明书屋设宴招待。据告，厨师是从台北市内专门请来的。宾主觥筹交错，相谈甚欢。

按照日程，下午两点参访"故宫博物院"。但是从阳明山到外双溪，山路重叠，路况不佳，我们一行到"故宫博物院"时，已是下午两点半。进了贵宾室，秦孝仪院长已等候多时。我看见秦孝仪院长脸上露出不耐烦的样子，又见他对陪同我们前来的胡春惠所长说：怎么迟到了半个钟头？客人一行还有薛君度、李又宁。分宾主落座后，除秦孝仪院长一人在沙发上落座外，我看见其余陪同人员二十多人都站在一边。这个架势，是我从来没有见过的。

秦院长先致欢迎辞，我致答辞。我带了一本我自己编著的《中国近代史稿地图集》、一把折扇，作为礼物，赠送秦院长。欢迎礼仪毕，秦院长转头对胡春惠所长说：你们召开黄兴的会，怎么不请我去？黄兴是湖南人，我也是湖南人。我不仅可以参加你们的会，还可以做你们会议的主席！胡春惠曾在党史会工作，那时，秦孝仪是党史会主任委员，胡正好是他的部下。胡春惠所长毕恭毕敬，立正回答，解释会议筹备的经过，一口一声秦主任委员。现场静悄悄的，我看场面甚尴尬，作为客人，想把话头扭回来。我开口说话后，秦院长和颜悦色与我对话。我们的对话难以继续，秦院长又对胡春惠发脾气。胡春惠急忙中说了错话。他说，这一年，我在香港，筹备会务的小事，都是博士班的学生在做。这一下激怒了秦院长，他把沙发一拍，说：请我去参加会，是小事吗？！弄得胡所长手足无措。在场的政大历史所副所长张哲郎看不下去，他与秦孝仪没有历史瓜葛，掉头就走了。秦孝仪是特任官，官阶很高。这是我第一次看到国民党高官的派头与架势，十分感慨。1949年前，我不到10岁，在乡下看到国民党乡保长仗势欺人，看到抓壮丁的惨剧，却无缘看见国民党的高官。这一下，我似乎若有所悟了。

欢迎仪式后，院方安排我们参观陈列。我印象最深的，是展出把中国历史发展的轨迹与世界历史发展的轨迹，用表格的形式加以对比，说明中国历史文化在世界上的地位，我觉得很有新意，使参观者一目了然。北京的展览比较单调古板，很值得向他们学习。

院方还让我们看了文物仓库。文物仓库在地下，似有两三层，曲曲折折，层层铁门巨锁，很是神秘。在地下室，还专门给我们辟出一室，展出晚清文物，其中一件是1905年派遣五大臣出洋考察政治的国书。国书在姓名栏是空白的，显系尚未使用。这件国书尺寸甚大，我在北京从没有见过。这使我理解了1949年故宫文物运台时，确实带走了许多好东西。这些文物，都是中国历史文化的瑰宝。

看了"故宫博物院"后，又带我们参观了附近的张大千纪念馆。张大千60年代自南美归来，就卜居于此。张氏过世后，旧居开辟为纪念馆。纪念馆归属于台北"故宫博物院"。在张氏屋顶上，看到山峦起伏、双溪并流景象，方才理解了外双溪的含义。

张大千纪念馆内有一处名为摩耶精舍的所在，大概是张氏的客房。秦孝仪院长在摩耶精舍举办晚宴。秦院长特别交代，一定要把张哲郎先生请来。张哲郎先生果然出席了晚宴。晚宴比较轻松，秦先生还讲了一些笑话，主要是讽刺大陆的，如爱字无心之类。晚宴开始，秦院长致辞，说了一句：今天下午，我有点失态，请大家原谅。这算是自我检讨吧。晚宴进行中，秦院长要我谈谈参观感想。我大约讲了三点：第一，台北"故宫博物院"保存了中国历史文化的精华；第二，陈列中，用表格把中国历史与世界历史相比照，形式很好；第三，台北"故宫博物院"地下仓库建设一流，特别是用海龙瓦斯灭火的安全设施，令我印象深刻。我还说，北京故宫恐怕没有这样好的地下文物仓库和安全设施。秦院长接过话头说，北京故宫如果想建，我们可以帮忙呀，两地故宫可以交流呀！我接着说：秦院长，你的这句话，我是否可以给北京故宫带个口信呢？秦院长说：可以呀，你带个口信过去吧。应该说，最后的晚宴是很愉快的。

我回京后，曾给国家文物局写了一封短笺，说明了我访问台北"故宫博物院"以及秦孝仪院长希望两岸故宫展开交流的意愿。这封短笺，国家文物局用红头文件印发了。这也算我兑现了带口信的承诺吧。

政大历史系和南港近史所演讲，与政治大学教务长刘兴汉餐会，邂逅邱创焕

5月12日，安排了两场演讲。上午在政治大学历史系，全体师生出席，系主任胡春惠主持。下午在南港近史所，参观了该所档案馆、图书馆，然后出席演讲会。近史所所长陈三井主持。我的演讲，主要是介绍中国社会科学院近代史研究所的研究工作。张玉法、张朋园、吕实强、刘凤翰、林满红均有提问。吕实强提出放弃意识形态问题，我做了答复，主要是任何人、任何研究者、任何社会人，都有意识形态，不是这种意识形态，就是那种意识形态，难以避免，放弃意识形态不能成立。

中午，政治大学总务长、教育学博士、教授刘兴汉请我们三人吃午餐，请我们谈大陆教育方针、大中小学教育情况，我主谈，尚明轩、韦杰廷补充。谈话过程中，遇到中国国民党副主席、"总统府资政"邱创焕。邱先生知道我们是大陆客人，很客气，说他今天到政治大学做了一

场有关两岸关系的演讲,并把演讲稿送我们。看过演讲,了解了邱先生主张一个中国,主张中国应该统一,主张统一的中国应该创造全世界最大的生产力。

参访"国史馆",拜访海基会

5月13日,我们参访"国史馆"。"国史馆"馆长瞿韶华先生主持接待。先在市内某处参观了"中华民国建国80年展览",然后参观了该馆档案整理、缩微设备、熏蒸室(日本引进)和书库,以及电脑设施。瞿先生是长者,行为颇具亲和力。参观后,瞿先生有午餐招待。吃饭时,海基会副秘书长李庆平在座。

饭后,胡春惠所长陪同我访问台湾师范大学三民主义研究所赵玲玲所长。我们两个单位正在筹划在北京召开"孙逸仙思想与中国现代化"学术讨论会,我和赵所长简单交换了筹备情况。

离开师大,稍事休息,我们三人在政大历史所博士班学生吴翎君陪同下前往拜访海基会,与海基会副秘书长陈荣杰会见。在座的有海基会几位处长(记得其中一位张处长是汉口人),还有苏起,但苏起自始至终未发一言。寒暄后,陈荣杰先生忽然问我:张先生,你是共产党员吗?我们三人中,尚明轩不是中共党员,韦杰廷是不是中共党员,我没有问过。我是加入中共不久的新党员。我在入台前,在填写台湾方面提出的表格时,是没有填写共产党员一项的。我正在考虑怎么回答,陈荣杰先生开口说道:你不需要回答我。我知道,你们当中有许多人是共产党员。我所以提出这个问题,是考虑你们在台湾期间,可能有人向你们提出这个问题。

如果有人问你,我建议你不要正面回答,打个哈哈,王顾左右而言他,用别的话题带过去。他说,如果你承认自己是共产党员,按照我们这边的规定,我们可以抓你。但是你是我们邀请的客人,抓你就不妥了。我们不抓你,还可能有民进党的人出来提告。如果你不承认你是共产党员,我们这边在大陆有眼线,如果证实了你是共产党员,说明你不诚实,在台湾撒谎了。这对你更不好。我认为,他的说法,很有参考价值。但是事实上,在台湾期间,没有人向我们提出这个问题。

访问东海大学

5月13日晚,东海大学历史系副教授兼联经出版公司总编辑林载爵先生开车送我们到台中访问东海大学,文学院吕士朋院长接待。次日,吕士朋院长带领我们游览校园,参观校办牛乳厂,还参观了附属小学。附属小学校舍很不错,运动场跑道是用塑胶铺垫,我感到很新鲜。这所小学比我在北京所见小学,在设备上先进很多。小学校长是一位女性。她知道我们来自大陆后,说在1949年,她从河北南逃,一路被人追,多么惊险。说时仍很愤愤。林载爵陪同我们参观了学校图书馆。图书馆大门外,竖立着曾国藩之孙曾约农铜像。大约曾约农对这家图书馆帮助很大。图书馆内管理人员都是由学生来打工,是勤工俭学性质。馆内全部开架,进馆的读者可以任意取阅,靠墙还放置了一排课桌,供读者使用。图书馆藏书三十多万册。我曾对陪同参观的图书馆负责人提问:是否有丢书现象,丢了书怎么办?那位负责人回答很干脆,有丢书,丢一本补一本。这是显示馆方经费充足,底气很足。但是,一般书好补,珍本书怎么补呢?

据介绍,东海大学是教会大学,是从大陆撤退后,大陆各地的教会大学合并而成。校内有一座建筑奇特的教堂,但学校并不强迫师生信教。

14日晚,林载爵先生送我们回到台北。

与张家堂兄姊会面

住在桃园县中坜市的同乡族兄、姊张声炎、张巧芝兄妹,知道我来台湾,上午到政大来看我,叙乡情、话桑麻。这是1949年后第一次见面。见面时,声炎兄问我,你是丁卯年的吗?我说不是,我是己卯年的,丁卯年的是我哥哥海涛。他说,啊,你是海鹏。可见,他对家乡人还是记得的。张声炎生于1925年(旧历乙丑),原本是小康之家,逐渐变得穷苦。张声炎从小在外读书、学徒,十万青年十万军时期，投入国民党军队。曾与共产党作战，退台后，是军中的学习模范，大大提升了文化素养，曾获蒋介石接见，升至上校退伍。他在军中营无线电通信，业务娴熟，虽有资格，不得升迁少将，颇有不遇伯乐之憾。他因大脑肿瘤开过刀，脸面变形，不大出门，也未回过大陆。其妹是嫁给国民党军人的。1948年，我的家乡驻上了国军，她后来随一沈姓军人走了。她回过家乡，对家乡的落后颇多奚落。声炎对她有批评。声炎是统派。

在猫空与政大博士班同学茶叙

15日下午，应政治大学历史所林能士副教授邀请，在林能士带领下与五六位博士班学生到猫空山上茶叙，回答博士生们的提问。6点，历史系请吃饭。晚9点，赵玲玲所长、李子弋教授、缪全吉教授，还有一位周姓将军，在台北市内请我吃饭，谈至深夜，主要涉及共同举办学术会议事。

出席联合报系历史月刊社举办公开演讲会

5月16日，在联合报大楼出席"两岸学术交流对研究中国近现史的影响"演讲会。台湾方面有蒋永敬、张玉法、陈三井；大陆方有张海鹏、尚明轩、韦杰廷。主持人是历史月刊社社长刘洁先生。这次演讲会，《联合报》是登过消息的，听众包括各方面人士，记得有一位年长的化学博士也在关心大陆情况。但是，安排这个节目，我知道很晚。每天活动很紧张，我只好到了联合报大楼后，用了一个小时时间，休息兼思考。演讲后，邵玉明、王尔敏、张存武、刘绍唐诸先生现场提问，我回答了大多数问题。刘绍唐先生原是我四野政治工作人员，随四野南下，到了海南岛后，跑到了台湾。他是名气很大的《传记文学》的主编。

大约在1992—1993年，我在北京接到历史月刊社社长刘洁先生的电话，因为事先已经有活动安排，只在电话里聊天，未能见面。他告诉我，他住在人民日报社大院里。看来，他是人民日报社某干部的亲戚。这就是两岸关系的侧影。

赠送传真机故事

我在与政治大学历史研究所联系访问的过程中，对方往往要我的传真机号码。那时候，台湾使用传真机已比较普遍，而在北京，还是很稀罕。中国社会科学院也只有一两台，其中一台在外事局联络处。我偶尔利用联络处的传真机处理急件，还是不方便。到了台湾后，与张玉法、胡春惠诸先生谈起来，他们颇为同情。张玉法先生告诉我，他要约几位同仁捐钱送我们研究所一台传真机。我回到北京后，接到张玉法电话，他要从香港买一台传真机送过来。我回答他，这样不方便，因为当时传真机很贵，大约人民币两万多元。从香港进口，我还要缴纳关税，说不定也要两万多元。近代史研究所财政窘迫，无力负担。他听到后，转从他的山东老乡那里（生产传真机工厂），给我所在的研究所送来了一台传真机。这已经是1992年底的事了。这是本所使用的第一台传真机。

捐钱的先生，除了张玉法、胡春惠外，大约还有蒋永敬、张朋园、林满红诸先生。究竟有几位，他们从来不告诉我。今年（2010）5月，中国社会科学院近代史研究所举办第三届"近代中国与世界"国际学术讨论会，在开幕式上，中研院近史所所长黄克武曾提到此事，但语焉不详。在闭幕式上，我把黄克武所长所提之事之前因后果，娓娓道来。当时，张玉法先生坐在我的身边，他轻声对我说，这事还提什么呢？我说，黄所长已经在开幕式上说了，他不是当事人，说不清楚。我是当事人，我有责任把它说清楚。此事光明正大，公开出来，不会有负面作用的。张先生笑了笑，接受了我对他的感谢。

香山会议

我从台湾回来不久，1992年6月9—12日，在北京香山饭店，由中国社会科学院近代史研究所与台湾师范大学三民主义研究所、台湾孙文学术思想研究交流基金会联合主办《孙逸仙思想与中国现代化》两岸学术座谈会，我任大陆方秘书长。台湾学者以台湾师范大学三民主义研究所所长、教授、孙文学术思想研究交流基金会董事长赵玲玲为领队，共37人（包括淡江大学美国研究所所长李本京、台湾大学社会心理学教授黄光国、中国文化大学大陆研究所所长高辉、政治大学邵玉铭、香港中文大学副校长金耀基、日后成为大法官的董翔飞等），其中还有"国大代表"数人、国民党中央委员数人；大陆学者25人。台湾方面学者都是政治、法律方面的，我方是历史学者。这是两岸学术单位第一次合作召开这样的学术会议，也是我院首次与台湾学术机构联合在大陆举办以孙中山思想为主题的学术研讨会（由于第一次举办海峡两岸学术会议，缺乏经验，为谨慎起见，故称为座谈会）。会议期间有不少摩擦，甚至会务安排、出场场次、合影等细务，每天晚上都要争吵到深夜。有四五位台湾学者的文章须修改。在美国留学的周阳山，在文章开头就写有中共在大陆"残民以逞、穷兵黩武"。我找他们来谈话，一一指出，请他们修改，否则不能上会。我给周阳山专门讲所谓为客之道。他们回台后，在报上著文说大陆近代史所"过滤"他们的文章。开幕式当晚，中国社会科学院副院长汝信出面在颐和园听鹂馆宴请与会学者。国台办交流局局长张晓布也住在会场，以便随时了解并掌握情况。

接待台湾来的大陆访问团

香山会议后，6月29日—7月3日，以大陆研究会理事长欧阳勋为团长的台湾学术界人士32人出席中国社会科学院与台湾"亚洲与世界社"联合主办的"两岸关系新趋势研讨会"。代表团一行有现任和前任大学校长8人，前任"部长、副部长"和其他党、政与文化、新闻、出版等部门负责人多人，现任和前任"立法委员""国大代表"多人，是一个层次很高的代表团。汝信副院长主持接待，因为我和台湾学术界初步建立起来的关系，我和我院多人参加了接机和接待。

1992年内，我在北京还接待了多批来自台湾的学者。1992年以后，在大陆，我主办或者参与主办的学术讨论会很多，每次都邀请台湾学者出席。在台湾、香港以及日本、美国等地，我也应邀出席与中国历史相关的学术会议，每次都有机会与台湾的朋友见面并共话友谊。限于篇幅，这里就不多写了。

我之所以把 1992 年台湾之行详细写出来，是因为它是海峡两岸之间学术界的破冰之旅，很有意义。我曾经与中研院近史所前所长陈三井先生提及此事，他很感兴趣，鼓动我详细写出来。

1992 年 5 月的台湾之旅，我是有收获的。简单总结，大略有三。第一，实际上体认了台湾的风土人情、思想感情、行为方式，从实际感受上确认了两岸历史文化相同、血脉相连。第二，初步了解了台湾中国近代史学界（包括三民主义研究）的学术机构、学术团体、代表性的学者，与其中许多人交了朋友；初步了解了台湾学术活动的组织方式。第三，初步了解了台湾问题的症结何在。第四，看到了台湾学术界运用当代世界科学手段的成功，尤其是电脑和网络的使用。1993 年，我下决心在所内招进了一位学电脑和网络的大学生，请他开设计算机课程。我对所谓局域网没有概念，请他设计了一个简单的局域网（三台电脑组成）给我看。这个简单的局域网，是当时中国社会科学院唯一一个局域网。此后，我努力在所内推动电脑的使用和网络的建设。我自己也在 1996 年学会使用电脑，开始换笔写作了。

1992 年 5 月的台湾之行，是海峡两岸关系发展的产物。1979 年元旦，全国人民代表大会常务委员会发表了《告台湾同胞书》，提出了解决台湾问题的最新的方针。1981 年，全国人大常务委员会委员长叶剑英发表了名为"叶九条"的谈话。1983 年，邓小平正式提出了"和平统一，一国两制"原则。1987 年，蒋经国在岛内宣布"解禁"。1988 年台湾老兵返乡潮后，两岸之间人员来往加速。1991 年，台湾宣布废止"动员戡乱临时条款"，颁布"国家统一纲领"，表明了国家统一的意向。我的台湾学术之旅就在此后。1992 年 11 月，海协会与海基会在香港达成"九二共识"，1993 年 4 月，汪辜会谈在新加坡举行，就加强两岸经济合作和科技、文化、青年、新闻等领域的交流进行了事务性协商，签署了四项协议，受到了海峡两岸和国际社会的普遍好评。1994—1996 年，李登辉的"台独"倾向暴露，两岸关系走入低谷。1998 年 10 月，在上海举行了第二次"汪辜会谈"，双方还达成了包括两岸继续进行政治对话及汪道涵会长应邀访问台湾的"四项共识"。这次会谈的良好政治气氛,又被1999年李登辉的"两国论"破坏了。2000年政党轮替,民进党主席陈水扁上台执政,两岸关系止步不前,而且很紧张。2008年国民党再次上台执政,两岸关系才发生了积极变化。

此次台湾之行,对我个人的学术经历产生了影响。

2001年,中国社会科学院提出开展台湾历史研究。经过近一年的酝酿和商讨,最后决定在近代史研究所建立台湾史研究室。我时任近代史研究所所长。考虑到1949年以后,国内出版的第一本台湾历史书,是近代史研究所前辈学者撰写的,考虑到所谓台湾历史,最关键的清初以后的历史,其中鸦片战争以后的历史,就是中国近代史的内容,我个人感到责无旁贷。于是,2002年4月,近代史研究所成立台湾史研究室,由我暂时兼任主任。作为成立台湾史研究室的活动,我特别邀请了台湾的台湾史研究会创会会长王晓波教授前来演讲。八年来,台湾史研究室从无到有,研究人员不算我有9人(其中一人已退休,一人已调离)。现在在职7人中,3位是副研究员,6人有博士学位,在近代史所内,力量已不可小觑了。有关日据时期警察制度研究、有关日据时期台湾总督府经济政策研究、有关日据时期台湾米糖经济史研究、有关日台经济关系研究、有关二二八事件研究、有关台湾中学历史教科书研究、有关台海冲突与交流研究等方面的著作,也已出版,为大陆的台湾历史研究,贡献了心力。

大陆的台湾史研究,总体来讲,发展是不够好的。除了厦门大学台湾研究所开展台湾史研究比较有基础外,其他各单位少有专人从事台湾史研究。无论是从业人员、研究机构,还是学术刊物与学术著作的出版,较之台湾和日本,我们都是落后的。大陆各单位注意研究台湾现状的人很多,研究台湾历史的人很少。在我看来,没有台湾历史研究作为支撑的台湾现状研究,未必能走得很远。在有了台湾史研究室这一实体后,我决心大力推动台湾史研究中心的成立。

2002年9月底,中国社会科学院台湾史研究中心召开成立大会。国台办主任陈云林、副主任王在希,中国社会科学院常务副院长王洛林和副院长朱佳木等出席会议。中共中央政治局委员、中国社会科学院院长李铁映和国务委员钱其琛致了贺电。台湾史研究中心成立理事会,以朱佳木为理事长,南京大学茅家琦,厦门大学陈孔立,还有我,三人任副理事长，我本人兼任研究中心主任。成立台湾史研究中心，目的在协调、推动大陆的台湾史研究。主要方法是召开学术讨论会，通过学术讨论会，把研究力量团聚起来。

中国社会科学院台湾史研究中心主办和协办的学术讨论会有：2004年12月，海峡两岸台湾史研究的趋势与未来学术讨论会，北京；2005年8月，纪念台湾光复60周年暨海峡两岸关系学术讨论会，长沙；2006年8月，海峡两岸二二八事件学术讨论会，厦门；2008年9月，林献堂、蒋渭水——台湾历史人物及其时代学术讨论会，开封；2009年8月，台湾殖民地史学术研讨会，大连。2010年，我们还将在重庆召开台湾光复65周年学术讨论会。

以上会议，每次都有台湾学者出席，少者数位，多者数十位。也有日本学者出席，日本一些研究台湾历史的著名学者对我们举办的会议，对大陆的台湾史研究，开始关注了。

台湾史研究中心还计划推出中国社会科学院台湾史研究中心丛刊，这是一套专门出版台湾史学术专著的系列读物。第一本王键著《日据时期台湾米糖经济史研究》，已于2010年由江苏凤凰出版社出版。以后还将陆续有新著推出。我们自己编著的《台湾简史》《台湾史稿》也将陆续付梓。我们希望在建立大陆的台湾史学科体系方面，有所着力。

我从2003年开始招收攻读台湾史的博士生，已经有三位先后毕业。他们分别研究日据时期台湾警察政治、美国对台援助、20世纪50年代初中国国民党改造运动，各有专攻，各有成就。

我还指导了两位博士后从事台湾史研究，一位从事日据时期（1895—1945年）台湾总督府经济政策研究，另一位是台湾青年学者，从事台湾总督府平复汉人武装抗日之研究，也是各有所成。

我已经过了71周岁。活动能力有限，我已经不大可能在纯粹的台湾史研究上做出成绩了。1992年以来，我在推动中国近代史研究的同时，也分了一部分时间和精力，关注台湾史研究。我给自己规定的任务，是组织和推动，是协调和提倡。这些方面，已经做了一些工作，铺下了一个摊子，形成了一支力量。我对他们寄予无限期望。我希望他们把台湾史研究进行下去，不仅在学术上成功，在为国家大局服务上，也要做出努力。

也许，我能到台湾访问的机会不会多了。我怀念那里的许多朋友。我认识的朋友中，有人当了大官，如林满红，本来是中研院近史所的研究员，2005 年 10 月，我在中研院活动中心下榻，林小姐和她的丈夫早晨陪我去爬山，下山来在小店里吃油条、喝豆浆，何其乐也。马英九掌政柄后，任命她为"国史馆"馆长，这是一个很大的官。有人从官位上下来了，如中研院史语所的前任所长杜正胜先生，他当过台北"故宫博物院"院长、"教育部长"。他没有加入民进党，却极力为"台独建国"出谋划策。我访问过的中研院台湾史研究所筹备中心主任刘翠溶，不久就当上了中研院副院长，今年因得罪了"立法院"民进党的委员，辞职不干，回头任台湾史研究所特任研究员；请我吃过饭的中研院史语所所长王汎森，接了刘翠溶的职位。我访问过的梁肃戎先生、秦孝仪先生、瞿韶华先生、刘凤翰先生、苏云峰先生等已经作古。我见过邱创焕、关中、孙震、陈癸淼、施明德、陈忠信、林中斌、郁慕明、许信良、邱进益、张荣恭、林浊水、颜建发、董立文等政界人士，与他们有过交谈。我也曾向学术界名士胡佛教授、杨国枢教授、于宗先教授、李亦园教授、李守孔教授、王家俭教授等请益。年轻一点的学者兼政界人士李炳南、周阳山、林郁芳等也曾餐叙。也见过洪秀柱、陈其迈、叶宜津等蓝绿阵营"立法委员"。认识并且有来往的学者，年长的、中年的、年轻的，还有很多很多。去年在台湾，我还拜访了乡前辈王作荣先生，他对中国的现代化多有期待；也有几次机会，与马英九先生邂逅，握手致意。

我个人在 1992 年 5 月初涉台湾后，开始对台湾的历史与现状加以关注。从首次赴台后，先后又有五次到台湾访问。2009 年 10—11 月，在台湾时间长达 46 天。从关注台湾的现状出发，从海峡两岸关系的起伏出发，写了一些有关台湾的历史与现状的文章，几乎每年都有。本书把这些文章的大部分都收录进来了。这些文章，大多是在大陆和台湾的报刊上公开发表的，也有少部分未曾公开发表。这些未曾公开发表的文章，已经过了许多年，没有什么保密性了，所以也收录进来，意在说明我在这些问题上曾经有过的思考。

文集中有一组名为"中国近现代史的几个关键"，收入了七篇文章。这七篇文章，有六篇在台湾发表，只有一篇题为《走向民族复兴的重要标志——论抗日战争胜利的历史意义》，是在大陆的刊物上发表的。

这七篇文章,有的看起来似乎与台湾的历史与现状没有多少关系,其实是有关系的。这七篇文章涉及辛亥革命以来的中国近现代史,涉及国共关系的历史,涉及两岸共同关注的若干问题。这些问题,实际上与理解台湾的历史与现状是密切相关的。

2010 年 6 月 26 日
北京东厂胡同 1 号

首次赴台进行学术访问的情况报告[*]

1992年5月8—17日，我们一行三人（中国社会科学院近代史所张海鹏、尚明轩，湖南师范大学文史研究所韦杰廷）应台湾政治大学历史研究所之邀，赴台参加"黄兴与近代中国"学术讨论会，并访问若干学术单位，进行了学术交流。这是大陆学者首次正式赴台进行学术访问。兹将经过情况报告如下。

一　关于学术会议

"黄兴与近代中国"学术讨论会，由台湾政治大学历史研究所和美国黄兴基金会（黄兴的二女婿、美籍华人学者薛君度任董事长）主办。会议的经费，除薛君度出资两万美元外，大部分由政大历史所所长胡春惠募集。据胡告：政大除提供会议场所和劳务外，未出一文钱。提供经费并参与主办的有台湾"国史馆"、太平洋文化基金会、中正农业科技社会公益基金会等单位。当我们抵台与会后，尚有其他一些基金会先后捐助了资金。我们自香港到台北的往返路费由会议负担。

会议筹委会共邀请大陆学者十余人，正式提请台湾"教育部"和"入出境管理局"审查的7人，只有4人通过了审查（南开大学历史系

---

[*] 这是1992年6月13日由张海鹏执笔撰写的首次赴台进行学术访问的情况报告，这个报告提交给中国社会科学院时以张海鹏、尚明轩共同署名。曾摘要刊载于中国社会科学院内部刊物《对外学术交流情况》第38期，1992年7月27日出版。刊出时署作《台湾举办"黄兴与近代中国"学术讨论会——访台报告》。收入张海鹏《书生议政——中国近现代史学者看台湾的历史与现实》，九州出版社，2011。

李喜所因我方未办妥手续未能与会),其余 3 人 (华中师范大学章开沅,湖南师范大学林增平,复旦大学姜义华) 据闻系因具有政协委员身份而未通过。

列名在《会议手册》的学者 70 余人中,仅韩国汉城大学闵斗基一个外国人,余者全是中国人。其中有日籍华人学者戴国煇 (台湾人),美籍华人学者薛君度 (广东人)、李又宁 (台湾人),香港珠海书院 (接受台湾"教育部"资助) 学者岑练英。台湾岛上知名的中国近现代史学者几乎全都参加了会议,其中中研院近代史研究所研究员有 16 人、政治大学教授有 17 人。据我们观察,除极少数人身份不明外,与会者均是纯学者。台湾报界认为,这次海峡两岸学者的会议"是台湾史学界一大盛事"。

会议于 9—10 日举行了两天。会上宣读并研讨了所收到的 21 篇论文:台湾 9 篇、大陆 7 篇、海外 5 篇。未到会者论文请人代读。这些论文对黄兴的生平与思想,黄兴与孙中山、胡汉民、宫崎寅藏、徐宗汉等人的关系,黄兴与辛亥革命,以及黄兴的人品风范、文学造诣等进行了探讨。每篇论文均由知名学者担任主评人,有准备地给予评论。会场学术讨论气氛较好,两岸学者能够坐在一起相互质疑和对话,各抒己见。除极个别人的题外引申外,从学术讨论的角度说,会上的大多数学术观点是两岸学者都可以接受的。我们提交的论文受到了重视和较高的评价;台湾和海外学者的论文,有两篇提供了大陆学者没有掌握的资料。

由于是和不同观点和方法的台湾学者讨论问题,自然免不了出现歧异,对不同看法和意见进行了有限的争论。我们对台湾学者明显的欠妥或不严谨的论点有分寸地谈了自己的意见。如蒋永敬评论胡汉民笔下的黄兴时引申出"革命"之事不好,并声称"大陆中共革命越革越糟";吕实强评论黄兴个人品质,高度推崇其"无争","淡泊名利","有如菩萨,渡己渡人";张玉法评论孙黄关系,说孙中山一生仰仗三人,一个对他百依百顺,如陈英士;一个叛变了,如陈炯明;一个有依有违,如黄兴。(以上三位都是台湾著名学者) 张海鹏在质疑中提出:不要一般地说革命不好,否则辛亥革命就会被否定了,应当说该革命的就革,不该革命的不革,中共"文革"革错了,不能说"中共革命越革越糟";把"无争"推崇到至高无上,对政治家来说未必是妥当的;笼统地说,黄兴对孙中山依违并存,并不严谨,应当说黄兴在多数情况下都是执行孙中山的革命主张的；孙中山晚年所依仗的尚有廖仲恺。台湾学者对我们的质疑表示理解。

除了薛君度在会议闭幕式上的讲话欠妥并触犯众怒，因而引起台湾学者的抨击外，总起来说，这次会议开得还是比较成功的。我们三人的出席引起与会台湾学者的莫大兴奋，成为他们谈话的中心。政大历史研究所因首次成功地邀请大陆学者到台而声名鹊起。作为筹备委员会主席的政治大学校长张京育（曾任"行政院"新闻局局长）在开幕辞中说："希望这一次会议成为两岸学术交流的起点。""国史馆"馆长瞿韶华作为会议嘉宾在致辞中说，两岸学术交流"从此可以展开新的一页"。可见台湾方面对大陆学者赴会的重视。会前，会议主持人打电话到北京，表示如果北京办手续时间不够，他们可考虑会议延期，也反映了台湾方面对大陆学者赴会的期盼。"国史馆"馆长瞿韶华、中国国民党中央党史编纂委员会主任委员李云汉及副主任委员陈鹏仁、中研院近代史所所长陈三井、"总统府参议"项达言、政治大学校长张京育都几乎全程参加了会议，海基会副秘书长李庆平（刚到任）专程到会场看望了我们。

二　关于访问

会议结束后，主人安排我们访问了几处学术单位。它们是中国国民党中央党史编纂委员会、台湾"故宫博物院"、"国史馆"、中研院近代史研究所和东海大学。

党史会设于阳明山原蒋介石"总统府"，现称阳明书屋。那里现设有蒋介石、蒋经国纪念室并保留蒋介石、宋美龄卧室等。党史会除藏有大量国民党档案史料外，还藏有"总统府"机要室档案，这批档案是有关蒋介石本人的，因过去曾藏于大溪，故俗称"大溪档案"。"大溪档案"过去、现在都是台湾最重要的核心机密档案，迄今未真正开放。主人安排我们参观了党史会档案陈列和"大溪档案"陈列。

"故宫博物院"位于台北市外双溪，为傍山建成的仿古式现代化建筑物，其文物库房筑于地下。主人炫耀他们用高科技手段保护文物档案，保安措施万无一失，地下库房除恒温恒湿外，工作人员、参观者与珍贵档案接触须戴用软绵纸做的口罩和手套；用电脑监控火情，用先进的海龙瓦斯灭火,对人无损害;周密的电视跟踪等。这些设施,目前是北京故宫博物院难以做到的。我们曾询问台北"故宫博物院"院长秦孝仪,是否有什么话带给北京故宫博物院。秦说:"我们欢迎北京故宫博物院派人来学习用高科技保护文物,但是北京要同意我们派人去大陆参加考古发掘。"

"国史馆"设于台北县新店市。国史馆第一任馆长是国民党元老张继,于1946年开馆于南京,今南京第二历史档案馆即建于其原址。国民党政府败退台湾时,该馆文献、史料未能携出。"国史馆"在台湾于1957年复馆,复馆后第一任馆长是罗家伦。现任馆长瞿韶华,1990年9月经"总统"李登辉特任。按组织条例,"国史馆"直属"总统府",掌理纂修国史事宜。该馆现藏有政府各机关档案(包括大陆时期的)750多万件。馆内所藏资源委员会档案数量甚多,尤以完整量大的阎锡山档案颇具特色。阎锡山在大陆时期建立了庞大的情报网,不仅窃收共产党、八路军的电话、电报等各种情报,也窃收国民党、蒋介石及其嫡系的电话、电报,当时即整理归档,退台后移交"国史馆"。

中研院近代史研究所是纯学术研究单位。该所的特色是有一座很好的档案馆。该馆藏有自1860年总理各国事务衙门成立以来到北洋军阀时期总理衙门、外务部、外交部的大量档案。1842年8月29日中英签订的第一个不平等条约《南京条约》原本,人们原以为已经失传,现在被证实藏在那里。《南京条约》以后一系列不平等条约的原件都存在该馆。我们曾向该馆提出得到《南京条约》原本照片,但被该馆馆长托词拒绝。

参观访问以上单位给我们印象很深,感受颇多。第一,各单位主要负责人均待我们以贵宾之礼,亲自主持接待、安排参观并宴请。他们对参观日程都做了周密安排,展示了所藏精华。谈话一般是礼节性的,不涉及两岸敏感话题。以往国共两党的对立情绪,现在一般看不到。除赠送书籍外,我们想要的文献资料,都得到有礼貌的婉拒,体现了内紧外松原则。第二,通过耳闻目睹,我们深感台湾收藏有大量中国近现代史档案文献,许多收藏是大陆没有的。这些档案文献,对于研究中国近代史、中华民国史、中外关系史、中国国民党史甚至中共党史,都是必不可少的。我们近代史所及大陆各地的研究人员今后应设法利用这些史料,以加深和拓宽自己的研究。第三,各单位都有储存档案的较好的物资设备。文献庋藏库都使用了电脑监控、海龙瓦斯灭火等安全设施；办公使用了电脑网络；各单位都有了缩微设备、微卷阅读装置、照相翻拍机、视听装置，传真机得到普遍使用。"国史馆"还有一间引自日本的设备先进的熏蒸室（用于文献消毒、除虫、防霉等）。他们近代史所每个研究员都有一间宽敞的办公室，并配给一个助理研究员作为助手。研究人员所需要的图书，不管是哪里出版的，图书馆都有责任尽量购进。

此外，我们还应邀访问了台中的东海大学。该校文学院院长吕士朋陪同游览校园，参观了他们的附属小学和鲜乳厂；历史系教授兼台北联经出版公司总编辑林载爵陪同参观了校图书馆。校图书馆藏书三十六万册，其最大特点是全部开架（除善本书外），管理员多是打工的学生。据告：该校首任校长对付丢书的办法是丢一本补一本，三十几年来，该校师生已经养成了爱护图书的习惯，现在丢书、损坏图书现象已经不是一个问题了。我们看到，从大陆购进的图书单独陈列，《马克思恩格斯全集》也在架上，但未看见《列宁全集》《毛泽东选集》等大陆出版物。

三　关于座谈会

访台期间，主人安排我们参加了三次座谈会。一次由政治大学历史研究所所长胡春惠主持，该校历史所和历史系全体师生参加；一次由中研院近代史所所长陈三井主持，该所全体研究人员参加；一次由联合报系所属历史月刊社社长刘洁主持，在联合报系大楼内，由社会各界人士参加。

这几次座谈，是我们继"黄兴与近代中国"学术讨论会与台湾学术界和社会人士学术研讨和思想交流的继续。前两次座谈会上，张海鹏主要报告本所历史和现在的研究状况，尚明轩报告本所中华民国史研究室研究状况，韦杰廷报告湖南省研究中国近现代史状况，第三次座谈会的题目主持者定名为"两岸学术交流对研究中国现代史的影响"。这次座谈会的主要发言人除了我们三人外，还请了三位台湾著名学者：蒋永敬、张玉法、陈三井。主持人规定每位学者依次发言二十分钟，然后由听众提问。由于会前在报纸上发表了召开这次座谈会的消息，出席会议的四十余人中,有香港中文大学的教授,有中研院近代史所的几位研究员,有台北的中学历史教师,还有一位对历史有兴趣的化学博士等。

在这次座谈会上,我们在发言中高度评价了两岸历史学家在台北会面的积极意义,明确指出由于指导思想的差异,两岸学者在史观上分歧甚深。为了使两岸学术交流得以顺利开展,我们可以把史观上的深刻分歧摆在一边,先从中国近现代史研究中寻找相互感兴趣的课题,交换心得,加强切磋,尽量求同存异。通过交流,扩大同的方面,减少异的方面。台湾学者认为不讨论不同的观点,是鸵鸟政策。对此我们提出异议,提出两岸历史学者由于史观的分歧,引起对若干重大历史问题的认识不一致是明显的、不容回避的;但是,面对面交流学术,就把明显的分歧意见摆出来,势必出现吵架的局面。这自然是大家不愿意看到的。张玉法在发言中,常出现一些挑逗性的语言,表现了对大陆学者的进攻态势。我们在答辩中适当地给予了回答,两岸学者共同认为,两岸学术交流彼此没有改变对方的观点,但交流使两岸学术界都能受惠。陈三井认为,交流对中国现代史研究的冲击特别大,加强两岸学术交流远比中日、中美交流来得重要。这次座谈会长达四个小时,使连日奔波的我们甚感疲惫。

四 与若干重要人士的会见

我们本着国台办和院领导所指示的积极主动、广交朋友的精神,除了与参加学术讨论会和座谈会的学者广泛认识、交流外,在可能条件下还与一些台湾有影响的重要人士有了一定的接触,主要有下述几位。

李庆华,前"行政院长"李焕之子,现任台湾"中华奥运会"副主席兼秘书长、展望基金会董事长,还兼政治大学历史系副教授。"黄兴与近代中国"学术讨论会结束后,李庆华以展望基金会董事长名义与台湾中国历史学会会长王寿南(政治大学文理学院院长)联名宴请与会学者。张海鹏被安排在主桌与李庆华同席,并有所交谈。李庆华正在竞选台湾下届"立法委员",得到了陶百川、赵耀东等全力举荐,很可能成功。据观察,此人很可能成为台湾政界一颗新星,他以统一中国、加强两岸关系相号召,值得注意。

邱创焕，国民党中央常委、前"行政院"副院长，现任"总统府资政"，为七人小组成员。5月12日我们在政治大学参加座谈时，他正在政大对博士生发表演讲，我们在政大餐厅不期而遇。他知道我们是大陆学者，表示了欢迎，并赠送我们一份他在政大的讲演稿。他主张在尊重大陆、台湾、香港现行政治制度的前提下组成中华经济文化圈，先谋求经济的统一，再谋求政治上的统一。他的主张值得研究。

陈荣杰、李庆平，海基会秘书长、副秘书长。李庆平5月初才从美国被召回履新。会议期间及会后，李庆平曾几次与我们见面。5月13日，陈荣杰在海基会办公处与我们见面，陈荣杰提及海基会与海协会讨论两岸文书验证未取得一致意见，似有埋怨我方之意，曾透露海基会工作进展不大，有打退堂鼓意思。他曾明确告诉我们：台湾如有人问你们是否共产党员，你们不要承认，也不要否认，打个哈哈应付一下就过去了。

邵玉铭，曾担任"行政院"新闻局局长四年半，虽经"行政院"一再挽留，仍放弃了新闻局长职，出任政治大学政治学教授。他已应联合报系之聘，主持联合报系文化交流基金会工作。该基金会是新建的，主要支持海峡两岸文化学术交流。5月16日中午，邵玉铭特地赶到联合报社员工食堂，与我们吃了一顿便饭。他说，他今后要多考虑两岸文化交流，要多与大陆学者打交道，并表示："过去担任新闻发言人，说了不少批评中共的话，抱歉抱歉！"此人头脑清楚，活动能量大，今后动向似值得注意。

此外，张海鹏还同台湾中国统一联盟的几位学者陈映真、王晓波、尉天聪等人有过接触；尚明轩应台湾政治大学历史系教授李守孔之邀与台湾北京师范大学和河南大学校友会的先生们分别见了面，交换了加强学术交流和增进友谊的意见。

五 对台湾接待的印象

此行接待，全由政治大学历史研究所和历史系承担。接待热情、周到、礼貌。主人安排我们住在政大行政大楼八层（顶层）访问学者招待所，安全可靠。访问日程安排得很满，没有我们自由活动的时间，以致没有上过台北市内大街。

抵台之初安排的日程是在政大住一礼拜后,在中研院住一礼拜,由近代史所接待,预定20日离开台北。5月10日上午11点接到通知,要我们17日离开台北,不容商量,也不移住中研院招待所。后来获悉,这一决定是台湾"入出境管理局"做出的。可见台湾官方对此次正式访台的大陆学者还是有点紧张感。透过热情、礼貌接待的背后,看到的是防范。为免主人难堪,我们未向接待单位提出异议。但在海基会,我们曾向陈荣杰提起此事,陈荣杰提出可以帮助斡旋(我们判断他知道内情),我们没有领情,仍决定17日离开,同时希望此后大陆学者来台访问,能在可能条件下允许他们按自己的意愿安排日程。

六　感想和建议

第一,两岸交流日益热络,为了祖国统一大业,我们很难把两岸交流之门关上。邵玉铭说:两岸交流先从文化开始,文化交流先从历史学开始。对中国现代史的看法有共识,其他就好办了。邵的意见有可取的一面。现在,两岸学术交流之门已经打开了,从台湾学术界现状看,今后两岸互访会日渐增多。我院应跟上这种形势,努力因应,避免被动。我们认为,交流之始,我院可组织有优势的文、史、哲、经等传统学科与台湾学术界交流。可以有选择地派过去,也可以有选择地请进来。台湾方面多次举办国际学术会议,我院也可以办这类会议,以提高我院在国际学术界的影响。

第二,两岸交流虽然日见热络,但台湾方面的入境审查仍将是严格的,大陆学者入台数量不可能太多。我方应邀入台学者素质应高一些,所提论文,似应经过某种审查。此次黄兴会议上,有一位大陆学者(未批准入台)的论文,颇为台湾学者诟病。据悉,那位学者已患老年痴呆症,其论文很可能为学生捉刀。

第三,关于政策问题。我方规定,不能参加台湾召开的国际学术讨论会。台方规定,不是国际会议,不能请大陆学者参加,甚至在大陆召开的不是国际会议,台湾学者不能赴会。此种情况,值得从政策角度加以研究。

此次"黄兴与近代中国"学术讨论会，邀请书上无"国际"字样，会场横幅上加上了"国际"二字。我们曾想过退出会场，但考虑到我们是经批准正式来台参加学术讨论会议的大陆学者，如果宣告退出，将立即引起台湾学术界注意，引发新闻传媒竞相报道，可能形成政治事件，有损两岸关系，把我们和台湾学者之间刚刚打开的接触之门关上，这样做实际上对我不利；同时我们看到，会场横幅虽有"国际"字样，胸牌上却无"国际"二字，到会学者除韩国的闵斗基外，其他全是中国人，从会议主办人和台湾学者对大陆学者出席的热望和积极评价来看，此次会议，实际上是海峡两岸的学术讨论会。从实际效果看，台湾报纸在报道会议时采用"国际"二字，反映了他们争取国际生存空间的岛民意识外，并无多少实际意义。我们在会议上出现及会后对若干学术单位的访问和演讲，不仅展示了大陆学者的学术水平、学者风度，而且在数处讲坛上同台湾学术界的许多学者见面，同一部分社会人士见面（包括一些具有官员身份的人和普通人士，如前述中学教师等），直接向他们讲述大陆历史学家的意见，取得一些积极的反应和一定程度的认同，是有积极意义的。中研院近代史所所长陈三井在观察了此次学术交流后评论说：两岸学术交流所产生的良性互动表现为四个方面：第一，资料的互补性；第二，研究工作更富挑战性，现代史家必须面对更多的同行专家；第三，观点更富客观性；第四，出版更具时效性，同大陆朋友竞争，将来能不断开拓新的研究领域。我们认为，这种评论是客观的、务实的、积极的。它表明，此次大陆学者赴台访问的实际效果是好的，是对我有利的。

从目前两岸关系看，政治上的对话暂不可能，经贸关系日见频繁且要大力促进，学术文化上的交流刚刚开始。我们认为，在当前形势下，应大力推动两岸学术文化的交流。除互访、讲学外，互相参加学术会议是一重要形式。台湾当局已开禁台湾学者来大陆参加学术会议。我们这次访台成功，对台湾学术界刺激很大。许多学者向我们表示，他们要积极筹办学术会议，欢迎大陆学者前往参加。我们建议：台湾岛内举办的学术会议上，在是否使用"国际"二字上，我们的尺度似以放宽为宜。这是因为，第一，学术会议不能等同于政治性会议，政治性会议必要时尚且可以放松，学术性会议放松的尺度应更大一些；第二，如果严格执行有"国际"字样的会议不能参加，等于自我封杀，不利于大陆学者直接面对台湾人民，从学术上和政治上来看，那样做，对我弊多于利。据我们所知，台湾的学术会议挂"国际"字样，也有便于争取经费的意义在内。

第四，关于学者立场。我们此次赴台访问，经国台办同意，以学者身份从事活动，除了学术访问外，不负担其他任务，言行均本学者立场。从实际效果看，这种态度是可取的。我们在访问过程中，坚持不谈政治问题，不触及两岸敏感问题。虽有台湾学者提出放弃意识形态、反对政治参与，我们只是做出适当回应，未多加引申。我们的体会是，在学术活动中不鲜明体现政治立场（包括使用若干中性词语），对于接近各方面社会人士是有利的。我们学术研究的指导思想是马克思主义，是唯物史观，但我们在学术论文和学术演讲中，虽努力体现马克思主义、唯物史观、实事求是原则，但在文字上、口头上，尽量不使用马克思主义、唯物史观的术语，较易使台湾学者对我们产生亲近感，较易使他们接受我们的观点。

第五，我们认为，大陆人文科学、社会科学在学科视野、人才数量、学术水平方面，一般来说要优于台湾；台湾学者在外语水平、对外国学术界的了解方面，一般来说，要优于大陆。就中国近现代史来说，大陆优秀学者很多，台湾则有限，而两岸中国近现代史史料则亟须互补。今后加强两岸学术交流有必要性、有可能性。我们要充分信任新中国成立以来成长起来的各方面学者，在条件可能时（主要指台湾方面召开的学术会议有利于发挥我方优势），应多允许有成就的大陆学者与会。也要在财力允许的情况下，在大陆召开经过充分准备的学术会议，邀请较多的台湾学者出席。可考虑先从研究中国传统文化的学科入手。也可考虑召开国际汉学会议（先请各地华人学者参加，再邀请外国汉学者），吸引较多台湾学者。从中国近现代史来说，可先回避某些敏感问题，召开两岸关于中国近现代史研究的检讨之类的学术讨论会，以交换信息和资料，沟通感情，促进深入交流。

历史和现实:"一国一制"和"一国两制"研究[*]

一

中共提出解决中国统一的"一国两制"方案,是针对海峡两岸数十年分裂因而产生政治、经济、意识形态等差异而提出的明智之举。国人咸认是解决中国和平统一的最佳方案。可惜迄今未得到对岸各界有影响人士的善意回应,反对之声很多。究其原因,窃以为主要是心理障碍难以消除。

一是怕降低台湾人民生活水平。其实,"一国两制"的题中之义,已经保证了大陆人民不会去"共"台湾人民的产,不会去台湾吃大锅饭;由于两岸和平竞赛,经济上互相扶持,反而会推动台湾经济继续发展,从而促进台湾人民生活水平进一步提高。降低生活水平云云,是没有根据的。随着祖国大陆改革开放的力度加强,这种议论现在已不大能听到了。另一是"中央"与"地方"之别。据说当省长没有什么味道。中国古人常讲鸡首牛后。台湾经济纵然繁荣,但与大陆比较而言,毕竟是弹丸之地。两岸统一起来,联手发展经济,创造中国人的21世纪,何等荣光。是做统一中国的负责人好,还是挂着"中华民国"招牌做台湾的负责人好,孰轻孰重,虽愚者不难分辨。进一步说,促进祖国统

---

[*] 本文是为1992年8月在北京召开的第二届海峡两岸关系学术研讨会写作的,刊于北京《统一论坛》1993年第2期、台北《海峡评论》1993年第2期。收入张海鹏《书生议政——中国近现代史学者看台湾的历史与现实》,九州出版社,2011。

一，是历史的功臣，人民永远记得他，纵为牛后，不失大将风度；阻碍祖国统一，是历史的罪人，人民永远唾弃他，但做鸡首，何以立于天下？何况统一是民族的需要、历史的归宿，鸡首的地位能长期维持下去吗！以民族大义为重，对历史负责，宁为鸡首，智者不取。

最近李登辉在台湾中研院院士大会上讲话，明确提出"一国一制"的口号。从主观愿望而言，从理想而言，"一国一制"果然比"一国两制"好，自不待言。中共何以如此愚笨，何以竟不要比较好的"一国一制"，而要比较不好的"一国两制"？愚笨者，是从现实出发也，聪明者，是从理想出发也。试问"一国一制"何以能成为事实？谓"一国一制"为不负责任的高调，恐不得指为苛刻的批评。

二

如果回顾一下中华民国的历史，1912年以后，在中国土地上，何曾存在过"一国一制"的历史事实？1912年1月1日孙中山建立的中华民国南京临时政府不过存在了三个月。其后袁氏当国，演成军阀割据，北京有政府，广州也有政府，北京有国会，广州亦有国会，同是在一个中华民国旗号下，孙中山要搞三民主义，北洋系要搞帝制，复辟封建。这不是"一国两制"吗？孙中山去世后，国民党组织广州国民政府，实施北伐，北伐军占领武昌，国民政府迁都武汉，史称武汉国民政府。不论广州国民政府还是武汉国民政府，都是与北京政府对立的，同在中华民国旗号下，实行不同的制度。

1928年南京国民政府成立，北伐军占领北京，年底张学良宣布东北"易帜"，表面上，中国是统一了。但几乎与此同时，在第一次国内革命战争中失败的共产党人，在湘赣、赣南、闽西、湘鄂赣、闽浙赣以及鄂豫皖、湘鄂西、广西左右江地区，发动武装起义，建立工农武装割据政权，随后在1931年11月在赣南宣布成立"中华苏维埃共和国临时中央政府"，颁布《中华苏维埃共和国宪法大纲》。这个事实说明，"一国两制"的现象再一次在中国出现。国民党政府不允许中华苏维埃共和国的存在，发动五次武装"围剿"，迫使红军做了一次二万五千里的战略大转移，把根据地从赣南搬到了陕北。中共从濒临灭亡中站了起来，陕甘宁根据地得以成立。

由于日本帝国主义亡我中华的野心大暴露，中华民族面临生死存亡的关键时刻。西安事变以后，尤其是七七事变以后，国民党及国民政府不能不承认中共中央、陕甘宁根据地及其武装力量的存在这一现实，"兄弟阋于墙外御其侮"，再次携手合作，共赴国难。中共掌握的武装力量被改变为国民革命军第十八集团军，中共中央所在地的陕甘宁根据地被承认为中华民国国民政府治下的陕甘宁边区政府。随着抗日战争的展开，在敌后各地，陆续产生了一些抗日民主政权。1938年1月，得到国民政府批准的晋察冀边区政府作为"中华民国的组成部分"建立起来。① 此后，晋绥边区、晋冀鲁豫边区政府等也陆续建立。以上地方政府，有的得到了批准（如陕甘宁边区、晋察冀边区），有的未履行合法的批准手续，但它们都是抗日战争时期中华民国治下的地方政府，事实上得到了国民政府的认可。

从历史和事实上看，上述陕甘宁边区、晋察冀边区等地方政府，与国民政府并存，是中华民国时期真正的"一国两制"现象。一国：大家都是中华民国，即一个中国。两制：国民政府是中国国民党领导，边区政府是中国共产党领导，边区有自己的辖区和人民，它建立抗日的民主政权，实施一系列抗日政策，与国民政府有诸多不同，在领导体制、指导思想和追求的长远目标上，与国民政府有根本差异。简言之，一个是国民党体制，一个是共产党体制。但是有一点是相互认同的：国民党体制下的国民政府是中央政府，共产党体制下的边区政府是地方政府，在"抗日高于一切"的前提下，"精诚团结"，"坚持抗战到最后胜利"。② 能够说，这不是"一国两制"，而是"一国一制"吗？

曾任台湾"行政院"新闻局局长、现任政治大学教授的邵玉铭先生在《对中国统一问题及中国前途之我见》的文章中说，中国实行"一国两制"无历史经验可循，显然是缺乏历史知识的表现。上举国民

---

① 参见延安时事问题研究会编《抗战中的中国政治》，上海人民出版社，1961年翻印，第371页。
② 延安时事问题研究会编《抗战中的中国政治》，第370、371页。《晋察冀边区军政民代表大会致电国民政府暨全国同胞报告边区政府成立的经过》，《新华日报》1938年2月14日。

政府与边区政府共存的事实,足可补其知识之不足。其实,在国民党内部,某些政要也在考虑类似"一国两制"的方案。在国民党内任中宣部部长及国民参政会秘书长的王世杰在1941年就考虑过:"如共产党有诚意,不到处扩充势力,政府或可划定一特殊区域,允其在该区域内实验其理想,并保留若干军力,同时并允其参政中央民意机关","此种办法并可作为战后解决方案。"① 事实上,边区的存在,就是这种方案的实施,说无历史经验可循,显然是不妥的。

抗战时期中国的这种"一国两制"现象,抗战胜利后继续存在。原来的边区变成共产党领导的解放区,边区政府演变为各解放区人民政府。国民党政府不愿看到解放区继续存在下去,于是撕毁和谈协定和停战协定,挑起了国共两党争夺全国政权的激烈斗争。不到四年时间,国民党政府在大陆的统治结束了,共产党领导的地方政府,在1949年10月一举变成了中央政府,建立了在全中国的领导地位。如果当初和谈协定生效,国共两党继续携手合作,建设和平民主的联合政府,中国的发展前景将是另一个路子,也许用不着今天花这么多精力来讨论统一问题了。

由以上历史回顾可以看出:从中华民国来说,不论是从1912年1月算起的三十八年内,还是从1928年10月算起的南京国民政府的二十二年内,中国都没有真正统一起来,中国都没有形成真正的"一国一制",倒是始终存在真正的"一国两制"。

三

既然在中华民国的历史上并未形成"一国一制",而始终存在着"一国两制",为什么今天中共提出"和平统一、一国两制"的主张,却得不到台湾当政诸公及有影响的各界人士的积极回应呢?以上回顾历史,不是为了揭疮疤,而是为了避免数典忘祖。在这里,有必要再结合历史和现实,于理和势上,做一些剖析。

---

① 王世杰日记,1941年7月31日。见《王世杰日记》(手稿本),台北,1990,第121页。

抗战军兴，国民党政府承认中共及其领导的边区政府，边区政府也坦然以地方政府自居，不去与国民党较一日之短长，不以中央政府自诩。这是国共双方在理和势上冷静地做出了正确判断的结果。

通过十年内战的残酷厮杀，国民党没有把共产党制伏、消灭，共产党在历经万千磨难之后，再次崛起于陕北，并且提出了抗日救国、停止内战的响亮口号，赢得了民心，这说明了共产党的存在及其政策，自有其深刻的理由。国民党也省悟到在自己最强大的时候不能消灭共产党，在外敌当前、民族危亡的时刻，更难以使共产党就范。为了民族大义，国民党终于放弃了十年内战时期的屠杀政策，与共产党握手言和。以蒋介石为首的国民党政要，对历史、对民族的最大贡献，莫过于此。试想，在外敌当前的时刻，国共双方仍坚持十年内战的政策，中华民族的前途何堪设想。共产党能获得合法地位，其军队得到改编并开赴抗日前线，其边区能被承认为地方政府，这都是期盼已久的事，较之于十年内战，其地位和作用得到了巨大改善。它不企求去争中央政府的地位，因为它自知尚不具备那样的资格。如果共产党一味与国民党争中央地位，中国抗战前途也是难以设想的。中国在抗战中出现"一国两制"局面，国共双方关系在合与分之后又走向合之一路，是形势的逼迫使然，所谓势不得不如此，理不能不如此是也。

反观现实，我们也可以做出同样的剖析。

台海两岸的现实，是1949年的国内局势及其后的国际局势交叉影响的结果。朝鲜战争爆发，美国进一步认识到台湾用以抵抗社会主义新中国、抵抗社会主义各国的重要性，积极插手台湾事务。中国政府面临朝鲜战争、国内恢复经济和收回台湾的两难选择，一时无暇也无力解决台湾问题。其实，中华人民共和国成立，不仅宣布中华民国法统的终结，也宣布它承继了中华民国的全部遗产，包括土地和人民，正像中华民国于1912年1月1日成立时宣布承继清政府的全部国土和人民一样。旧国已去，新国已立，全部土地理应纳入版图。台湾未与祖国统一，并不意味着中华民国的法统在台湾继续合法。这个道理不难理解。联合国在1971年通过决议，恢复中华人民共和国的合法席位，根据的就是中华民国的法统已经终结这一道理。之所以在1949年后二十多年才通过这一决议，是某些大国出于冷战利益需要蓄意阻挠的结果，并不表明"中华民国"的法统一直存在到1971年。这表明，参加联合国的一百多个主权国家承认了中华人民共和国承继了中华民国的全部遗产这一事实。只是这一承认被国际恶势力推迟了二十多年。台湾虽孤悬海外，中国政府却迭经声明：台湾是中国神圣领土的一部分，原则立场，坚定不移。当初中华民国承继清政府遗产时，台湾尚在日本帝国主义手中。一旦日本在二战中败北，根据国际协定，台湾立即回到中华民国版图。同理，中华人民共和国宣布台湾为它的一个省，是合情合理合法的。有识之士应从势和理的角度，向台湾人民剖析这个道理，减少心理障碍，使台湾早日与祖国大陆统一。

由此可见，今天的台湾问题是中华人民共和国的内部问题。台湾存在着与大陆不同的社会制度和价值取向，是一个国家内的两种制度问题。这个"一国两制"问题，并不新鲜，正是在中华民国时期一直存在着的那个问题，而且就是那个问题的自然延伸。所不同者，主客易势而已。如果现实一点，这个"一国两制"，于理于势，都是说得通的。不看到"一国两制"存在的客观事实，空谈"一国一制"，不仅是不明时势，也是不理智的表现。有识之士，请多鉴察！

四

6月30日台湾《世界论坛报》著文讨论中国统一问题，提出"一国两制""不失为两岸接受走向和平统一的最佳选择"，"没有其它的中和性方式"可以取代。该文最后说："中国五千六百多年历史从未有过和平统一成功的实例，如今却有一个千载难逢的良机，让海峡两岸当局发挥最高政治智慧，善自运用'一国两制'之和平竞赛方式，为开创统一的富强康乐新中国树立一个最佳模式，使世世代代的中国人永不发生内战流血、骨肉相残的悲剧，则这一世代两岸中国人所创造的'和平统一'典型，将永垂中华民族历史而不朽。"此文识见高远，语重心长，用心良苦。

上文指出中国历史上没有出现"和平统一"的实例，实非虚言。按此历史逻辑推演，中国今日之统一也只有用非和平的方式进行了。事实上，的确存在着这种可能性。忆往昔，"反攻大陆"之声不绝于耳，"解放台湾"之调日唱日高，就是证明。1979年，中共发表《告台湾同胞书》，此后提出"和平统一，一国两制"的主张，主动停止炮击金门，台湾"解严开禁"，终止所谓"戡乱条款"，海峡上空出现了一片瑞霭祥云。然而，既然"和平统一"没有历史实例，那么"和平统一"有现实根据么？这也要从理和势两方面做些剖析。

有一点先要明确：中共提出"和平统一"是有"但书"的，这个"但书"是：外国干涉台湾局势、台湾出现"独立"情形，中共但不能坐视。这意味着，只要不出现上述两种情况，"和平统一"是中共的原则立场。窃以为，中共提出"和平统一"，不仅是理智的表现，也是形势使然。

何谓理智？第一，新中国继承中华民国遗产已经四十余年，其综合国力较之中华民国时期已空前强大，且今后还要继续强大。要完成版图统一，跨海征台，较之五六十年代，已非难事。有的台湾学人预测，大陆以武力征台，只要28小时，咄嗟立办。28小时之说如何得来，不得而知，征台可办，大约非虚。可办而不办，正好体现了中共不咎既往、大度为怀的诚意。第二，中共已掌握国家政权，国共两党的积怨已成历史陈迹，和平解决是上策，武力解决是下策，非不得已不得用此策。第三，民族大义，昭于日月。两岸都是中国人，血浓于水，亲情无所不在。"渡尽劫波亲情在，兄弟一笑泯恩仇。"和平统一，体现了民族大义、国家至上。打破坛坛罐罐，骨肉相残，即使收回台湾，必将形成永远的感情鸿沟，于人于己，均所不利。

何谓形势使然？第一，从国际言。中国恢复联合国席位，中美建交，已大大改善了中国的国际地位。尤其是东欧剧变、苏联解体后，旧的社会主义阵营已然不存在，冷战局面顿行消失。中国作为联合国安理会常任理事国，与世界上大约140个主权国家友好交往，这又大大改善了周边关系。台湾作为美国在冷战时期安置的对抗共产主义世界的桥头堡的作用大大降低了。两大集团对抗的形势消失，世界形成多极化，中国成为其中一极；在这种世界秩序下，各大国一时都失去了自己的敌人，资本主义世界及其各国内的固有矛盾将再次凸显，观美国与日本、与德国、与欧共体各国间的矛盾，观德国大罢工、法国农民包围巴黎、美国铁路大罢工及洛杉矶大骚乱等，可见上述判断是有根据的。美国的利益究竟在哪里？它的经济滑坡、社会秩序混乱提醒美国人民，美国人到了自扫门前雪的时候了。《与台湾关系法》虽然存在，但美国人有多少精力照顾台湾？美国人在试图插手台湾的时候，能不顾及与中国的关系吗？台湾作为中国的一部分，不去背靠大陆，积极寻求两岸统一的办法，而去仰仗他人的鼻息，面子挂得住吗？里子保得住吗？第二，从国内言。中共从五六十年代奠定了国内经济建设的若干重要基础，其后发生大挫折，1978年党的十一届三中全会后，确立了以经济建设为中心，改革开放，探索有中国特色的社会主义的基本国策，不过十来年时间，国家实力空前增强，人民生活水平大大提高，举世认同，有口皆碑。台湾权威人士考察大陆后，也惊称台湾已往低估了大陆的经济发展。台湾自60年代末经济起飞以来，经济繁荣，民物殷阜，外汇存底雄厚，被称为亚洲四小龙之一，所有中国人看了都高兴。但是台湾只能做小龙，做不了大龙，也是事实。资源、市场、劳动力、科技基础，都受到限制。台湾经济要进一步起飞，出路在哪里？许多有识之士对此也是茫然的。大陆虽有巨大的潜力、光辉的前途，但是眼前也有巨大的困难。960万平方公里土地，全方位开放，一缺资金，二缺管理经验。两岸中国人联手搞经济建设，互补互惠，既可大幅度提升大陆的生产力水平，又可给台湾的经济找到广阔的出路。两岸实现和平统一，21世纪如果不是中国人的，殊无天理！邱创焕先生不久前在台北政治大学对学生做题为《开拓中国世纪》的演讲，提出如果大陆生产力提高到台湾的程度，则大陆、台湾、香港三地在本世纪末的毛生产额可达10万亿美元，无论人口和生产力均居世界第一位。因此，他"呼吁中国人：终止敌对，经济合作，一心一德，开拓新纪！"这个设想是有眼光的。但是如果不实现和平统一，这个目标是不能达到的。武力解决，必定鸡飞蛋打，台湾受了损失，大陆受的损失恐怕更大。为中华腾飞的长远追求着想，中共放弃用武力追求"一国一制"的痛快做法，而主张用和平统一造就"一国两制"的麻烦做法，是深具眼光的，是真正对历史负责的，也是真正高姿态的。

台湾的有识之士应该看到，大陆的社会主义改革是不可逆转的，大陆的生产力发展水平是无止境的，中国的前途是无限光明的。台湾如果不未雨绸缪，等到大陆经济全面起飞以后再来筹议统一问题，那时天平的指针偏向那一边，是不待智者而明的。

最后，我们可以做出如下结论："和平统一，一国两制"的八字箴言，是打开中国历史上没有和平统一先例的死结的唯一钥匙。

掌握它，运用它，中国历史就走通了。两岸政治贤达们，创造历史的新机遇掌握在你们手里，你们为民族大义、国家前途，勇敢地去实践吧！

以上所述，可能是读书人的迂腐之见。刍荛之议，谨供各位先进批评，是所至幸！

与王晓波教授商榷"不完全继承"理论[*]

晓波教授吾兄如晤：

贵刊《海峡评论》今年 2 月以后各期均收到。拜读各期，可以想见我兄经营此子，煞费苦心之态，良可感佩。7 月号披露陈映真先生与我兄在美演说消息后，即在迫切等待中。今读 9 月号二兄在纽约乡情座谈会演讲台湾前途和两岸关系文，果然许多真知灼见，对弟颇多启迪。映真先生关于战后台湾资本主义发展历程的论述，弟从中颇多获益。吾兄演说台湾前途和两岸关系，开宗明义、提纲挈领摆出的观点是"台湾历史的变化总是和中国势力与外国势力的角逐相关"，真是明快至极，弟赞佩之至。窃以为，岂止台湾历史如此，自 150 多年前的鸦片战争以来，近代中国与世界的关系日愈紧密，中国的痛苦与悲哀，中国的战争与和平，中国的强盛和弱小，中国的发展与挫折，中国的开门与关门，中国的现实与未来，在在均与中国势力和外国势力的角逐相关，举凡政经大事鲜有例外者。所谓中外势力相角逐，无非中国要独立，要富强，要自立于世界民族之林，外国势力则反对中国独立，排斥中国富强，如此而已。台湾作为中国的一个省（1885 年建省以前则以台湾府隶属福建省），其荣辱兴衰当然也与其大陆母体历史发展的特点息息相关。从

---

[*] 本文原是 1993 年 9 月写给《海峡评论》总编辑王晓波教授的一封信，署的时间是 1993 年 9 月 21 日。王晓波总编辑收到后，以《一个蹩脚的文字游戏——与王晓波教授商榷"不完全继承的理论"》为题发表于《海峡评论》1994 年第 3 期。文章题目为王晓波所加。收入张海鹏《书生议政——中国近现代史学者看台湾的历史与现实》，九州出版社，2011。

历史的宏观发展确立这样一个指导性的观点，对我们认识近代以来的中国历史，我以为是至关重要的。吾兄主《海峡评论》笔政，发表各先生之宏文，多本此要旨，实在深获我心。近年报章哄传台湾经验，如果脱离中外势力角逐的实质内容，所谓台湾经验云云，实在是难以令人心悦诚服的。有云："大陆在1949年以后，共产党再一次把中国变成一个封闭的体系。……重新组织一个内部的自足体系。"① 此论显然是从表面观察出发，倒果为因了。1949年后中国大陆再次变成一个封闭体系，首先是、主要是以美国为首的资本主义世界对新中国实施封锁禁运的结果，中国东南半壁不能凭借海洋与海外相交通，不得不背靠西北大陆"一边倒"了。毛泽东曾说自力更生，不过是在当年那种恶劣的国际环境下中华民族憋在心中的一口气罢了。实则封闭体系也好，华沙谈判、乒乓外交打开中美关系渠道也好，不过是中外势力相角逐的反映罢了。

吾兄在演讲中着重讨论了"不完全继承"和"一个中国""同时而不并存"的理念。拜聆之下，亦有不甚明白之处，特申愚见，以求教于吾兄之前。

"不完全继承"之说，我第一次听到，是在1992年8月在北京讨论两岸关系的会议上，吾兄为与拙见商榷而提起，当时未见吾兄详为申述，弟亦未再深熟思之。今读演辞全文，得知所谓"不完全继承"，指中华人民共和国与中华民国的关系，是一种"不完全继承"的关系。分对外对内两方面言之，对外，中华人民共和国继承了中华民国在联合国的席位，也继承了中华民国对外150多个国家的邦交，但是"还有X个国家的邦交没有被中华人民共和国继承"；对内，"还有台湾的统治权没有继承"。这是所谓"不完全继承"的基本内容。准此内容，弟以为应请教者如次。

第一，何谓继承？政府继承是全部还是局部？窃以为继承必以遗产为言。不成遗产何言继承？民法中的遗产继承即准此立法。一人未曾寿终，其私产可以赠予，可以出卖，不论赠或售之物，不得谓为遗产。既已寿终正寝，其财产即称遗产，除依遗嘱处分（遗嘱为生前所作，体现了个人意志），遗产应按继承人顺序依法继承。就国家而言，一个政府在合法运转（不论其效率、艰辛如何）时，不发生继承问题，一旦发

---

① 转引自《海峡评论》7月号，第52页，原载《现代中国历程》，许倬云先生文。

生继承问题，就是旧政府不能继续生存，新政府已取而代之（不论其取代方式是和平的抑或非和平的）。新政府继承的旧政府遗产，首先是国家的全部土地和人民，即全部版图。今日日本细川护熙政府继承了自民党历届政府数十年积累下来的全部遗产，采用的是和平的方式。中华人民共和国政府继承中华民国遗产，中华民国政府继承大清帝国政府遗产，是非和平的方式，而所继承之遗产都是未经分割的全部版图。依政治学和国际法而言，主权国家的政府继承均是完全继承，未闻有不完全继承者。当然，一个主权国家因国际国内因素被分割为两个或多个主权国家（如东西德、南北朝鲜、苏联、捷克斯洛伐克、南斯拉夫等），情形虽有不同，然在实质上仍是完全继承。

我在拙文（《"一国一制"和"一国两制"》）中指出：中华人民共和国成立，不仅宣布中华民国法统的终结，也宣布它承继了中华民国的全部遗产，包括土地和人民。联合国在1971年决议恢复中华人民共和国的合法席位，根据的就是中华民国法统已经终结这一道理。之所以在1949年后20多年才通过这一决议，是某些大国出于冷战利益需要蓄意阻挠的结果，并不表明中华民国的法统一直存在到1971年。这表明，参加联合国的100多个主权国家，承认了中华人民共和国承继了中华民国的全部遗产这一事实。近读贵刊7月号旅美作家余东周先生《从法律与现实看台湾重返联合国问题》一文，发现愚见在余先生大文中获得了全面支持。余文明确指出：当毛泽东站在天安门上向世界庄严宣布"中华人民共和国成立了"的那一刹那，中华民国也就结束了。也就是说，在中华人民共和国政府成立的那一刹那，与其前政府的继承的法律关系立即成立。此后，中华民国政府就丧失了代表中国的资格。中华人民共和国从中华民国所继承的是全部而非部分，包括后者掌权时统辖的领土、人民、主权及其他法律关系，当然包括台湾在内。因此中华人民共和国政府作为中国在联合国的唯一合法代表，其代表权的效力范围，当然及于台湾，并不因北京未曾有效统治该地而受影响。我无缘结识余东周先生，拜读此文，有如神交，可知这位先生侨居美国，能在贵刊发表如此文字，确是公道和正义的支持者了。

上述论点，已获得国际社会的证实。1971年10月，联合国决议恢复中华人民共和国在联合国的席位；1972年2月，中美发表上海公报；1972年9月，中日签署建交声明；1978年12月，中美建交联合声明发表。这些文件确认了共同的原则：中华人民共和国是中国唯一合法的政府，台湾是中国的一部分。至此，尽管拖延了20多年，国际社会毕竟承认了这样一个事实：中华人民共和国全面继承了中华民国的遗产。

第二，"不完全继承"的根据何在？吾兄演辞说："这种国内的政府继承关系，通常都是用革命或暴力的手段来达成，中华民国推翻满清帝国是用革命的手段，中华人民共和国推翻中华民国也是用革命的手段来推翻的，问题是还没有推翻完成。"因为"没有推翻完成"，所以"还有台湾的统治权没有继承"。"没有推翻完成"，似乎是"不完全继承"的根据。请允许我不客气地说，这个根据有些似是而非的地方，应当做一些分析。

吾兄既然承认中华人民共和国政府和中华民国政府是一种"政府继承关系"，这与我在上面讨论的观点实质上是相同的（应当强调指出：这种政府继承关系，主要是对国家主权的继承关系），却又说是"不完全继承"，则不仅在逻辑上，而且在法理上是矛盾的，是有破绽的。

台湾偏处东南海隅，只有3.6万平方公里，只及整个中国960多万平方公里陆地面积的1/266。既承认中华人民共和国政府对整个中国领土享有主权，则这一主权自然理应达于台湾地区，这是不言而喻的，是国际社会共同承认的。把中华人民共和国政府暂时未实现在台湾的统治权（其原因下面分析）说成是对主权的"不完全继承"，显然隐含了对国家主权的割裂，而独立国家的主权不容分割既是国际法的一项原则，也是主权国家的立国准则。因此，"不完全继承"在法理上是说不通的。

中央政府在台湾不能实施统治，在1949年前的历史上出现过两次。甲午战败，丧权辱国，使台湾沦于日本达半个世纪之久，这是外力迫使中国丧失台湾主权的例子，也是中国不能将统治实施于台湾的例子。《开罗宣言》《波茨坦公告》确认台湾应当回归中国，1945年10月，中国政府恢复了对台湾的统治。与此相联系，还可说到中华民国对清政府的继承权问题。当1912年1月1日中华民国临时政府在南京宣布建立时，北京的朝廷还存在，而且台湾不在中国管辖之下。1912年3月11日，孙中山公布《中华民国临时约法》，该约法总纲

第三条规定,"中华民国领土为二十二行省、内外蒙古、西藏、青海",台湾并不在其内。我们是否可以说中华民国对清政府的继承是"不完全继承"呢?也是不可以的。从法理上讲,中华民国政府对清政府的继承是完全继承。只有承认这一点,33年后台湾回归祖国,就是完全合法合理的了。由此再上溯300年,1644年,以顺治为帝的大清朝廷在北京建立,明朝中央政府早在李自成起义军打击下瓦解,李自成退出北京后迫于形势,又与南明小朝廷联合抗清。南明永历十五年(清顺治十八年,即公元1661年),臣服永历帝的福建抗清将领郑成功率部渡台湾,驱逐了控制台湾的荷兰侵略势力,在台湾建立了南明地方政权。从此,郑氏后人在台湾把南明永历年号又坚持了20年。(永历十六年,永历帝在云南被吴三桂杀害,永历政权瓦解。)1683年(康熙二十二年,永历三十七年),施琅受清政府命收复台湾,清政府完成了对明代中国版图的全部继承。这就是说,从1644年清朝定鼎北京,到1683年将台湾收归版图,其间有39年之久,清政府的继承权才得以最后完成。吾兄为台湾史专家,弟在此唠叨辞费,意在说明我的观点,并不是要班门弄斧。

对于中华人民共和国政府对中华民国政府的继承关系,我以为同清政府对明政府的继承关系,差可比拟。中华人民共和国政府在台湾没有建立起有效的统治(此指法理而言,与"一国两制"没有矛盾),不是对台湾的统治权没有继承,不是"不完全继承",而是还没有最后完成法理所规定的完全继承。

对这种事实上没有完成的完全继承,我以为还应该说两句话:第一句是,这种没有完成,是外力干预造成的;第二句是,这种完全继承目前尚在完成的过程中。对第一句话,不难解释,因它与吾兄在演讲中的指导思想相照应,我在上举拙文中也曾点破过,这里只引用戴国煇教授的几句话作为证明。戴国煇说:"韩战爆发,形势巨变。美国第七舰队美其名为中立化,实质上却从介入国共关系的1950年6月27日起,防御中共军进攻国府台湾。美国已经不能够忽视不沉的航空母舰,台湾……就是在美国本身远东战略的执行与围堵中共的作战上,国府也成为不可或缺的海上堡垒的一环。""国府台湾40年来,靠美国的保护,在军事和国际政治上幸存下来。经济也隶属于美、日资本,在贸易上则一面挤过两国的空隙,一面灵活运用美、日、台三角循环结构,确立了今日的国际经济地位。"① 正是美国的军事、经济支持，使得成立未久、在旧中国破败基础上国力仍十分弱小的新中国政府难以完成对中华民国主权的完全继承。

第二句话，其实也不难解释。说这种完全继承目前尚在完成的过程中，正是大家都可以理解的目前两岸关系的政治现实。余东周先生说："中国目前的分裂现象并不是外力把它一分为二的结果，而是国内发生革命内战所残留的局面，且此种'分裂'现象，因中华人民共和国政府宣称台湾是中国的一部分，而没有导致两个具有国家地位的政治实体的出现。就法律言，中国并没有分裂，中国依然只有一个，台湾之所以尚未回归，是因为继承手续尚未办完所出现的一种不幸现象。"这里只补充一点：海峡两岸的"分裂"现象虽是国内发生革命内战所残留的局面，非外力强加，但继承手续所以延迟至今尚未办完却是外力干预的结果。这种尚未完成全部继承手续的现实还说明，两岸之间国内革命内战时期的关系尚未最后结束。

1949 年 9 月 29 日中国人民政治协商会议通过的《共同纲领》（相当于临时宪法），其序言第一句话是："中国人民解放战争和人民革命的伟大胜利，已使帝国主义、封建主义和官僚资本主义在中国的统治时代宣告结束。"这当然是要继承旧中国全部遗产的公开宣示；其总纲第二条规定："中华人民共和国中央人民政府必须负责将人民解放战争进行到底，解放中国全部领土，完成统一中国的事业。"这是鉴于新政府成立时，全国还有许多地方未得解放（包括台湾在内），而责成中央人民政府必须完成统一中国的事业，所谓完成统一事业，就是完成全部继承事业的宣示。1978 年《中华人民共和国宪法·序言》规定："台湾是中国的神圣领土。我们一定要解放台湾，完成统一祖国的大业。"1982 年《中华人民共和国宪法·序言》重申："台湾是中华人民共和国神圣领土的一部分。完成统一祖国的大业是包括台湾同胞在内的全中国人民的神圣职责。"以上所引，就是我所说这种完全继承目前尚在完成过程中的主要根据。完成祖国统一事业，在 50 年代，主要是用武装斗争的手段；在 1978 年前，所谓"解放台湾"，在理论上也是强调武装斗争的

---

① 戴国煇：《台湾总体相——住民·历史·心性》，魏廷朝译，台北：远流出版公司，1991，第 133—134、216 页。

手段；在1978年后，由于国际国内形势的重大变化，中国政府提出了用和平的办法统一祖国的要求，这就是"和平统一，一国两制"八个字。达此目的，中国新旧政府就在法理上和事实上完成了完全继承的全部过程。这些方面说来话长，此处就不再叨叨了。

第三，上面论证了"完全继承"合于法理，"不完全继承"不合于法理，我以为这是能够在学理上站得住的。既然已经论证"不完全继承"不合于法理，似乎话已说完。但是，我还愿意指出，"不完全继承"说可能成为台湾某些人关于两岸分裂现实（据此要求按照分裂国家统一办法处理）、对等政治实体、"台独"、"独台"乃至"一中一台"、"两个中国"诉求的理论根据，这恐怕是超出其提出者的主观愿望的。

在这次纽约乡情座谈会上，有一位"浪迹海外"的郭正昭博士（就是那位在1972年参与翻译《现代化的动力》的先生吧）演讲，他在开场白中称映真先生"是最值得敬重和推崇的当代社会主义者"，称晓波兄"是一个狂热的爱国主义者，一个强烈的民族主义者"，我还要补充一句：吾兄是一位执着的、情有独钟的中国统一论者。读吾兄的文字，看吾兄的为人，我以为这个看法是不错的。这种精神是永远值得我尊重的。但是我还要说，不得不说，吾兄关于两岸关系是"不完全继承"关系的研究，在学理上是站不住的。吾兄反对"台独"，反对"独台"，反对"一中一台"，反对"两个中国"，是有文字为凭的，就在这篇讲演中也能看出这种追求。如说中华人民共和国跟中华民国，"从联合国的席位来看，显然也是一种继承关系"，"联合国的席位被继承了，中华民国对美国的邦交也在1978年12月被继承了，对日本的邦交也被继承了，包括对南韩的邦交也在去年被继承了"。这是一种事实，但目前在台湾的许多学术界的朋友也不见得这样慨然认许吧。能认许这样的事实，却在学理上得出两岸关系是"不完全继承"关系的结论，是有些出人意料的。我以为，这或许是对两岸关系目前尚未完成最后继承这种事实的误解吧。也许是想从这种继承关系的现实状况中去寻求某种解释。这种误解或解释如果能够成立，极可能授人以柄。因为，如果两岸关系是"不完全继承"关系，如果这种"不完全继承"关系长期保留且能够定格，即中华人民共和国对中华民国遗产的继承中有一部分（如台湾的统治权或与29国的"邦交"）是由于"不完全继承"理论允许的，则可能长期或永远不能被继承，那么，"两个中国"（中华人民共和国和中华民国同时并存）不就合理合法了吗？"一中一台"、"台独"或"独台"有什么理由要反对呢？那么，吾兄为之奔走呼号、不屈奋斗的统一的中国何时能够实现呢？在"不完全继承"的理论框架下，统一的中国是否能够实现呢？这是我在读过吾兄演辞后对吾兄理论的破绽和矛盾所造成后果的最为担心之处。关于"一个中国""同时而不并存"的解释，在我看来也是有毛病的。既然是"一个中国"，那就没有"同时"和"并存"的问题。将"同时而不并存"对应起来解释，包含着令人费解的矛盾，是蹩脚的文字游戏。在联合国席位问题上，1971年前是一个中国，1971年后是一个中国，如 1971 年前那一个中国在 1971 年后不再存在了，那么这"一个中国"前后是统一的，本身无矛盾。事实上，1971 年前的那一个中国在联合国席位上虽然不存在了，但在其他地方还存在，还有 29 个邦交国和 150 个邦交国之别，这不是"同时"而又"并存"着"两个""一个中国"吗？所以我认为，"产生了一个国际法上前所未有的现象，就是一个中国同时而不并存"的事实是没有的，强调这个现象，极有可能违背吾兄主观愿望而为"两个中国"论提供理论根据。

此信拖泥带水，写得太长，应该打住了。因为着重讨论"完全继承"和"不完全继承"的法理问题，着重在学术研究的层面上交换意见，对吾兄演讲中有关中国统一、"一国两制"方面的一些具体问题，如国号问题、宪法问题等，这里都未谈到。我作为历史学者，不愿对未来未经证明的问题多所涉及。我以为，中共方面的负责人士过去表示过，只要主张统一，只要坐下来谈，什么问题都可以谈，国号问题、宪法问题等，都是可以讨论的。我想，这些话是应该值得台湾各界人士考虑的。

愚意所及，仅为一管之见，是否有当，尚祈不吝教正。

张海鹏敬上
1993 年 9 月 21 日于北京

中国的统一要靠中国人自己[*]

——书生议政：年终看两岸关系

1994年行将结束之际，《海峡评论》总编辑王晓波教授来函，征询我对两岸关系、中国前途和国际形势的看法，表示"《海峡评论》渴望能刊出您的真知灼见，提供给热爱中国，热爱和平的朋友们分享"。在下不才，承蒙如此看重，实不敢当。谚云：天下兴亡，匹夫有责。以此出发，在下以平日观察，整理思路，奉上若干看法，敢云真知灼见，聊作刍荛之献，以供识者之哂云耳。

1994年的两岸关系

近几年的两岸关系，由于两岸的共同努力，有明显的缓解。这是有目共睹的。1993年以汪辜会谈的成功，营造了两岸事务性会谈的良好气氛。两岸在民间团体形式下，高层负责人就经济事务取得共识，是隔绝四十多年后两岸接触方面迈出的历史性的一步。人们满怀喜悦心情，预测1994年的两岸关系，将继续朝着缓和、协商、合作的方向发展，在某些领域可能会出现新的突破。这样的心情是可以理解的。可惜，期望值过高。现在，1994年年关将近，我们已经可以说，1994年的两岸

---

[*] 本文是应王晓波总编辑约稿而作，原载于台北《海峡评论》1995年第1期。文章末尾写了"奉命放言"四个字，实际上是与开头标示的总编辑约稿相呼应，不过是文章做法而已。台湾有的学者引用时，在"奉命放言"四个字上做了文章，虽经解释，竟不得理解。收入张海鹏《书生议政——中国近现代史学者看台湾的历史与现实》，九州出版社，2011。

关系并不像预测的那样顺畅，而是充满了强烈的不和谐音，使人们闻到了火药味和血腥味。

1994年头三个月，福建沿海渔民遭台湾军人枪击毙命者数起；3月31日，浙江淳安县发生意外的杀人抢劫导致两岸32人死亡的"千岛湖案"，台湾当局借此煽动民情，两岸关系陷入低潮；7月10日，台湾苏澳港口因强台风过境，在当地从事劳务的大陆船工630名被禁止入港避风，造成12人死难、26人致伤的重大海难事件；11月，小金门台湾军人炮击厦门，造成炸伤四人、炸毁建筑物的惨案。在政治层面上，李登辉与司马辽太郎谈话，说国民党政权是台湾的"外来人政权"，要"出埃及"，倾吐了"皇民"苦衷，暴露了"台独"阴暗心理。台湾当局在两岸关系中，鼓吹"搁置主权"，鼓噪"对等政治实体"，利用"重返联合国"和"度假外交""务实外交""金钱外交"，大搞"两个中国"和"一中一台"。虽然有8月7日焦唐会谈就劫机犯遣返等若干事务性处理方式达成共识，发表共同新闻稿，似乎在接续汪辜会谈成果方面取得了一定进展，但它实在是淹没在两岸不和谐杂音中，未引起人们足够的注意。

上述种种在在说明，两岸关系是脆弱的、不稳定的，是经不起风浪的，是令人担忧的。

"一个中国"的定义

中国的前途在统一。这是两岸绝大多数人民的意愿。统一的前提是一个中国。这是逻辑的要求、学理的要求，也是现实的要求。不是一个中国，自然就谈不上统一，这是明明白白的。《日本经济新闻》11月28日发表蒋纬国的谈话，质疑"是根据一个中国的前提实现统一呢，还是把目标放在别处"，是很有道理的。

几十年来，两岸都主张一个中国。这是近几年来两岸走向接近、缓和的认识基础。这是很可贵的。差异在何谓"一个中国"上。1949年国民党政府败退台湾后，中华人民共和国政府作为代表中国的唯一合法政府，无论从国内法统还是国际法原则的角度都是无可争议的。据此，一个中国就是中华人民共和国。台湾当局人士以中华民国1912年建国的法统说为据，仍认为一个中国就是"中华民国"。这是把中华民国的法统凝固化了。一位台湾历史学者为此寻找历史根据，认为南明在台湾建立的政权是正统政权，而否认1644年在北京建立的清政权合乎法统。须知，中国历史三千年，从来没有一个不变的法统或正统，从没有一个一以贯之的法统或正统。1644年，清政府否认了明政府的法统，清政府就变成正统。1912年，中华民国政府否认了清政府的法统，中华民国政府就变成了正统。1949年中华人民共和国政府否认了中华民国的法统，中华人民共和国就变成了正统。

由于历史原因和外国的干预，台海两岸形成了暂时分离的局面。虽然海峡两岸都声称只有一个中国，但如果不解决两岸统一问题，把这种暂时分离的局面固定化，就在客观上造成了"两个中国"的局势。一个中国（中华人民共和国）加一个中国（"中华民国"）不就是"两个中国"了吗？这种局势，台湾似能容允，大陆是不能容允的。中华人民共和国政府已多次宣告，坚决反对"两个中国"。大陆不仅不能坐视所谓"台湾共和国"（即"台独"）的出现，也不能坐视"中华民国在台湾长期地、永远地存在下去"。法统正统，法理昭然，不须多加解释。所谓"台湾问题"，所谓"中国统一"问题，就是这个问题。解决之道，无非和平方式与非和平方式。非和平方式太过残酷，两岸中国人都不愿接受。和平方式损失最小，但可能造成撤销名号一方的心理负担。如果不能承受这种心理负担，又不能谋其他所以最小损失之道，则只有非和平方式了。

以一个中国的立场来说，大陆和台湾都是中国的组成部分，但不是平等的组成部分。中国的主体在大陆，台湾是中国不可分割的一部分。大陆的人口是台湾的57倍，陆地面积是台湾的270倍（约言之）。人均GNP，大陆由于人口总数庞大，虽仍处在发展中国家水平，但综合实力确是台湾不能比的。撇开社会制度和意识形态不说，在这种形势下，取消哪边名号更现实、合理？

台湾当局似乎体认到这一点。今年7月台湾"大陆委员会"公布"台海两岸关系说明书"，在解释台湾1991年公布"国家统一纲领"，"宣告同时废止动员戡乱时期临时条款，在宪政层次上，不再将中共视为叛乱组织"的含义时，特别指出"'中华民国政府'不再在国际上与中共竞争'中国代表权'",如果没有理解错的话,那就是放弃了"中国代表权",就是声明"中华民国政府"不再代表中国。如果这种理解没有歪曲台湾当局的认识的话,无异说明上述文件宣布台湾当局自动放弃"中华民国"名号。如果这样,中国统一问题就好解决了。

然而不然。煌煌文书,公诸海内外,所谓"不再在国际上与中共竞争中国代表权"只是虚晃一枪,接着又提出"一个中国,两个对等政治实体"的架构,提出双方"在国际间为并存之两个国际法人"的概念,以及在1993年、1994年大肆鼓捣"重返联合国"的运作,这不是在自掌其嘴吗?既要放弃"中国代表权",又要充当"国际法人""重返联合国",哪一个是真的呢?看来,要"一个中国"是假,要"两个中国"是真。既然要"搁置主权",为何又要充当"国际法人"?既然要充当"国际法人",为何又不去竞争"中国代表权"?这真是现代"以子之矛攻子之盾"的笑话了。

为了弥合这些说辞的自相矛盾,"台海两岸关系说明书"提出解释说:"一个中国"是指历史上、地理上、文化上、血缘上的中国。这个解释,是"搁置主权"的注脚。抽掉主权,是这个"一个中国"解释的要害。作为国际法主体的国家,最重要之点是主权所属,国家主权对内是独占的,对外是排他的。卧榻之旁,岂容他人鼾睡。天无二日,国无二主,古今皆然。任何一个主权国家都是历史上的、地理上的、文化上的、血缘上的。如果有一个历史上、地理上、文化上、血缘上的国家而无主权,只能是宗主国的殖民地、托管地之属,哪里谈得上主权国家。所谓历史上、地理上、文化上、血缘上的中国,正是具有主权的中国。近代史上中国受帝国主义侵略,主权受到侵夺,并未完全沦丧。讨论两岸关系,而对"一个中国"做出这样的解释是荒谬不通的。"搁置主权"不通,所谓"主权在民"就通吗?"主权在民"是在全体人民,不是在部分人民。"主权在民"的含义,是说全体人民中的某一部分不能对"主权"提出非分要求。一个国家的任何一部分人民都可以对国家主权提出要求,这还是一个统一的国家吗?

台湾官方文件和要人在"一个中国"问题上充满了理论的荒谬和逻辑的混乱。理论荒谬和逻辑混乱,反映了内心的空虚和失据。坚持"一个中国",提出"中华民国在台湾"就说不通。坚持"中华民国在台湾"，就要搞"两个中国"。公开打出"两个中国"，不仅大陆坚决不答应，台湾人民也不答应。于是遮遮掩掩，东躲西藏，说一套，做一套。尽管巧舌如簧，岂能尽掩天下人的耳目！

"一国两制"使台湾人民失去什么

中共以"和平统一，一国两制"作为处理两岸关系的准则，作为解决中国统一问题的最佳方案。台湾当局表示"绝不接受"，认为"一国两制"的目的，"是要中华民国向中共全面归降，要台湾地区人民在一定时间后放弃民主自由制度"。这是曲解，是对台湾人民不负责任的错误引导。然则，果真实现"一国两制"，台湾人民就无所失吗？浅见以为，这个问题还是要堂堂正正地说清楚为好。

失还是有的，它主要表现在以下几个方面。

"中华民国"的名号要取消。如前所述，中华人民共和国的成立已经否认了"中华民国"的法统，实现"一国两制"，当然不能允许"中华民国"的名号在台湾继续存在，这是题中应有之义。否则，就不是"一国两制"，而是"两国两制"了。取消名号，对已取得官方政经利益的人士可能带来损害，对普通老百姓也会有一些心理负担。这当然需要有一个适应时间。大陆人民在45年前抛弃了这个名号，当初大多数人并无不适之感。

台湾作为统一后的"一个中国"的特别行政区，对于中央政府来说，当然只能是地方政府。这种中央和地方的角色转换，可能给官方人士带来压力，对老百姓则仅有心理负担，甚或无所谓负担。老百姓经商、做工、种田，其奈中央、地方何。如果合理解决台湾官方少数精英去中央政府做官问题，官方人士的压力也会减少。

至于说到台湾人民要放弃民主自由制度，显然是一种不必要的担心和忧虑。尽管台湾许多有识之士对台湾社会的民主自由制度极为不满，但实行"一国两制"仍将保证这种制度不会改变，至少50年不变。50年后是否改变？如果50年后台湾人民对这种制度很满意，有什么必要改变。所谓民主自由制度，究竟是大陆的好，还是台湾的好，还有待竞争和检验。45年前，中共就是在反对国民党的不民主、不自由、专制独裁中发展壮大起来的，是为中国人民争民主争自由而获得人民支持的。今日大陆建立的社会主义民主制度随着经济改革的深化，也要逐渐改善。50年后在民主自由制度方面，兴许台湾人民要主动向大陆人民学习呢。

有人以为实行"一国两制"，是台湾"归降"，或是大陆"吞并"，因而不是庄严的统一。这都是误会。"一国两制"是用和平方式解决中国统一问题的最佳方案。统一后，台湾的社会结构、政治制度、经济生活都按照原有的轨道运转，军队照样保留，国际活动空间除了不能与外国建交外，不是缩小了而是更大了，台湾地区人民不仅能更好地与大陆做生意，也能更好地与世界各国做生意。台湾人民的生活水平将会更高。台湾地区人民和大陆人民将会挺起胸膛对世界说，我是独立的、统一的、民主的、富庶的中国的公民。这将是自鸦片战争以后一百数十年来中国人最开心的一天。为了做一个挺起脊梁的中国人而统一起来，该是多么庄严！

蒋纬国先生最近对香港《良友》杂志发表谈话，坚定地认为，中国是一个，中华民族是一个，两岸应该面对共同的问题谋求解决，表示"我现在对在中国大陆的发展，对在台湾的发展，我是一个联合的看法"，坚决相信：中国一定会统一的！真正想要卖国的"吴三桂"是没有多少的。蒋先生的话，颇值得玩味。

陶百川先生11月5日在《联合报》上发表《两岸怎样安度未来五十年》的文章，也接受统一后有关中央政府和地方政府的提法，提出"统一而不集权，分治而不分裂"，"使省政府与中央政府处于平等的地位，各自行使宪法赋予的权力，享受各取所需的利益"。我以为，这些主张都可以在"一国两制"的大框架下来讨论。不要把"一国两制"看成一个吃人的恶魔，一看到它就赶快回避。"一国两制"是解决和平统一中国的方案，这个方案除了"一国"不能变更外，其容纳度是很大很大的。台湾各界社会人士各种意见中，除了关涉"两个中国"的方案不可采以外，其他意见，大多可在"一国两制"的大方案中来切磋，总能找出使两岸大多数人满意的办法来。

冷战结束后，国际局势在多极化格局中发展。总起来看，这对中国统一是有利的。中国的统一靠中国人自己。把希望寄托在外国人身上，统一是无期的。中国人来安排中国的统一，只有两条路，和平的路和非和平的路。我们要争取走通和平的统一之路,使全体中国人、全世界各民族人民,都为中国人的智慧而欢呼。果如斯,则中国幸甚,小民幸甚!

奉命放言,思虑不周,书生议政,难免偏颇,庶几乎言哉!

1994 年 11 月 30 日草

从史料解禁看"一国两制"的历史根据[*]

台北《联合报》于7月17日发表一篇《蒋经国与斯大林会谈解密》的报道,公布了一项50年前高度机密而今解密的重要史料。报道说,俄罗斯科学院远东研究所自克里姆林宫取得一批新近解禁的史料,涉及中苏关系和中国内部的国共关系。从解禁史料得知,1945年12月,蒋经国作为蒋介石的私人代表赴莫斯科与斯大林会谈,涉及两大问题:一个是如何促进中苏关系,一个是中国统一问题。蒋经国"希望斯大林能向中共施压,促使中共与国民政府寻求妥协,使抗战后的中国得以统一"。关于中国统一,蒋经国表达的一个重要思想是:国民政府可以与中共和平共存,它的另一个说法叫"容共"。蒋经国告诉斯大林,蒋介石还提出了"容共"的具体计划:同意让中共代表参与政府工作;准许中共拥有16—20个师的军队,但是中共军队必须接受国民政府的指挥;中国若干地方政府可由中共负责,但先决条件是,中共掌握的地方政府,必须服从国民政府的命令。

据解禁史料,斯大林回答说,苏联政府承认蒋介石领导的政府是中国合法的政府,他赞赏蒋介石的"容共"立场,表示国民党如能邀请"民主主义"分子参加政府工作,对国民党本身也有好处。斯大林又说:"中共从未征询苏联政府的意见,如果他们不需要苏联的建议,我们又怎能告诉中共我们的想法呢?"从而委婉地拒绝了蒋介石希望苏联向中共施压的要求。

---

[*] 本文原载《海峡评论》11月号,1995年;纽约《侨报》加正题《蒋介石也主张过"一国两制"》,发表于《侨报》1995年12月7日。

斯大林的态度如何，我们这里不必讨论。引起我们兴趣的是蒋介石关于中国统一方案的设计。这个方案，简约一点说，就是承认中共可以负责一定区域的地方政府，可以拥有一定数量的合法武装，中共代表可以进入中央政府做官。这在四年前，或者十年前，一定是一个大受中共欢迎的方案。所谓"十年内战"时期，中共要争取的，实质上不也就是这些吗？那时候蒋介石不答应这些，发动了十年"剿共"内战。在九一八事变日寇局部入侵中国的形势下，还发明了"攘外必先安内"的理论来支持其"剿共"战争。七七事变，外祸日亟，日本发动全面侵华战争。在民族危亡迫在眉睫的时刻，厮杀了十年的国共两党，终于秉持民族大义和"兄弟阋于墙外御其侮"的古训，握手言和，建立以国共合作为基础的民族统一战线。国共合作、民族统一战线干什么？民族敌人在前，需要共赴国难。这是国共双方可以接受的合作前提。光有前提并不能造成合作的局面，如果国民党继续"剿共"，即使前提存在，合作也难成功。国共合作成功的关键在于，将共产党领导的红军改编为国民革命军第八路军（后又改名为第十八集团军）和新四军，将陕甘宁根据地作为中华民国治下的陕甘宁边区，此后在 1938 年 1 月，又有晋察冀边区政府作为"中华民国的组成部分"[①] 建立起来，这些是实现国共合作的基础。打好了这些基础，国共合作才能建立，才能做到大敌当前，共赴国难。所谓基础云云，不过就是国民党政府承认并允许共产党可以负责一定区域的地方政府，拥有一定数量的合法武装。有了这个良好基础，才在全国打开了合作抗击日寇的大好局面。

但是尽管合作抗日，国民党并未放弃反共主张。虽然国民党的政治和军事实力在抗战中都得到了发展壮大，却不忍见共产党的政治军事实力在抗战中发展壮大。1939 年 1 月国民党五届五中全会决定了"溶共""防共""限共"的方针，开始使其政策重点从对外转向对内，在这样的方针下，国民党采取实际措施，在各地制造反共摩擦和惨案，开始尝试用军事方法清除要害地区共产党武装力量的冒险。有计划地消灭皖南新四军军部九千人的行动，就是这种军事冒险之集大成。皖南事变引起全国和全世界进步人士的震惊，形成国共两党尖锐对立，几成破裂的局

[①] 延安时事问题研究会编《抗战中的中国政治》，上海人民出版社，1961 年翻印，第 371 页。

面,成为抗战以来全国政治瞩目的焦点。皖南事变善后过程中,国共双方展开了政治、军事的攻防战,高潮迭起。所争者说到底无非还是是否允许共产党负责的地方政府和一定的武装力量的合法存在问题。国民党把共产党作为心腹之患,必欲置之死地而后快。1941年2月10日,蒋介石接见罗斯福总统特使居里时说:"幸告罗斯福总统,余第一目的为抵抗日本求得最后胜利,第二目的为阻止中国成一赤化之共产国家。"① 蒋介石要抗战与反共同时并举,国共合作的基础还能长期维持下去吗?

国民党内对抗战期间如何处理共产党问题,是有不同意见的。王世杰、张治中等人都曾分别向蒋介石陈述过自己的意见。在讨论发布解散新四军命令的会议上,意见分歧,连蒋介石日记也记载:"文人多主缓和,而军人皆赞成。"② 皖南事变引起的紧张局势,还是由于日寇的加紧进攻,才把国共关系缓和下来。这证明抗战与反共并举的政策是行不通的。1941年7月31日,王世杰与蒋介石的政治顾问、美国人拉铁摩尔(Lattimore)讨论国际局势和中国形势,提出了对待共产党的设想。他说:"予谓如共产党有诚意,不到处扩充势力,政府或可划定一特殊区域,允其在该区域内试验其理想,并保留若干军力,同时并允其参政中央民意机关。此种办法并可作为战后解决方案。"③ 这个思考,实际上是按照共产党的要求和中国政治的走向来进行的。共产党当时所要求的并不是全国政权,只是要求承认自己开创的地方政权和一定数量的武装力量,至于参政中央民意机关,则国民参政会有共产党代表,是国民党主动邀请的。王世杰当时身负国民党中宣部部长、军委会参事室主任、国民参政会秘书长等重任,他在考虑共产党问题时比蒋介石及鲁莽军人要现实得多。这个想法如果能在高层达成共识,顺利解决皖南事变之善后,对此后中国政治走向的善化和联合政府主张的实施,则可能会有积极作用。可惜此计不用,发展到后来就时不我待了。

王世杰这个思考被蒋介石接受并浮上台面,是在四年之后。前引解禁史料说的就是这回事。比较起来,王世杰允许共产党参政中央民意机

---

① 秦孝仪主编《中华民国重要史料初编》第三编《战时外交》(一),台北,1981,第550页。
② 蒋介石日记,古屋奎二编《蒋总统秘录》第12册,台北,1977,第115页。
③ 王世杰日记,1941年7月31日,《王世杰日记》(手稿本),台北,1990,第121页。

关，蒋的方案允许共产党参加中央政府工作，条件要更宽松些了。但时移事易，经过四年之后，顽敌日本已经投降，国共两党在中国时局中所处的地位与当初已大不相同了。国民党的政治军事实力在全国虽仍独大，共产党的政治军事实力的发展却要令人刮目相看了。据1945年9月的统计，共产党有党员121万人，有军队127万人、民兵268万人，占有地区104.8万平方公里，人口扩大到1.255亿人，建立了23个行署、90个专署、590个县（市）政权，占有县城285座。在这时候，蒋的方案对共产党来说，显然已失去诱惑力了。

其实，蒋的方案在向苏联提出以前，早在1944年就通过美国驻华大使赫尔利向共产党提出；在1945年9月，又直接向毛泽东提出。1945年8月29日开始的重庆谈判，到10月10日签订《双十协定》，个中已包含那样的内容。但10月10日协定签字，10月13日蒋介石就发布"剿共密令"，自己又把那个方案扔掉了。国共双方军队旋起冲突。但是蒋介石并未做好武力统一的准备，又不得不继续讨论和平统一方案，而为了讨论和平，又不得不先讨论停战。于是1945年12月20日，美国特使马歇尔使华，负责调处国共冲突；同时，蒋经国受命赶赴莫斯科会见斯大林，要求苏联帮助迫中共就范。

历史事实就是这样：停战终于没有停住，中共也没有轻易就范。不过四年工夫，中国大地上发生了翻天覆地的变化：共产党从在野的、不被承认的政党变成了执政党，许多民主党派则变成了参政党，共产党从几个地方政权中脱颖而出，成了中央政权的执掌者；国民党则相反，它失去了整个中国大陆，蜗居台湾一隅，只保住了台澎金马的地方政权。真是落花流水春去也，换了人间。主客易势，何其不留情也。

但是，中国的统一问题并未解决。从前是中国国民党从中华民国的角度考虑中国的统一问题，今天则是中国共产党从中华人民共和国的角度考虑中国的统一问题。

以上讨论的历史过程，如果换一个角度，即从中国统一的角度来考虑，是否给人一些历史的启示呢？

三年前（1992年8月），北京召开过一次海峡两岸学者讨论中国统一的学术会议。台北政治大学邵玉铭教授在会上提出报告称，中国实行"一国两制"无历史经验可循。我在那次会议上发表论文，提出在1949

年前中华民国的历史上，恰恰存在过类似"一国两制"的历史事实。[①]读了前述解禁史料后，不知邵教授做何感想，他似乎应修正自己的看法，我则认为上述史料加强了我的论点。

"一国两制"作为一个名词及其完整的含义，当然是历史上不曾出现过的。它是中共为解决港澳台与祖国实现统一而设计的方案。这个方案的形成并不是一蹴而就的。方案的提出当然首先是从国际国内大量的现实需要出发的，也应该说吸取了历史的经验。就今天中共提出"一国两制"而言，它对国民党及台湾当政者允诺的条件，比当初国民党在大陆形式上开给共产党的条件要宽松得多。首先，明言"两制"，即台湾可继续实行资本主义制度，不要求它像大陆那样实行社会主义制度，这就保证了台湾老百姓的生活方式不变更，其经济制度可照样运转。当初国民党政府只准边区政府实行国民党的三民主义，不允许它在政治制度方面实行民主改革；要求在边区批准国民党的新县制，各县仍归相关的省政府辖治，等于事实上取消边区政府。其次，明言允许台湾保留军队，这与当初国民党政府对共产党的军队进行"攻剿打杀"，多次提出不合情理的限制、整编，完全不同。再次，除了对外建交权外，允许台湾拥有广泛的国际生存空间，以改善其与国外的经济、文化交往。这个条件当初国民党完全没有给共产党，以至于共产党不能从苏联取得任何援助。蒋介石1941年初向美国驻华大使詹逊密告"中国共产党迄今未得苏联政府任何财政、军火或人员之协助"[②] 可作为证明。说穿了，今天中共只要求台湾当政者降下"中华民国"旗帜，其余均可大体照旧。当初共产党负责的地方政府，当然承认自己是中华民国的组成部分，承认蒋委员长的领导，并无不承认中华民国的表示。

我在三年前讨论"一国两制"的历史根据的文章中说过："抗战军兴，国民党政府承认中共及其所领导的边区政府，边区政府也坦然以地方政府自居，不去与国民政府较一日之短长，不以中央政府自诩。这是国共双方在理和势上做出了冷静的正确判断的结果。"今天台湾当政者也应该从理和势的方向上来思考"一国两制"问题，再像蒋介石当年那样作为主人，从强势者角度考虑中国统一问题，那样的历史条件早已

---

① 拙文载台北《海峡评论》第2期，1993年；北京《统一论坛》第2期，1993年。
② 秦孝仪主编《中华民国重要史料初编》第三编《战时外交》（一），第537页。

不存在了，是势所不能了。

这里讨论的是中国统一问题，如果有人如李登辉者流以谋求"台独"或"独台"为职志，将要得到如何下场，那就不在本文讨论范围之内，而是另外的问题了。

"一国两制"是和平统一祖国的根本方针[*]

"和平统一，一国两制"，是中国共产党解决国家统一问题的基本方针，早经宣布多年。从"叶九条""邓六条"到江泽民的"八项主张"，已经形成了解决台湾问题的系统主张。这些系统主张所体现的原则是明确的、坚定的：一国就是一个中国，而且世界上只有一个中国，大陆和台湾都是中国的一部分，中国的领土和主权不容分割；用和平的办法完成国家统一，统一以后的中国可以实行两种社会制度，台湾继续实行资本主义制度，大陆作为中国的主体继续实行社会主义制度。海内外明达之士咸认为这是从中华民族的民族大义出发的和平解决台湾问题的唯一正确的主张。

周恩来早在1955年5月在全国人大常委会上就说过："中国人民解放台湾有两种可能的方式，即战争的方式和和平的方式。中国人民愿意在可能的条件下，争取用和平的方式解放台湾。"[①] 这是中国政府领导人第一次公开宣布和平解决台湾问题的主张。中国共产党第十一届三中全会提出了"台湾回到祖国怀抱，实现统一大业"的主张，放弃了"解放台湾"的提法。此后通过一系列文件，发展为"和平统一，一国两制"的方针。

实际上，解决国家统一问题，无非是战争的手段或者和平的手段，除此以外，没有别的办法。有人研究，中华民族最近两千多年的历史中

---

[*] 本文是应邀为海峡两岸关系研究中心举办的深圳"两岸关系论坛"写作的，2002年3月27日在大会上发表。原载《海峡评论》第144期，2002年12月。

[①] 中共中央台湾工作办公室、国务院台湾事务办公室编《中国台湾问题》，九州图书出版社，1998，第62—63页。

出现过九次国家统一问题，九次都是用战争方式解决的。① 我们希望第十次国家统一问题，能跳出这个周期律，用和平的方式解决国家统一问题。

香港、澳门问题的解决，已经为我们提供了用和平方式解决国家统一问题的强有力的证据。香港、澳门问题与台湾问题，当然并不完全相同。香港问题、澳门问题是中国与英国、葡萄牙之间的国家关系问题。台湾问题是一个中国内部因内战原因遗留下来的问题。但是，香港、澳门回归祖国怀抱，留给台湾问题的解决以十分重大的参考价值，这就是，在国际国内诸多因素下，解决国家统一问题是可以避免战争方式的。这个非战争方式，就是用"一国两制"来保证和平统一。

有人不相信。你们不是还不承诺放弃武力吗？你们要公开宣布放弃武力，就表明了你们的诚意。这是极为幼稚的想法。台湾问题的出现，从根本上来说，是国民党发动反人民的内战的结果，是美国出兵台湾海峡破坏祖国统一的结果。战争的游戏规则就是实力原则。只有兵临城下，才可能出现和平。这个原则，古今中外，概莫能外。1948年，在人民解放战争大决战的形势下，出现过天津方式和北平方式，所谓天津方式就是战争方式，所谓北平方式就是和平方式。正是因为有了用战争解决问题的天津方式，才使得用和平解决问题的北平方式有了可靠保证。和平方式的得来，是实力较量的结果。在今天的海峡两岸关系中，战争或者武力方式，不是针对台湾人民的，是针对"台独"势力的，是针对外国的武力干涉的。正是不承诺放弃武力，"台独"势力才不敢打出"台湾独立"的旗号，外国干涉势力才不敢肆无忌惮地支持"台独"势力。这就为和平地解决祖国统一问题奠定了最可靠的基础。用放弃武力来表明和平诚意，和平是不能到来的。

有人认为统一后会降低台湾人民的生活水平。这是怕大陆去台湾"共产"。这种担心是多余的。其实，"和平统一，一国两制"的方针如果得到落实，"共产"之说就不可能出现，台湾人民的生活水平也不可能下降。"一国两制"的"两制"包含了十分明确的内容。所谓两制，是指中国的主体实行社会主义制度，台湾维持现有的经济、社会制度和

---

① 参见曾祥铎《从中国历史上的九次大一统看海峡两岸未来的统一》，《1991年9月海峡两岸关系学术研讨会论文集》，台湾研究会、中华全国台湾同胞联谊会、中国社会科学院台湾研究所联合出版，1991。

生活方式，维持与外国的经贸文化关系，台湾人民的各种合法权益，包括私人财产、房屋、土地、企业所有权、合法继承权和外资投资不受侵犯。① 在一个中国内，两种制度长期共存，共同发展，谁也不吃掉谁。这种"两制"安排，完全是从中华民族的整体利益、长远利益出发而设计的，是解决海峡两岸关系的最恰当的安排。按照这种安排，大陆怎么可能到台湾去"共产"呢？不惟不会去"共产"，而且在台湾财政经济有困难时，大陆还可以提供适当帮助。早在1963年，中国共产党就做了这种准备，周恩来总理曾致函陈诚，涉及财政方面，就提到台湾"所有军政及建设经费不足之数悉由中央拨付"。② 邓小平提出"和平统一、一国两制"方针后，也指出统一后，大陆不派人去台湾，不仅军队不去，行政人员也不去。这就是说，中央政府不会去收台湾人民一分钱的税。最明显不过的是，现在两岸虽未实现统一，但两岸经贸关系有了大规模的发展，据1999年底的材料，两岸经贸总额累计已达到1604亿美元，台湾顺差1084亿美元。2001年两岸贸易总额为323亿美元，其中大陆向台湾出口50亿美元，台湾向大陆出口273亿美元，台湾顺差为223亿美元。台湾是大陆第二大进口市场，大陆是台湾第二大出口市场和最大的贸易顺差来源地。③ 这不是为台湾经济和社会生活做出了有力贡献的铁证吗。怎么可以说统一后大陆要到台湾去"共产"呢！现在台湾经济状况不佳，是李登辉推行"戒急用忍"政策的结果，是台湾当权者"台独"意识膨胀，造成两岸关系紧张的结果。

怕生活水平降低，怕大陆"共产"，这种疑虑在20年前还情有可原的话，在今天，就更失去了立论的根据了。经过二十多年的改革开放，大陆的社会主义现代化建设已经取得了举世公认的成就。在20世纪的最后一年，大陆的国民生产总值已经超过了一万亿美元，2001年底，外汇存底已经超过了2000亿美元，尽管由于人口多，人均数量并不多，但综合国力已经进入世界前列，排名第七。960多万平方公里国

---

① 《叶剑英向新华社记者发表的谈话（1981年9月30日）》，《人民日报》1981年10月1日。
② 中共中央文献研究室编《周恩来年谱》中卷，中央文献出版社，1997，第321、524页。
③ 《与台湾经贸关系》，中华人民共和国对外经济贸易合作部网站，http://www.mofcom.gov.cn/article/ae/ai/200212/20021200059474.shtml；对外经济贸易合作部副部长安民在对外经济贸易合作部等部门联合举行的"纪念江泽民主席《为促进祖国统一大业的完成而继续奋斗》讲话发表七周年座谈会"上的发言。

土，经济发展潜力极其巨大，经济发展前景极其诱人。全世界商人的眼光都集聚于此。统一以后，台湾商人不仅可以在祖国的发展中取得更大的利益，台湾经济也可以以祖国作为发展的腹地，而获得同步发展。在这样的条件下，台湾人民的生活水平怎么可能下降呢！除此而外，和平统一对于两岸人民、对于整个中华民族至少还有两大好处：第一，完成了祖国统一，实现了中国人民的夙愿，这为中国现代化发展的进一步腾飞、为两岸人民可能获得更大的福祉打下了坚实的基础；第二，用和平方式实现统一，避免了武力或者战争方式给两岸人民带来的损伤，促成了中华民族大家庭的空前大团结，这种大团结，是无法用生活水平来形容的。

有人以为，"一国两制"就是维持现状。按照"一国两制"，台湾可以实行现行的资本主义制度，可以保留军队，可以享有终审权，等等，有人以为这就是维持现状。似乎"你不吃掉我，我不吃掉你"，就是维持现状。对此，我个人有不同的理解。试问：现状是什么？现状是李登辉当政十二年来所推行的"中华民国在台湾""两国论"，是以"台湾独立"作为纲领的民进党的执政，是台湾当政者否认"一个中国"的共识。这个现状说穿了，就是反对祖国统一。因此，这个现状是不能维持的。"一国两制"最核心的一条，是统一于一个中国，在一个中国的架构内保持两种不同的社会制度。连"一个中国"的共识都不能达成的现状是绝对不能长期维持的。其实，统一以后，台湾也不是简单地维持现状。在一个中国的架构下，台湾不仅可以保持现行的社会经济制度，可以保留军队（军队的职责是维护祖国领土主权的完整不受侵犯，而不是以防范大陆为目的，不能构成对大陆的威胁），可以保留终审权，可以保持同外国的经济文化联系，而且全国性政权机构中，还为台湾同胞留下一定领导职位，全国人民代表大会、中国人民政治协商会议都可有台湾同胞的代表出席，参与国家大事的管理。这就不是简单地维持现状了，在一个中国的架构下，台湾人民的代表可以参与全国事务的管理，这是台湾的现状所无法容纳的。所谓"你不吃掉我，我不吃掉你"，是指社会制度而言。两种社会制度，井水不犯河水，长期维持，至少50年不变。1979年，有美国客人问邓小平："你们是否要在将来某个时期激烈地改变台湾的现状，在台湾实行共产党的制度？"邓小平回答：将来台湾实行什么制度，可以根据台湾人民的意志决定，愿意选择什么就选择什么。如果台湾人民感到它的现行制度要保持一百年,这个可以。我经常说一百年,一千年,意思是指长期,我们不会用强制的办法使它改变。①邓小平把这个问题已经说到底了,说得很透彻了。这种说法,是对祖国的社会主义制度有信心的表现,是对中国的社会主义现代化建设有信心的表现,是对中国应该对世界做出自己的贡献有信心的表现。在960多万平方公里的广大领域内,有几万平方公里(台湾地区加上香港、澳门,总面积不超过3.8万平方公里)的土地实行资本主义制度,还有什么担心呢。中国应该有这样的心胸。50年后,100年后,台湾人民如果觉得现行的资本主义制度对自己更有利,何必要改变它呢。从另一个角度说,祖国统一了,台湾和大陆都是祖国不可分割的一部分,究竟是谁吃掉谁呢?两制共存,谁也没有吃掉谁嘛。

还有人说,"一国两制"不完全,不如改成"一国三制",或"一国多制"。因为香港、澳门回归祖国,"一国两制"得以成功贯彻,颇有不愿与港澳为伍的想法。这种想法不免有点小家子气。台湾、香港、澳门和大陆,都是祖国神圣领土的一部分,不必这么小家子气。再说,台湾的社会制度,固然不同于香港的社会制度,也不同于澳门的社会制度,从这个层面说,可以说成三制或者多制。但是相对于祖国大陆实行的社会主义制度(今天我们实行社会主义市场经济,仍然是社会主义制度范畴之内),台湾、香港、澳门实行的制度都可归纳为资本主义制度,这应该是没有分歧的。尽管三地在政治制度、法律制度等层面上仍然有着许多具体而微的差别,就像美国的资本主义制度不同于日本、不同于欧洲各国一样,但我们不能说他们实行的不是资本主义制度。所谓"两制",是就总体而言。

有人说,"一国两制"没有历史经验可循。这是缺乏历史知识的表现。应当指出,作为"一国两制"这样完整的、明确的概念,是历史上没有过的,它是中国共产党在新的历史时期面对国际国内的现实问题,并且总结了历史经验后提出的。这个历史经验是什么?我想可以指出近代中国历史上的一些现象。

例如,1912年中华民国成立以后,就一直没有实现一国一制。最典型的是抗战期间,中共中央所在地——陕甘宁根据地被承认为中华民

---

① 转引自《中国台湾问题》,第72页。

国国民政府治下的陕甘宁边区政府。随着抗日战争的展开,晋察冀边区政府获得当时行政院批准作为"中华民国的组成部分"建立起来。① 此后,晋绥边区、晋冀鲁豫边区政府等也陆续建立。以上中共领导的地方政府,都是抗日战争时期中华民国治下的地方政府,事实上得到了国民政府的认可。

上述陕甘宁边区、晋察冀边区等地方政府,与重庆(陪都)的国民政府并存,可以看作中华民国时期的"一国两制"现象。一国:大家都是中华民国,即一个中国。两制:国民政府是中国国民党领导,边区政府是中国共产党领导,边区有自己的军队、辖区和人民,它是抗日的民主政权,实施一系列的抗日政策。它在领导体制、指导思想和追求的长远目标上,与国民政府有根本差异。简言之,一个是国民党体制,一个是共产党体制。但是有一点是相互认同的:国民党体制下的国民政府是中央政府,共产党体制下的边区政府是地方政府,在"抗日高于一切"的前提下,"精诚团结","坚持抗战到最后胜利"。② 这个历史事实是客观的,应该说,它很有点类似于我们今天所说的"一国两制"。

其实,在国民党内部,某些政要也在考虑类似今天我们所说的"一国两制"的方案。在国民党内任中宣部部长及国民参政会秘书长的王世杰在 1941 年与蒋介石的政治顾问、美国人拉铁摩尔(Lattimore)讨论国际局势和中国形势,提出对待共产党的设想:"如共产党有诚意,不到处扩充势力,政府或可划定一特殊区域,允其在该区域内实验其理想,并保留若干军力,同时并允其参政中央民意机关。此种办法并可作为战后解决方案。"③ 事实上,1945 年 10 月的重庆谈判,蒋介石还亲自向毛泽东提出了这样的方案。但是在中共接受了这样的方案后,蒋介石又亲自把它撕毁了。抗战胜利后全国人民盼望的一丝和平曙光,刚一出现,就被国民党政府彻底破坏了。国民党政府发动了大规模的国内战争,企图用武力消灭共产党,结果自己在大陆落得完全失败的下场。

也有人说,"一国两制"不好,不如实行"一国一制"。十年前,

---

① 见延安时事问题研究会编《抗战中的中国政治》,上海人民出版社,1961 年翻印,第 371 页。
② 《抗战中的中国政治》,第 370、371 页;《晋察冀边区军政民代表大会致电国民政府暨全国同胞报告边区政府成立的经过》,《新华日报》1938 年 2 月 14 日。
③ 王世杰日记,1941 年 7 月 31 日,《王世杰日记》(手稿本),台北,1990,第 121 页。

李登辉在中研院院士大会上就这样说过。搞"一国一制"当然好，但是李登辉能够做到"三民主义统一中国"吗？能够做到和平演变中国吗？这真好比蚍蜉撼大树，无非梦呓。当然，大陆要在台湾推行社会主义，也未必能够成功，强迫台湾人民实行社会主义，不会有好的效果。所以邓小平考虑过，如和平解决不可能，不排除用武力方式解决台湾问题，即使以武力方式解决，台湾的现状也可以不变。[1] 这就是说，即使用武力解决台湾问题，也可以在台湾实行"一国两制"，就是这个道理。所以，解决台湾问题，实现祖国和平统一，最好的办法不是"一国一制"，而是"一国两制"。

换句话说，面临海峡两岸现状，只有"一国两制"才是和平统一祖国的最佳方案，而李登辉的"一国一制"则是挑起战争的方案。李登辉鼓吹"一国一制"，实际上是鼓吹"中华民国在台湾"那样的"一国一制"，这与他的"两国论"是同义语，而"两国论"又与"台独"是同义语。李登辉想实行"台独"那样的"一国一制"，显然是在玩火，是在挑起战争。所以"一国一制"是与和平统一祖国背道而驰的。

不管从哪个角度分析，"和平统一，一国两制"都是解决台湾问题的最佳方案，是一个统一的整体设计。邓小平说过："是社会主义吞掉台湾，还是台湾宣扬的'三民主义'吞掉大陆？谁也不好吞掉谁。如果不能和平解决，只有用武力解决，这对各方都是不利的。"[2] 只有实行"一国两制"，才能保证"和平统一"的实现。"一国两制"是通向和平的光明大道，企图用"一国一制"挑战"一国两制"的方案，是通向战争的方案。试想，要求和平，又不接受"一国两制"，反对战争，又要"一国一制"，怎么可能得到呢！

2002 年 3 月 9 日草成，20 日修改

---

[1] 邓小平对海外知名人士的谈话，1981 年 8 月 26 日，引自《中国台湾问题》，第 72 页。
[2] 邓小平：《一个国家，两种制度》，《邓小平文选》第 3 卷，人民出版社，1993，第 59 页。

访台归来谈李登辉主持的"修宪"[*]

一

我作为近代史研究所所长,参加以汝信副院长为团长的中国社会科学院代表团,应台湾中流文教基金会会长胡佛教授的邀请,于1997年6月14—22日访问了台湾。代表团成员有院学术交流委员会秘书长姜汉章、世界经济与政治研究所所长谷源洋等。代表团在台期间访问了中研院,会见了李远哲院长,并与杨国枢副院长及若干所长举行了座谈;参观了台北"故宫博物院",会见了秦孝仪院长;访问了台湾大学、新竹清华大学及工业技术研究院、埔里暨南大学、台北中国文化大学,会见了台大校长陈维昭、新竹清华大学校长沈君山、工业技术研究院董事长孙震、埔里暨南大学校长袁颂西、中国文化大学董事长张镜寰及中国文化大学法学院院长杨建华,了解了各相关院校及研究机构的一般情况,汝信团长表达了加强两岸学术交流尤其是中国社会科学院与各相关院校、研究机构交流学术的愿望。

6月17日,中流文教基金会在台大校友会馆举办午餐演讲会,汝信副院长就中国社会科学院的研究工作做了报告,并回答了提问。各方面著名学者约60人出席,其中有高育仁、赵耀东、孙震、李云汉、董翔飞、蒋永敬等名流。

---

[*] 本文是在1997年7月访台归来撰写的报告基础上改写的,载张海鹏《书生议政——中国近现代史学者看台湾的历史与现实》,九州出版社,2011。

代表团还会见了台湾海峡交流基金会秘书长焦仁和。

此次访台,避免了新闻媒体的纠缠,所有参观、交流都是务实的、低调的。

二

我们所访问的各研究机构和高等院校,都对加强两岸学术文化交流抱有相当的热情。中研院人文社会科学各研究所对两岸交流和召开学术讨论会感兴趣。新竹清华大学沈君山校长、埔里暨南大学袁颂西校长都表示要率团访问中国社会科学院,袁还提议在适当时机合作召开有关传统文化的学术讨论会。中国文化大学法学院及其他有关人文学科系所,因为学科设置与我院相近,对与我院交流更抱有浓厚兴趣。

参观新竹工业技术研究院给我们留下深刻印象。该院董事长孙震(曾任台大校长、"国防部长")向我们简要介绍了该院成立缘起和发展状况。这个研究院是1973年设立的,全称财团法人工业技术研究院,是台湾当局通过"立法"设立的科技应用服务研究机构,名义上是民间机构。其经费主要来自"经济部"拨款,以执行"政府"科技研究发展专案计划;部分经费来自工业界,用以执行合作开发、提供技术服务或契约委托。该院技术研究领域涵盖了化工、电子、机械、材料、能源与资源、量测、光电、电脑与通信、工业安全卫生及宇航工业,共设7个研究所、3个发展中心和1个技术转移公司。该院不负责生产,只从事工业技术的研究开发、引进和推广,知识产权的维护以及资讯服务。全院约有6000人,其中博士、硕士2900人,每年约有1/3的研究人员跳槽到新竹工业园区的生产单位。据介绍,这个研究单位对台湾电子等工业的发展起到了重要的推动作用。这是台湾从事科研成果转化为应用技术的重要研究单位。像这样由官方支持、集中大量人力物力从事科技转化的单位,我们大陆似乎尚未建立,台湾在这方面取得的经验,值得我们重视。接待我们的朋友也希望与大陆科技界合作从事技术开发,他们认为这是极有前途的事业。

三

　　此次赴台，正值台湾出现"修宪"与反"修宪"浪潮。14日晚，"考试院"副院长关中以民主文教基金会董事长名义接风，出席作陪的除胡佛等著名政治学者外，还有邱创焕（"总统府资政"、国民党副主席）、梁肃戎（前"立法院院长"，"总统府资政"，国民党中常委，现任新同盟会会长、和平国际法律事务所律师）、赵耀东（前"经济部长"）、孙震（前台大校长、"国防部长"）等人。席间，主人方面对当前台湾的"修宪"提出了批评，据悉，已有103名将军、1000名教授联署反对"修宪"。21日晚，"立法委员"高育仁（前国民党中常委）以中华儿童福利基金会和二十一世纪基金会董事长名义宴请代表团，出席作陪的有"立法委员"、新党主席陈癸淼，"立法委员"施明德（民进党前主席），"立法委员"、国际政治学博士林郁方以及胡佛等教授。因施明德晚到，主人方面对"修宪"进行了抨击，施入席后，也表明了他的看法。

　　访台期间，我们还向台湾宪法学专家胡佛、台大教授周阳山（"立法委员"）了解台湾的"修宪"问题。梁肃戎先生专门到我们驻地同我们共进早餐，就"修宪"问题和台湾政局发表了他的看法。

　　梁肃戎认为，当前的"修宪"问题是台湾的一场严重政治斗争。国民党和民进党在"修宪"问题上基本达成共识，是"独台"与"台独"的一次危险的结合。103名将军和1000名教授的联署，是重要的反对意见，李登辉主持的"修宪"有可能受挫。梁肃戎认为，李登辉毒辣阴狠，擅长利用威胁、利诱手段。郝柏村、林洋港、许历农、梁肃戎四人被开除了党籍，被免去了"总统府资政"，不仅每月丢掉了27万新台币津贴，而且撤去了警卫，人身安全得不到保障。这种做法，对其他的"总统府资政"威胁很大，像李涣、邱创焕等人虽与李登辉意见不同，却不敢有所作为。任命"总统府资政"，按从前的规矩，要担任过"副总统"、五院院长（"行政院""立法院""司法院""考试院""监察院"），李登辉打破了这个规矩，为了培植势力，任命了好多个"资政"。李登辉还对"国大代表"加以利诱，如"国大代表"通过

"修宪",每名"国大代表"每月增发 1.5 万元新台币津贴,配 5 名秘书。李登辉原计划在 6 月底通过"修宪",在 7 月 2—3 日召开世界华人大会宣布"修宪"结果,完全是为了抵消香港回归所产生的影响。

关于台湾政局,梁肃戎说,去年林洋港、郝柏村竞选"总统"失败,被李登辉开除党籍。梁当时力主组织国民党非常委员会,宣布开除李登辉党籍,争取新的局面。但林、郝不敢采纳此意见,未有任何行动。关于连战,梁认为,他与李登辉不同,实际上是反"台独"的,斗垮李登辉后,连战接任,局面可能有所不同。将来连战可与关中相配合。现在新党、新同盟会攻连战,是策略手段,是为了打乱李连配的格局,好让李登辉手足无措,威信扫地。梁认为他对连战还有影响力,有管道直通连战,必要时可以利用。梁还认为,外人不知道,观察台湾政治,重要的不在"立法院",而在台湾省议会。台湾省的许多事情,要看台湾省省长和省议会怎么决定。现在国民党、民进党要"废省""冻省",必然要引起政治上的反弹。不过,他认为,宋楚瑜品质不够好,比较软弱。梁肃戎今年 77 岁,身体很好,在台湾政局中尚有一定影响力,有相当的活动能力,被台湾中生代称为"大佬"。在反"修宪"活动中,常与郝柏村、许历农等沟通。关中与他是同乡,对他很尊重,执父子礼。

陈癸淼表示,新党反对"修宪"立场明确,但在政治上保持低调。在"国代"中,新党有 46 票。对这 46 票,新党有明确的党内纪律:对"修宪"投票只能有一个声音,不准跑票。如果以这 46 票为基础,再从国民党和民进党中拉出一些票,"修宪"表决时,很难 2/3 多数通过。但是,能够拉出多少票,尚无把握,要看反"修宪"斗争的发展如何。

高育仁在席间请施明德谈谈看法。施明德认为现行"宪法"有修改的必要,但要以制度为思考方向,不能有私心。他认为,李登辉主持"修宪"是以法律手段解决政治问题,关键是国民党要释放权力与其他政党共享。因为国民党在"立法院"只有 50.6% 的实力,加上个别"跑票",可能只有 49.4%。以这样的实力单独执政是困难的,必须和其他政党共组政府。而国民党却要取消"立法院"的阁揆同意权,由"总统"直接任命"行政院长",这是垄断"行政院长"任命权,表明国民党不肯释放权力。

施明德还认为，我们只有"修宪"的政治领袖，没有"行宪"的政治领袖；法律对他有利的时候就遵守，对他不利的时候就"修宪"。这一观点，台湾宪法学家中反"修宪"的龙头胡佛教授很赞成。他认为，现行宪法是1947年颁布的，实际上国民党一天也没有行过宪。宪法颁布不久，蒋介石就发布"动员戡乱时期临时条款"，扩大总统权力，把宪法放在一边；1987年废除临时条款后，又一次接一次地"修宪"，这一次是第四次。胡佛认为，"总统"应该"护宪"，而不应该"修宪"。

从施明德的态度看，他的看法与现任民进党主席许信良似乎不完全相同。

四

我们这个代表团中没有专门从事宪法学和政治学研究的学者，对台湾社会中因"修宪"引起的政治斗争缺乏必要的知识准备。我们听了各种意见，每天注意读报，仍感到对当前台湾的"修宪"问题，难有准确的把握。对于"修宪"是否成功及其后果，大致可以看出，学者们的估计比较乐观一点，有的甚至说这次我们可以打倒李登辉了，政客们的估计要谨慎一些。但是都认为台湾社会面临"修宪"的严重问题，第四次"修宪"较前三次更严重，前三次所涉及的是枝节问题，这一次是根本问题，不论成败，都会影响到台湾社会发展的前途。由于民间的反弹力量大，特别由于停止乡镇长选举引起基层反应激烈，可能会影响到有关政党的态度。舆论界一般认为，李登辉按照原设计实现"修宪"的可能性不大。如果不能按原设计实现"修宪"，就会打击李登辉的气焰。目前民意调查已经显示，民众对李登辉的信任度已经大大下降。据说，5月的几次反李大游行，动员民众甚多，有人甚至用激光在总统府墙上打上"认错"二字，还踏上一只脚印。

这一次"修宪"起因于去年的"总统"选举。李登辉觉得自己在选举中得到了54%的选票，是"中华民国"第一届民选"总统"，有些趾高气扬，于是迷恋扩大"总统"权力。连战以"副总统"身份被李登辉提名为"行政院"院长，按照"宪法"规定，"行政院"院长的提名得有"立法院"副署,即要获得"立法院"同意。但国民党在"立法院"的票数不够,"立法院"和民意都要求连战辞去"行政院"院长,这使得李登辉下不来台。于是他在去年发起召开"国家发展会议",按他的意志,邀请各党派代表和相关学者讨论"修宪"。国民党和民进党实行暗箱作业,就"修宪"问题基本达成共识,新党很被动。今年李登辉提出"修宪",就是以去年"国家发展会议"的共识为根据的。

李登辉提出"修宪"的借口,是要提升竞争力和提高行政效率。"修宪"的基本诉求包括:取消"立法院"的"行政院"院长同意权,阁揆由"总统"任命;"总统"有解散国会权;实行双首长制,"总统"主持"国安会议"("国安会议"是"动员戡乱时期临时条款"所规定的无限扩大"总统"权力的临时机构,废止临时条款后,"国安会议"理应取消),主管两岸关系等事务,各部会首长都要出席"国安会议","行政院"院长等于变成了"总统"的幕僚长;改变地方自治,停止两年前"修宪"时确立的省长、省议会选举制,省长、省议会、县长及乡镇长由选举改为委任。

这次"修宪",是李登辉以"总统"身份主持的,"中央日报"称李登辉是主持"修宪"的总指挥官。"修宪"要点没有经过国民党中常会讨论。国民党中常委李焕公开表示,对"修宪"内容"因事先未过目,所以很难发言"。国民党"修宪"策划小组某成员公开说:"不能再发言了,才说几句不同意见的话,就被李总统叫去骂。"国民党副主席邱创焕在席间私下表示,"修宪"是李"总统"决定的,不便于发言。宪法学者认为宪法是根本大法,不容许轻易修改,即使要修改,也不能仅限于政党间作业,要广泛听取专家学者和各阶层民众的意见。现在的"修宪"只是在国民党、民进党间交换意见,只能被看成是政党间利益交换、私相授受。而根据"总统"意愿组成的"国家发展会议"及其"修宪"结论都是于法无据的。

"修宪"内容,舆论界批评为"休宪""毁宪",破坏了"五权宪法"权责相符、权力制衡的原则,无限扩大"总统"权力是回到威权时代(指蒋介石、蒋经国时代),是民主的倒退,是要废除"中华民国"这个"外来政权"。新党对"修宪"的主张是:保持原"宪法"中的内阁制精神、维护五权分立的原则、坚持权责相符的宪政原理、维护地方自治、扩大人民权利。

　　台湾舆论认为"修宪"是要废除"中华民国"这个"外来政权",这样的批评,在台湾已经是说到底了。按照我们初步分析,李登辉1995年访美以来,高唱"中华民国在台湾",与民进党所说"台湾独立"已经没有多少差别了。施明德从前说过,我们已经不需要宣布"台湾独立"了,按李登辉所说"中华民国在台湾"就可以了。这次"修宪"提出"总统"扩权、变"行政院"院长为"总统"幕僚长、"冻省"、改地方行政长官选举为任命等,都是从根本大法的角度落实"中华民国在台湾"的理念,是走向"台湾独立"的关键步骤。如果此次"修宪"成功,未来"中华民国在台湾"的"宪法",将是没有"台独"名义的"独台宪法"。

　　我们离开台湾前,"国民大会""修宪"正进入二读。宋楚瑜在省议会几次答复质询,颇不支持"冻省""废省"之说,似对李登辉有挑战之意。省议会议员结伴到阳明山陈情,且得到国民党"国大代表"内"祥和会"一派的支持。新党主张延期讨论。国民党、民进党还在协调意见。政坛诡异,变数正多。我们面对台湾政局有扑朔迷离之感,同我们谈话的台湾朋友也是各执一词。我们认为,台湾社会因"修宪"引起的政治斗争,对李登辉这个所谓"民选总统"的政治意图和政治作为,将是一次严峻的考验,对台湾社会维护统一、反对"台独"的党派和政治力量是一次重要的锻炼。我们以往认为台湾大学的"台独"力量较大,而这次反"修宪"斗争中,台湾大学尤其是其政治系教授(以胡佛为首)起到了举足轻重的作用。近期台湾"修宪"动向及其结果,建议有关方面加以严重关注。

台湾选举与政治生态的观察[*]

中国社会科学院台湾史研究中心代表团在台访问期间，与台湾一些政党的重要人物有过接触，如国民党"国家发展研究院"院长关中，国民党"立法委员"洪秀柱，新党原召集人陈葵淼、民进党"中国事务部"主任兼"立法委员"陈忠信，民进党"立法委员"叶宜津、陈其迈、卓荣泰以及"故宫博物院"院长杜正胜等，学者胡佛、曹俊汉等，对岛内现实政治、经济和社会情况以及台湾当局的大陆政策走向进行了观察与了解，现综述如下。

一 2004年"总统"选举提前开锣，连宋配使泛蓝军声势有所拉抬

访问团在台湾期间，适逢国民党和亲民党首次宣布连战与宋楚瑜搭配竞选"总统"，泛蓝军声势明显拉抬，民调上升。国民党政策研究会副执行长兼大陆事务部主任张荣恭等国民党干部认为：

（1）上次选举民进党取胜的根本原因是国民党的分裂。在民进党执政近三年时间里，国民党和亲民党已经深入反思，明确"合则胜，分则败"的道理，在未来这次选举中如果落败，国民党和亲民党的前途是不堪设想的。因此，经过国亲两党长期协调，连宋配在

---

[*] 本文是2003年4月与卢晓衡合作撰写的中国社会科学院台湾史研究中心访台报告之二，经删节后刊载于《中国社会科学院信息专报》第28期，2003年5月12日。这里刊出的是原文。

两党内部基础已很牢固。"两党中上层干部多数拥护，少数不同意见能够管住。"

（2）在上次选举中国民党落败的最大内部原因是李登辉因素，已经通过党内反思和开除李登辉出党等措施得以清除；今日国民党也与李登辉时期产生的黑金政治基本划清界限；再加上李登辉近来成为"极端台独旗手"的恶劣表演，许多原来出走的国民党党员回流，泛蓝军背水一战决心加强，信心增加。

（3）陈水扁当局和民进党执政近三年造成经济低迷不振、民众普遍收入减少，财产缩水，社会动荡，民心躁动，两岸关系笼罩着不确定和不稳定因素，民众对陈水扁当局和民进党的施政无能产生怨气和不满，希望通过政党再一次轮换，让反思悔过的泛蓝军重新执政。

总的印象是，国民党一派对于胜选很有把握，情绪高涨，关中等人在宴席上毫不掩饰这种情绪。国民党党部大楼 13 层的中常委会议厅重新做了布置，把党主席的座位从原来背靠"总统府"改为面对"总统府"，表示从监督"总统府"到走向"总统府"。也有国民党人士担心，竞选期间如果在"三通"问题上我与民进党走得太近，会暗示我方对民进党的支持，影响国民党的竞选效果。

民进党方面，陈忠信、陈其迈等"立委"则对连宋配摆出不屑一顾的态度，斥之为"旧势力复辟，黑金复辟，外省人复辟"，甚至说连宋配与国亲合是"面和心不和"，"两党从来就合不起来"，党内矛盾甚多，影响团结。"连战虽然'辫子'少，但软弱性不会有大的改变，国民党仍然是群龙无首"，"宋楚瑜在亲民党内是一人坐大，在岛内是明日黄花，而且容易挨打"，"选举还是民进党在行，我们在野时就能打败他们，当政了怎么会败呢?!"陈忠信认为，民进党第一次执政，第一次当"总统"，经验或许不足，但是我们正在取得经验，连任"总统"后，我们一定能把"国家"治理得更好。台湾老百姓是理解这一点的。这给我们的印象是，民进党对胜选也是信心十足。民进党干部年轻，精力充沛，对未来似乎具有信心。

陈忠信不久前会见我院学者时，曾讲过"民进党至少可以执政二十年以上"，因为"民进党接管政权不在表面文章，而是按照中共1949 年建国时的做法，有计划地逐步先接管军队、警察、情报部门和经济要害部门，基础较好"。"至于台湾这几年经济情况不好，首先是国际环境不好,再就是在野党不合作和旧政权的腐败与黑金没有清理干净。共产党在大陆执政头几年,经济情况也同样没有明显好转。"陈忠信这段话,表明了他对我党取得政权是缺乏认识的(如说我党"建国时的做法,有计划地逐步先接管军队""执政头几年,经济情况也同样没有明显好转"等是无稽之谈。我党在1928年建军,1949年时已经有数百万大军,建国头三年国民经济恢复取得明显成效),但表明民进党抓权的狡诈和远虑,必然要在未来选举中充分运用占有的行政资源和手段,利用台湾老百姓对国民党的厌恶,揭露国民党执政的黑暗,打击竞争对手。

由于国民党过去长期在大陆和台湾执政,在执政与管理人才方面具有优势,但背负着过去腐败和黑金的历史包袱,在短期内难以清除,有易受攻击的一面,国亲两党合作当前处于最佳时期,但潜在问题不少,易闹内部不和,易受分化瓦解。民进党则以选举见长,又具有执政的行政资源与手段的优势,但施政能力差,执政表现也差。目前竞选处于刚刚开始阶段,判断谁胜谁负为时过早,但有一点是肯定的:未来"总统"选举必然是激烈、复杂的恶战,台湾的学界与政界人士认为,下半年将有残酷的厮杀。

二 台湾学术界多数人支持连宋配

民进党执政后种种"去中国化"的表现和施政无能,和由此产生的一系列严重问题,给岛内知识分子带来极大的冲击,他们心里十分压抑和不平,特别是持国民党观点的中老年知识分子。民进党领导层中不少人曾经是他们的学生,或者是他们学生的学生,这些造反起家当政的"徒子徒孙"的种种"不上档次"的表现,不仅使他们大失颜面,搞渐进式"台独"和文化"台独"和对台湾经济社会造成种种重大伤害的施政措施等,更使他们无法容忍,私下痛斥为"动摇中华民国的国本",他们非常气愤地表示,"我们这些老师搞不过民进党说不过去,一定要想办法将政权搞回来"。有的原来在国民党执政时反对国民党的人士,现在转而支持国民党,体现了反对"去中国化"、反对"台独"的态度,如台湾大学哲学系教授王晓波。

一些长期与我们往来的知识界人士，酒后发牢骚吐真言：过去与大陆交流，台湾拥有"经济、学术文化和政治的三大优势"，而现在大陆经济突飞猛进，经济优势不在了；随着大陆改革开放和教育、文化与科研事业发展，学术文化优势不在了；由于主张"违宪"的"台独"政党走上执政之路，台湾以选举为主要指标的政治优势也不在了。上述"三个优势不在了"的讲法，在台湾中老年知识分子中获得较多的同感和共鸣，反映了台湾社会的沉沦，也体现了祖国大陆各项事业的欣欣向荣，体现了两岸力量的对比朝着我强台弱的方向转化。这种不满心态也是台湾长期反共教育的深刻烙印在新情况下的表现，已转化为支持连宋配的一股力量。

据中研院院士、台湾大学政治学教授胡佛等学者讲，台湾知识界的多数人都支持连宋竞选"总统"，并为此在不事声张的情况下为国亲两党做了许多穿针引线和出谋献策的工作，知识界虽然没有建立组织，但却是很有成效地活动和工作，和国亲两党的高层保持着紧密的联系。与民进党高层方面，也有联系，主要是讲道理，做教育工作，"我们是老师，还是要教育学生的"。"至于大陆方面做民进党人士工作，希望硬的一手不要放弃，例如军事准备和开展批判还是要搞的，否则民进党是不会转化的。只有软硬兼施，对方才能转化。"胡佛的这些言论，代表了坚定主张中国统一、深刻了解两岸关系和台湾情况的知识分子的想法，值得重视。

三　台湾的政治生态和大陆政策走向

从20世纪80年代中期起，台湾岛内政治与社会形态发生了很大变化。在"反攻大陆"希望破灭后，蒋经国为了维护其在台湾的长期统治，转而宣布解除"戒严"，注重发展经济和培养台湾出生的人才。进入90年代，李登辉则将"本土化"和"民主化"推行至极端，特别是1996年实行"总统"直选，"修宪"与"精省"，将"民主化"与"本土化"高度结合，在大力排挤外省人才的同时，搞畸形的"民主化"，造成了两个结果：

（1）提出"中华民国在台湾"，使"中华民国"台湾化，变成了台湾的"中华民国"，从而逐步走向脱离中国主体框架的道路，即背离一个中国原则的歧路，为后来贯彻"台独"路线打下基础。

（2）使台湾社会变成了一个"选票出政权，选票出利益，一切为选票"的怪异的政治社会，政治人物和政党的一切言行和政策的首要准则是"选票至上"，"以获取选票为主导"。选票与金钱相结合。陈忠信说，一个"立法委员"当选，至少可以获得"国家"六百万新台币的补贴，竞选时个人要花多少钱，无从知晓。为此，千方百计地讨好占人口多数的本省人，表面上和形式上满足他们的各种愿望与要求，而不问这方面的要求是否合理和正确。在此情况下，"台湾优先"之类的错误口号应运而生，大陆政策和两岸关系发展也就退居次要位置，跟着这个口号跑了。

以上情况表明台湾社会政治生态的严重恶化，也可以说是台湾岛内的特殊政治生态与社会环境。民进党当政后，这种政治生态与社会环境又向坏的方面继续发展，已经成了"两国论"的思想基础，颇有影响也颇为顽固。民进党"立委"陈忠信说："台湾不是主权独立的国家，谁当总统都不敢说。"这句话非常真实、非常典型地表明了台湾当前政治生态与社会环境，即不论哪一个党派当政，其所提出的大陆政策都很相近。这是我们观察台湾当局的政策，特别是大陆政策时所必须注意和面对的事实。

但是，由于祖国大陆各项事业的欣欣向荣，迅速发展，两岸实力对比已经向着我强台弱方向转化。由于我对台政策正确运用的强大威力，国际社会认同一个中国框架的大背景，岛内多数民众仍然不赞成、不认同"台独"路线，因此，陈水扁当局至今虽不放弃"台独"党纲，却也不敢公开宣布"台湾独立建国"，不敢公开声称推行"台独"路线，而是采取在"中华民国"名义下的"主权独立国家"的实质"台独"路线，努力推行文化"台独"和渐进式"台独"的做法，以拖待变。

陈忠信解释陈水扁当局的大陆政策是"四不一没有"，其基本精神是"你（指大陆）不找麻烦，我也不找麻烦"。可以预料，由于2003年是"总统"选举年，民进党当局不会在大陆政策上寻求重大突破，仍然执行"蛇形路线轨道"的"中间路线"，左右开弓，左右逢源，有时会故作姿态，在"三通"等两岸关系问题上，寻求某些象征性的突破与进展，以争取中间选票；也会以"台独"语言的表态与行动，刺激大陆，以争取基本教义派的选票。

四 工作建议

由于台湾社会政治生态的严重恶化和主张"台独"的民进党处于执政地位，台湾岛内赞成祖国统一的知识分子、政界人士和民众都处于受压制状态，我们对今后对台工作建议如下。

（1）对台湾当局推行的所谓"民主化"和"本土化"，应组织学术界进行深入研究和慎重有力的公开批判，过去我们在这方面触动较少，揭露与批判都不够，今后要揭露李登辉和陈水扁将"民主化"和"本土化"作为拒统促独的工具，在岛内压制统派意见，在岛外作为抗拒一个中国原则的借口和盾牌，为"台独"路线服务。还要揭露他们搞民主化的虚伪，操纵和强奸民意是真；指明"本土化"实质是"去中国化""一边一国"，两者对台湾社会政治的伤害极大。通过批判，希望使台湾的统派和正直人士所受压抑得到一定的缓解，从而能够有条件公开发表支持国家统一言论。

（2）在坚持反独促统的斗争中，要考虑到"独立"这个词从文字上而言可以是正面的，也可以是负面的，特别是容易引起一些不了解台湾和大陆情况的国际人士、机构甚至国家的误解和同情，建议更多地采用"反分裂促统一"的提法，因为"分裂"这个词是完全负面的，表述较为准确，容易为国内外人士理解和接受。

（3）在促进"三通"和改善两岸关系方面要坚持将"以我为主，对我有利"的原则放在首位，对于台湾方面谁当政的问题似应放在次要位置，如民进党当局为了争取连任而在"三通"等方面做出的姿态中有某些实质内容，我们也应抓住时机，善为运用，推动"三通"和两岸关系向前发展，而不要等到泛蓝军上台后再办。至于民进党希望以此来获取选票，我们可以在运用中注意策略与方法，以消除民进党欺骗的副作用，使泛蓝军不致被动。对于泛蓝军希望大陆为支持他们当选而不干什么和要做什么的要求，我们应慎重处理，可以适度造成对其有利当选的条件。我们对待泛蓝军的态度是要多交流多体谅，但是，我们要始终占据主动的地位，促使泛蓝军在一个中国原则和改善两岸关系方面能够做得更好，而不是更差。

2003 年 4 月 5 日

捍卫中国领土主权不可分割的原则[*]

——在《开罗宣言》发表 60 周年纪念座谈会上的发言

1943 年 12 月 1 日，美、英、中三国首脑在开罗会议中达成的共识以《开罗宣言》的形式发表。这是中国抗日战争中的重大事件，也是近代中国历史上的重大事件。

今天是《开罗宣言》发表 60 周年，纪念《开罗宣言》的发表，我想谈三个问题。

第一个问题：为什么召开开罗会议？

1942 年秋和 1943 年春，盟国在对德、意作战中取得了北非战役和斯大林格勒战役的重大胜利。盟国已经可以预计战争的胜利结果。美国总统罗斯福提议召开四大国首脑会议，决定战争的最后进程以及战后的安排。由于苏联没有对日作战，不便于出席对日作战的会议，于是会议分成两个阶段，先是美、英、中三国首脑在开罗讨论远东问题，然后是美、英、苏三国首脑在德黑兰会商欧洲问题。开罗会议讨论了军事问题和政治问题。军事问题是最急迫的话题。政治问题主要是在美国总统与中国军事委员会委员长蒋介石之间展开。中国方面提出了处置日本投降和收回日本窃据的我国东北、台湾和澎湖列岛等多项问题。开罗会议的宣言由美国起草，草稿先交由中国方面看过，然后提交美、英、中三国首脑讨论。讨论中，英曾提出可将东北、台湾、澎湖列岛"归还中国"改为"由日本放弃"，中国反对这个建议，美国支持中国意见，英

---

[*] 该发言发表于《中国社会科学院要报·领导参阅》2003 年第 35 期，又载于《台湾研究》2003 年第 4 期和台北《世界论坛报》2003 年 12 月 31 日、2004 年 1 月 1 日。

国建议没有被采纳。11月26日开罗会议结束。罗斯福和丘吉尔会后到德黑兰与斯大林会晤。斯大林看过《开罗宣言》后表示同意，于是在12月1日公布于世。

第二个问题：中国为什么出席开罗会议？

中国是第二次世界大战的东方主战场。1931年9月18日日本发动九一八事变，随即占领我国东北。1937年7月日本发动卢沟桥事变，开始全面进攻中国。中国组成以国共两党为主的抗日民族统一战线，动员全国力量开展了神圣的抗日战争。这时候，中国的抗战在国际上是孤立无援的，除了苏联曾经支持过中国外，美英等国都在袖手旁观。1939年9月德国进攻波兰，英、法卷入战争，标志着第二次世界大战在欧洲的起点。随后日本在1941年12月7日对珍珠港发动袭击，第二天美国、英国对日宣战，太平洋战争爆发。随着美国对日宣战，中国政府在12月9日也正式对日宣战，并宣布以前与日本签订的一切条约包括《马关条约》作废。第二次世界大战在中国、欧洲和远东太平洋地区全面展开。中国在单独抗击日本侵略四年半后，终于与美、英、苏等国结成同盟国，共同对德、意、日作战。中国成为对日本作战的主要国家。以1938年10月为例，日本陆军总兵力的94%分布在中国。再以1941年12月为例，日军陆军总兵力的69%分驻于中国；太平洋战场只占19.6%。到1945年，日军51%的兵力在中国战场上，49%的兵力在太平洋战场上。中国人民以其巨大的牺牲和百折不挠的抗战精神，支持了苏联的对德战争，使它有一个稳定的后方；又支持了美国、英国的太平洋战场，大大减轻了日军对它们的压力；还粉碎了日德法西斯打通欧亚的企图，使日德法西斯不能在更大范围内给人类带来苦难。中国抗战对世界和平做出了无可以替代的伟大贡献。

中国正是以这样的资格出席开罗首脑会议的。

第三个问题：开罗会议与中国的关系。

开罗会议与中国的关系非比寻常。第一，中国以第二次世界大战东方主战场的资格，获得了出席开罗三国首脑会议的权利，说明了中国国际地位的提高。在第二次世界大战期间，蒋介石作为中国首脑第一次出席三大国首脑国际会议。这是近代中国第一次由首脑出面参与重大国际问题的处理。第二，《开罗宣言》指出："我三大盟国此次进行战争之目的，在于制止及惩罚日本侵略"，"将坚持进行为获得日本无条件投降所必要之重大的长期作战"。这是对中国抗日战争的重大支持。中国人民正陷于日本侵略者的全面蹂躏之下，非常希望得到这样的国际支持。第三，《开罗宣言》明确指出："三国之宗旨在剥夺日本自1914年第一次世界大战开始以后在太平洋所夺得或占领之一切岛屿，在使日本所窃取于中国之领土，例如满洲、台湾、澎湖群岛等，归还中华民国。"中华民国当时在国际上代表中国。收回东北，是1931年以来全国人民的心愿；收回台湾、澎湖群岛，是1895年以来全国人民的心愿。三大国首脑关于满洲、台湾、澎湖群岛回归中国的决定，正式确定了中国领土主权完整不可分割的国际法原则。

第四个问题：《开罗宣言》的历史地位不可动摇。

《开罗宣言》所确定的原则有两点：一是以强大的对日作战的军事压力，迫使日本无条件投降；二是迫使日本退出其以武力或贪欲所攫取之所有土地，包括自1914年第一次世界大战以来在太平洋所夺得或占领之一切岛屿，所窃取于中国之领土如满洲、台湾、澎湖群岛等，使朝鲜独立自由。这是当时三大国首脑（实际上包括苏联首脑斯大林的同意，是四大国首脑）关于第二次世界大战结局所做出的最重要的政治决定。这也是有关人类社会历史前途的决定。

今天少数"台独"分子和在台湾执政的民进党当局为了制造"台湾独立"的舆论，胡说什么《开罗宣言》没有法律效力，要在台湾制造"公民投票"的空气，要在台湾中学历史课本中去掉《开罗宣言》的内容，妄图撼动《开罗宣言》的历史地位，这是开历史的大玩笑，是对历史的无知。须知《开罗宣言》是当时的三大国首脑一致通过的，发表后，没有任何一个当事人表示异议。而且在两年后的1945年7月26日，美、英、中三国首脑在另一个重要文件即《波茨坦公告》中正式引用，随后苏联首脑斯大林也在这个文件上签了字。这个文件的第八条明确载明："开罗宣言之条件，必将实施；而日本之主权，必将限于本州、北海道、九州、四国及吾人所决定其他小岛之内。"由《开罗宣言》所决定、《波茨坦公告》所肯定的这些条件，又在1945年9月2日的《日本投降条款》中再次得到确认。这个"投降条款"是由同盟国各国代表和日本国代表共同签署的。1972年9月29日签署的《中日联合声明》中，日本政府再次声明"坚持遵循波茨坦公告第八条的立场"。这一系列重大的历史文件都以《开罗宣言》关于处分日本的决定为根据，怎么可以说《开罗宣言》是无效的，是没有法律效力的呢！

　　须知，台湾从来不是一个国家。自 12 世纪以来，台湾一直在中国历届政府的行政管辖下。在 12 世纪以前，台湾的少数民族与大陆有着广泛的经济、文化往来。今天台湾的主体民族是汉族的一部分，台湾的行政建制来自中国政府。日本据台期间所建立的那一套建制，在台湾回到祖国怀抱后都已经被废除。台湾从来没有独立的主权，从来都是中国领土不可分割的一部分。《开罗宣言》以及以后一系列文件，不过是肯定这一历史事实，并没有增加什么新的东西。这种肯定当然是极其重要的。这种肯定首先来自台湾是中国的一部分这样的事实。如果没有这种事实，"台独"分子或者还可以抓住一根稻草。但是在这铁定的历史事实面前，"台独"分子连一根稻草都抓不到。否认历史一定会被历史所否定。

　　纪念《开罗宣言》发表 60 周年，就是保卫中国人民用 3500 万伤亡的巨大代价换来的抗日战争胜利的成果，就是捍卫中国的领土主权完整不容分割，就是要粉碎"台独"分子用所谓"公民投票"来决定"台湾独立"的阴谋！

2003 年 11 月 30 日

关于台湾史研究中"国家认同"
与台湾史主体性问题的思考[*]

近十年来，在李登辉、陈水扁的主导下，台湾史研究成为一个具有高度政治敏感性的话题。如果说台湾史是中国历史的一部分，就会产生所谓"国家认同"问题。这在具有正常思维、有一些基本历史知识的人们看来，是难以理解的。所谓"国家认同"，到底要认同哪一个国家呢？显然那不是要认同中国，而是要把台湾作为一个国家来认同。它反映的是陈水扁的"一边一国"的基本主张，也就是"台独"的主张。

台湾史就是"本国史"，这是"台独"人士近年提出的主张，而且已经通过台湾的教育行政当局强行贯彻到高中历史教科书中。高中历史课程分为台湾史、中国史和世界史，台湾史从中国史中分割出来，中国史被肢解。虽然反对之声盈耳，主事者却闻而不见，不予采纳。所谓台湾史就是"本国史"，明显是把台湾作为一个国家看待。纵观整个中国史和世界史，台湾从来不是一个国家，只是中国的一部分。即使根据不平等条约《马关条约》，台湾曾经割让给日本，台湾成为日本的殖民地，也不曾成为一个国家；1945年10月回归祖国怀抱，台湾依然是中国的一个省。讲历史，最重要的是要讲出历史根据。根本就没有"台湾是一个国家"的历史根据，怎么能把台湾史讲成本国史呢！台湾人和大陆各省人一样，他们的"本国史"只能是中国史。站在这个立场上，讲台湾史，突出台湾历史的重要性，是可以理解的，也是应该的；但是

---

[*] 本文在2004年12月中国社会科学院台湾史研究中心召开的"台湾史研究现状与未来前景"学术讨论会上发表，载于《中国社会科学院院报》2005年3月15日第3版，《新华文摘》2005年第10期转载。收入张海鹏《东厂论史录——中国近代史研究的评论和思考》，广东人民出版社，2005。

跳出中国史的立场讲台湾史，违背了台湾历史的真实，就会闹出许多令人苦涩的笑话，如中国是"外国"是"敌国"、"中华民国史是外国史"、"孙中山是外国人"等。听到这些无知妄语，我们不知道是要笑还是要哭。

为了把台湾史说成"本国史"，没有根据也要制造出根据来。"台独"论者说《开罗宣言》未经三国首脑签字，不是法律文件，或者法律位阶不够，就是他们制造出来的一个根据。这是削足适履，削历史事实之足，以适应"台独"谬论之履。1943年的开罗会议和德黑兰会议，是国际反法西斯战线四大盟国首脑之间在战争紧张时刻召开的最高军事政治会议，所做出的最重要的军事政治决议，经四大国首脑一致同意，正式公布，是战时最重要的政治文件，也是当时最重要的国际法文件，怎么能说它没有法律效力，或者法律位阶不够呢？须知《开罗宣言》是当时三大国首脑一致通过的，发表后，没有任何一个当事人表示异议。而且在两年后的1945年7月26日，美、英、中三国首脑在另一个重要文件即《波茨坦公告》中正式引用，随后苏联首脑斯大林也在这个文件上签字。这个文件的第八条明确载明："开罗宣言之条件，必将实施；而日本之主权，必将限于本州、北海道、九州、四国及吾人所决定其他小岛之内。"由《开罗宣言》所决定、《波茨坦公告》所肯定的这些条件，又在1945年9月2日的《日本投降条款》中再次得到确认。这个"投降条款"是由同盟国各国代表和日本国代表共同签署的。1972年9月29日签署的《中日联合声明》中，日本政府再次声明"坚持遵循波茨坦公告第八条的立场"。这一系列重大的历史文件都以《开罗宣言》关于处分日本的决定为根据，怎么可以说《开罗宣言》是无效的，是没有法律效力的呢！

国际法与国内法的不同在于，国内法是由一国的立法机构提出并经讨论、通过、批准颁布后在一国范围内施行的，国际上并没有国际立法机构形成国际法条文。国际法是由两国及多国通过双边和国际会议折冲樽俎所形成的文件，以及由各种国际关系案例所抽象出的各种共同认识，公认的权威的国际法学者发表的有关国际法的著作，有时也为有关各国所遵循。因此，国际法并不是由任何人说了算的。台湾"教育部长"杜正胜所谓《开罗宣言》是新闻公报，不是会议公报的说法是站不住脚的。应该说《开罗宣言》是经四国首脑授权公开发布的新闻公报，也是会议公报，是严肃的国际法文件。经国家间权威机构授权发布的新闻公报，一个世纪以来，往往为相关国家处理国际关系时所采用。中美之间有关建交和处理共同关心的课题所发布的"三个公报"，是处理中美关系的政治基础，其基本原则也是用"公报"来体现的；中日之间解决建交和进一步密切关系的《中日联合声明》、《中日和平友好条约》和《中日关于建立致力于和平与发展的友好合作伙伴关系的联合宣言》，其中两个是用宣言或声明的形式发布的，这些文件对中日两国是具有法律拘束力的。

　　台湾当局不愿意在历史教材中凸显《开罗宣言》的地位和作用，却愿意肯定《旧金山和约》的作用。这无非是利用了美国人当初制造的所谓"台湾地位未定论"的谎言，似乎日本在《旧金山和约》中只是放弃对台湾和澎湖列岛的权利，并未明言归还中国。其实，无论是就国际法、国际惯例还是国际现势，所谓"台湾地位未定"都是没有根据的。今天的国际社会有谁还相信"台湾地位未定"呢？仅就《旧金山和约》文本而言，和约规定"日本放弃对台湾及澎湖列岛的一切权利、权利根据与要求"，"日本放弃对千岛群岛及由于1905年9月5日朴茨茅斯条约所获得主权之库页岛一部分及其附近岛屿之一切权利，权利根据与要求"。从这个规定可以看出：第一，日本对于台湾及澎湖列岛的一切权利、权利根据与要求，均来自《马关条约》，是从清代时期的中国取得的，现在要放弃这些，当然是要物归原主。清政府已被推翻，中华民国政府是它的合法继承人，中华人民共和国政府又是中华民国政府的合法继承人。因此，无论从中华民国的角度，还是从中华人民共和国的角度，都是一个中国，日本所放弃的权利当然应该归还中国。第二，日本所放弃的对于千岛群岛及库页岛一部分及其附近岛屿的权利、权利根据与要求，也没有指明归还苏联，因为苏联是俄罗斯帝国的合法继承人，没有人怀疑日本放弃的这些权利应该归还苏联。同样的文字表述，仅仅挑出台湾来说地位未定，显然是不合条约自身的文字逻辑的，是说不通的。第三，美国主持的对日和约谈判，排除了中国的参加，苏联拒绝在和约上签字，和约文本做出了对中国和苏联应享受的权利的不公正描述，是那时国际政治的反映。尽管如此，客观地说，从和约文本上看不出"台湾地位未定"的含义。所谓"台湾地位未定"是美国人根据当时的国际政治版图演绎出来的，并不是真实的存在。

　　通过以上分析，我们可以看出，从历史和现实来说，台湾从来都是中国的一部分,从来不是一个独立的国家。站在中国史和台湾史的立场,所谓"国家认同"自然是认同中国,不存在其他的所谓"国家认同"问题。研究台湾史,研究中国史,没有也不可能有根本的利害冲突。从中国史的角度看台湾史,我们可以看出台湾史在中国历史中的独特性;从台湾史的角度看中国史,我们可以看出台湾史与中国史的同质性。台湾史与大陆各省的历史相比较,各有独特的史实,表现出各种不同的特色。贯穿其中的共同特点,是中国历史文化的传统,是共同的经济、政治发展的路向。尽管日据五十年,日本的殖民文化曾经强行影响了台湾,但是,中国历史文化特点的共相在台湾社会有着强烈的存在,难以消灭。

　　站在这个立场,谈台湾历史研究中的主体性问题,是一个不难处理的问题。作为台湾史研究,它的主体,当然是台湾自身。台湾的人口构成,台湾的历史发展道路,都可以从主体性的角度来说明,但是所有这些,都与大陆的原生性紧密相关。如果把这个主体无限夸大,超出中国史的范围,那就是为"台独"制造历史根据,是台湾史研究者需要警惕的。当前在台湾出版的台湾史著作中,出现了一些值得注意的主体性倾向。比如一些著作,把清朝时期的台湾称作清领时期,又把日据时期的台湾称作日治时期,贬此扬彼,泾渭分明。所谓"清领",是指台湾曾经为清朝占领或领有的意思。台湾自有文字记载以来,就是中国的领土,历史上曾经有短暂的时期为荷兰、日本占据,不久便被中国收回。所谓"荷领""清领""日治",分明是把台湾的主体性无限扩大为"台湾国",是为"台独"制造历史根据的用语,虽然一字之差,却体现了一种春秋笔法。台湾史研究者不可不注意及此。不久前台湾"教育部"公布的"高中历史课程纲要草案",制定了台湾史课纲。在台湾史课纲中,把全部台湾史分成四个单元,其中把史前到19世纪称为早期台湾史,把20世纪前半称为日本统治时期,把20世纪后半称为战后的台湾(含两个单元)。在第一单元中,把清代在台湾的统治和经营一笔抹掉,对1885年的台湾建省也一字不提。这样来讲台湾史,台湾的主体性是有了,但台湾是中国的一部分的历史事实就一笔抹杀了。用这种"台独"史观来教育青年学生,来影响台湾史教学与研究,其"去中国化"的用心不是昭然若揭了吗!

写于2004年12月16日,2005年1月28日修改

当前形势下对二二八事件的
认识与思考[*]

一 "台独"势力使二二八事件
图腾化与工具化

  1945年10月国民政府对台湾的接收十分仓促。陈仪仿照日据时期台湾总督府建立台湾省行政长官公署，高度集中权力，推行统制经济，维持台湾金融自成系统，其种种举措与台籍精英发生冲突。台湾刚回归祖国，各种社会矛盾未能调解，社会危机四伏，通货膨胀，粮食供应紧张，人民躁动不安。加上军警力量薄弱，维持社会秩序的力度不够。1947年2月27日，因专卖局警员在台北市取缔小贩，引起流血的突发事件。次日，民众请愿示威，发展成大规模的官民冲突。台籍精英成立二二八事件处理委员会，提出处理大纲三十二条，要求长官公署接受他们改革政治的要求。

  二二八事件的领导人为各地的士绅。台籍日军退伍兵成为攻打军政机关的主力。3月9日，国军21师陆续在基隆登陆，将各地处委会的领导人物秘密处死。参加抗争的台籍日军退伍兵无明确政治目标，面对大兵压境，一哄而散。

  经国防部部长白崇禧的承诺，台湾省警备总司令部对参加二二八事

---

[*] 本文是以中国社会科学院台湾史研究中心名义送给有关部门的一份分析报告，写作于2006年12月13日，由张海鹏、褚静涛、李理共同讨论，褚静涛执笔，张海鹏修改定稿。

件的青年学生一律免于追究，将在押的约 4000 名参与暴动人员全部释放，对在押或遭通缉的领导人物免于刑事处罚或减刑。依据各种资料估计：在二二八事件中，台胞死伤不超过 2000 人，大陆军公教人员死伤约 1200 人。二二八平反后，迄今为止，领取补偿金的死者遗属不超过 800 人。

蒋介石、陈仪妄定二二八事件为"背叛国家"的叛乱行为，用暴力淹没其于血泊之中。国民党政府对二二八惨案负有不可推卸的责任。

在蒋氏父子统治下的台湾，二二八事件被定性为共产党领导的"暴乱"，严禁民间谈及，社会上关于它有各种各样的传闻。20 世纪 80 年代后期，随着岛内民主运动的高涨，民间逐渐突破官方的封锁，要求弄清二二八事件的真相。

随着岛内"台独"势力的坐大，追究、宣传二二八事件不遗余力，借此指责"外来政权"压迫本省人民，挑起族群对立与冲突。1999 年，代表国民党在台湾执政的李登辉称二二八事件是"外来政权"对台籍精英一场精心策划的大屠杀。

长期以来，二二八事件是国民党政权强加给台湾人的一条原罪，为了赢得台湾人的支持，李登辉将该事件重新定性为台湾人的悲剧。以李登辉为首的"台独"人士平反二二八的用意不在于化解族群仇恨，而是利用平反，将原罪推到外省人身上，激化省籍意识，使台湾人的自我意识无限膨胀。他们把二二八事件描述成台湾本省人反外省人、反外来政权、反中国，最终是要争取"台湾独立"的义举，受到国民党当局无情的血腥镇压等。

为二二八平反，为二二八死难者立碑、补偿，建立二二八和平公园，设立二二八纪念馆，定二二八为假日，是台湾人民和有正义感学者多年推动、多年奋斗的成果，符合民心。但是，一些"台独"分子的用意却不在此，通过这些仪式化的活动，他们把二二八变成台湾本省人的政治图腾。"台独"分子将复杂的二二八事件简单化，称日据时期台湾的现代化水平很高，台湾光复后，低素质的中国人来统治台湾，自然产生种种不适应的症状。二二八事件中，台湾人无缘无故被杀，为了台湾人不再被屠杀，台湾不能和中国统一，台湾必须"独立"。不明二二八事件真相的民众多被欺惑，接受了这套论述。通过对二二八事件的图腾化，"台独"分子为"台独"诉求披上了合法的外衣。

为了争取选票,"绿营"不断炒作二二八事件,称国民党是外来政权,如果国民党复辟,将给台湾人带来新的二二八大屠杀。2004年陈水扁之所以能够以微弱多数胜选,与二二八守护台湾活动有密切的关系。现在,民进党组织专人,继续追究二二八事件的责任,称蒋介石是二二八事件的元凶,进而要求国民党现任领导人承担历史责任,向台湾人民谢罪赔偿,旨在逼退马英九,使国民党彻底丧失在台湾重新执政的合法性。通过对二二八事件的工具化,"台独"分子予取予求,企图逞其不可告人的目的。

二 我党历来有关二二八事件的宣传

1948年2月28日,香港《华商报》刊登《台湾人民的血账》一文,称二二八事件为"台湾二月革命",认为"蒋军的'台湾大屠杀'胜过日军的'南京大屠杀',不知几倍哩!"并发表郭沫若、沈钧儒、章伯钧、马叙伦等人声援二二八起义的文章。这样的宣传对历史事实是有偏离的;但是它发生在二二八事件的第二年,又是在解放战争的关键时刻,是可以理解的。

同月,二二八事件后逃到香港的杨克煌,在香港编写《台湾二月革命》,称"这次'台湾民变'是国民党反动政府对台湾人民的政治压迫和经济剥削的后果,而台湾人民的起义是为了要求人权的根本自由,要求政治的民主,要求台湾的自治,要求生活的安定,这些都是正义、神圣的斗争"。这本通俗性的小册子立论在于呼应大陆的新民主主义革命。不久,苏新在香港撰成《愤怒的台湾》,内容大同小异。这样的宣传对二二八要求人权、要求民主的概括大体上是准确的,但是把二二八看成是国民党政府对台湾人民政治压迫和经济剥削的后果,则过于简单化了。

为了反对美国介入台湾海峡,阐明推翻国民党在台湾统治的正义性,20世纪50年代以后强调二二八事件是反对国民党反动派压迫的起义。50年代,经历过二二八事件的谢雪红、杨克煌等人大力宣传"二二八起义"。1955年,杨克煌撰成《回忆"二二八"起义》一书,谢雪红作序于前,指出:"台湾人民在1947年2月至3月间,掀起了全省规模的英雄的'二二八'武装斗争,给蒋介石的黑暗统治一个沉重的打击。"解放以后,每年都举行纪念二二八起义活动。

"文革"初期,一些台胞遭到迫害,纪念"二二八起义"活动中断。1973年,廖承志在纪念台湾省"二二八起义"二十六周年座谈会上发表讲话,指出:"1947年台湾省人民举行'二二八'起义,正是中国人民解放战争时期,是在伟大领袖毛主席发出'迎接中国革命的新高潮'的伟大号召影响下,所发生的一次可歌可泣的爱国反帝革命斗争,当时它的影响所及,震撼了蒋介石集团的黑暗统治。"

1979年,在中美建交的形势下,全国人民代表大会常务委员会发表《告台湾同胞书》,我党对台政策做出了调整,在一个中国的前提下,争取实现第三次国共合作,愿意与在台湾的国民党政权打交道,争取用和平方式来解决台湾问题。1979年,廖承志在纪念台湾省"二二八起义"三十二周年座谈会上发表讲话说:"32年前的'二二八'起义,是一场轰轰烈烈的爱国民主运动,它直接配合了当时祖国大陆上的解放事业。"措辞开始发生变化,不再正面强调反美,也不再正面强调反蒋。此后,国内纪念"二二八起义"的活动,报纸报道得都很低调。

20世纪80年代,台湾岛内的党外运动风起云涌,要求平反二二八事件的呼声高涨。1987年2月28日,在京台胞200余人在人民大会堂集会,纪念"二二八起义"40周年,中共中央政治局委员胡启立,全国人大常委会副委员长陈丕显等出席会议。

台湾岛内反国民党声浪高涨,"台独"势力推动二二八平反如火如荼,借以伸张"台独"主张。我方不得不做出反应。1993年纪念二二八起义时,全国台联会长张克辉明确指出:"'二二八'起义,是台湾人民反对国民党反动统治的斗争。事实已证明,它不是共产党发动的,而是台湾人民自发的行动。我们至今仍纪念'二二八',是针对'台独'的。现在有那么一些人,把'二二八'说成是'台独运动'的开始。对此,我们坚决反对。"这是"台独"势力借二二八事件鼓动"台独"以后,我方对二二八事件的评价。这个评价除了坚持二二八事件的基本性质,明确回应了"台独"势力的要求。

据此,陈孔立主编的《台湾历史纲要》写道:"'二二八事件'是一次人民民主自治运动,其主要要求是进行政治改革,铲除专制与贪污腐败现象,实行地方自治。可是国民党当局却不能容忍,他们把这个事件加上'企图颠覆政府，夺取政权，背叛国家'叛乱罪名，进行残酷的镇压。……台湾人民与国民党当局之间、本省籍与外省籍之间产生了严重矛盾与隔阂，给当代台湾政治生活留下了阴影。所以，'二二八事件'是台湾当代史上一个有重大影响的历史事件，它所造成的'二二八情结'，至今在台湾政治生活中仍然有着一定的影响。"

针对"台独"势力称"二二八事件是台湾独立运动的开端"，1997年2月28日，为纪念"二二八起义"50周年，《人民日报》发表社论，指出："历史表明，抗战胜利后，台湾同胞遭受国民党的残暴统治，是全中国人民受国民党压迫，处于苦难深渊的缩影。台湾同胞反抗国民党暴政的爱国民主运动，是全国人民反对国民党政府专制统治的重要组成部分。台湾同胞的命运与整个中华民族的命运，始终是紧密相连的。台湾同胞在'二二八'起义中表现出来的爱国民主精神名垂青史，任何栽赃和歪曲都枉费心机。现存所有可以看到的有关史料和'二二八'起义参与者、知情者的回忆，都无可辩驳地证明，这次起义的目标主要是反对贪污腐败、要求民主和自治，没有任何自外于中华民族、另建独立国家的要求。"近年来，大陆媒体很少再提"二二八起义"，一般称其为二二八事件，强调其是"爱国爱乡"的民主运动。

三 正确判断二二八事件的性质

二二八事件过去了60年，中国社会已经发生了翻天覆地的变化，台湾内部和海峡两岸关系已经发生和正在发生深刻的变化。我们今天已经可以依据历史资料冷静地看待60年前发生的这次事件。

台湾光复后不过一年半，就爆发了台湾人民反暴政、争民主、求自治的二二八事件，成为影响台湾历史发展的重要事件。这次事件的突然爆发，是日据台湾以来台湾社会各种矛盾的总爆发；从整个中国来说，二二八事件则只是当时全国阶级斗争大浪涛中的一朵浪花。今天有人借事件之初排斥外省人的现象，鼓吹二二八事件是"族群冲突"，借此为他们分裂国家的"台独"路线服务。显然，这是对历史事实的歪曲。

二二八事件有深刻的历史原因。这个历史原因，可以从中国历史的角度看，也可以从亚洲历史的角度看。最重要的原因有两个：一个是日据五十年殖民统治留下了深刻的社会矛盾，一个是中国历史发展到了剧烈的震荡时期。

日据五十年殖民统治和日本战败在台湾积累下来的社会矛盾通过1947年2月27日的"缉私血案"突然爆发。国民政府派出的官员，面对这样的历史包袱，措手不及，应对失策。这些社会矛盾，包括政治、经济、社会、文化诸方面。

政治方面的矛盾，主要指殖民统治与台湾人民参与社会管理的要求与自治主张。长达50年的日据时期，日本在台湾建立了以台湾总督府为代表的殖民统治体制，这种殖民统治以警察政治为特点。在那种殖民统治下，台湾人民是"二等公民"，完全丧失民主权利。像中国人民历来不屈服于外来侵略和殖民统治一样，台湾人民不仅具有武装反抗日本占领的传统，而且具有开展反对专制统治、争取地方自治斗争的传统。殖民统治的历史和台湾人民的斗争传统，形成了台湾人民"出头天"的思想。回到祖国怀抱后建立的台湾省行政长官公署，基本上沿袭了日据时期台湾总督府的行政制度，却没有日据时期那样严密的警察政治。在这种制度下，虽然中下层官员已经大多为台湾本地人，这与日据时期已经有了根本不同，但是长官公署高层官员仍然由陈仪从大陆带来的人员担任，这与台湾人的"出头天"思想发生了冲突。二二八事件处理委员会提出的《事件真相与处理大纲》，要求台湾省行政长官公署各处处长三分之二以上须由本省居住十年以上者担任，明确传达了这种"出头天"思想；这样的要求也暗含了反对国民党政府从大陆派人来台垄断高级官员的意思。经历了日据五十年殖民统治的台湾人民产生这种思想是可以理解的，但是台湾社会精英的这种要求，不顾历史条件，要求在回归不久的台湾政治体制下立即实现这种思想，是不现实的。在政治条件和人才条件尚不具备的情况下，急于实现这一要求，对台湾社会未必会有好处。

经济方面主要表现为由于战争的原因（包括二战末期美军对台湾的轰炸），台湾的生产能力萎缩，化肥减产，稻作减收，百物腾贵，造成了台湾人民生活的压力。光复初期台湾经济的困境完全是日本帝国主义发动侵略战争造成的，台湾人民把对生活压力大的不满转移到统治者身上，作为台湾省行政长官公署最高领导人的陈仪背上了这个沉重的包袱。1945年台湾米粮总产较1944年减产40%，虽然早在1940年台湾就实行米粮配给制度，但到1946年米粮供应严重恶化，加重了人民对陈仪主政的不满。

经济生活的困难，失业人口的增加，台籍日本兵大量（大约二十万之众）返回台湾，加重了就业困难，造成了台湾严重的社会问题，扩大了社会不安定的因素。

文化的因素，体现在日据后期的"皇民"化教育和日本文化的灌输。这种皇民化教育和日本文化的灌输，使得一部分台湾人产生了与祖国文化的生疏感和隔离感。这表现在二二八事件之初，部分台湾人为了与外省人相区别，说日语，唱"君之代"，穿日式服装等行为上。一些台籍日本兵打外省人，完全出于"为天皇陛下而战"，声称"皇军马上就要回来了"。

简单来说，日本殖民统治，扭曲了台湾社会面貌，极大地增加了当局处理事变的困难，影响了当局处理事变的能力。

换一个角度，如果从中国历史发展的巨大变化来看，我们会看到一些不同的历史迹象。

20世纪40年代，正是中国历史发生剧烈变动的时期。中国取得了抗日战争的最后胜利，但是国内政局并未因此好转，反而出现了空前的动荡。这个动荡围绕着中国向何处去的问题展开，最终形成了国共两党空前的战场搏斗。就在1947年2月28日这一天，国民党政府下令中共驻京、沪、渝三地人员全部撤离，3月7日，中共驻南京代表团董必武一行最后告别南京。这标志着延续十年的国共两党关系完全破裂；国民党正在计划进攻中共中央所在地延安。中国的内战愈演愈烈，且国民党军队在战场上屡遭败绩，仅2月下旬的鲁南莱芜战役中，国民党军一次就损失了7个师5万多人。这个时候，蒋介石、国民党中央的注意力全部都在内战的部署上，无暇顾及台湾的事情。

在此前，因抗战胜利，国民党大小官员从重庆下山，来到江浙、上海各地接收敌产，却演出了接收就是"劫收"的丑剧，所谓"五子登科"，造成人民群众更大的苦难，民间有所谓"想中央，盼中央，中央来了更遭殃"的口头禅。国民党统治区到处掀起反独裁、反内战、反饥饿的民主运动。这一运动大大动摇了国民党政府的统治基础。陈仪本人尽管比较清廉，也有一定理想，愿意把台湾治理好。但是他带到台湾组织政府的团队，免不了把大陆官员贪腐的作风带进了台湾。在台湾接收敌产的过程中，同样演出了"劫收"的丑剧。这是引起台湾人民反感的重要原因。

由于战争的创伤及社会的急剧转型，台湾战后重建面临着巨大困难。政治腐败，贪污成风，通货膨胀剧烈，失业问题严重。又遇大规模自然灾害，以产米著称的台湾竟发生米荒，民不聊生。上海《观察周刊》当时发表文章惊呼："今日台湾危机四伏，岌岌可危，是随时可能发生骚乱或暴动的。"

在上述背景下，"缉私血案"引发的"二二八事件"，其主流是台湾人民反暴政、争民主、求自治的群众运动，这个运动正好融入了蒋管区反独裁、反内战、反饥饿的民主运动旋涡。从这个角度说，二二八事件所反映的台湾人民的意愿与整个中国人民的意愿是吻合的。

对于二二八事件的性质，早有不同的认识。当时南京政府认为是"颠覆政府""背叛国家"，是"暴民暴乱"事件，受"奸党利用"，要求"取消非法组织"。今天的"台独"势力更认为二二八事件是"野蛮的中国人屠杀文明的台湾人"，是族群冲突和文化冲突。这些说法都是站不住的。二二八事件虽然有复杂的社会背景和历史原因，但它却是因为"缉私血案"处置不当而突然发作的群众街头行动，演变为群众争民主、求自治、反暴政的民主运动，不是背叛国家的暴乱事件，这次事件虽然可能受到中国共产党在第三次国内革命战争期间反蒋形势的影响，但不是共产党策划与领导的。个别曾是日共党员的台湾人作为个体也在这次事件中发挥了作用。这次台湾群众自发的争民主、求自治、反暴政的义举，与大陆人民在各地开展的反饥饿、反迫害、反内战的民主运动相呼应，所以中国共产党1947年3月在延安发表声明，支持了台湾人民的争民主、求自治、反暴政的斗争。

"台独"势力把二二八事件当作台湾人民要求"台湾独立"的事件，是没有历史根据的。当时活跃在政治舞台上的各个群众组织都没有提出"台湾独立"的诉求。处于全省领导核心的二二八事件处理委员会，在它的组织大纲中明确规定：本会"以团结全省人民、改革政治及处理二二八事件为宗旨"；在3月6日发表的《告全省同胞书》中也明确声明:"我们的目标是在肃清贪官污吏、争取本省的政治改革,不是要排斥外省同胞。"《告全省同胞书》还指出:"我们同是黄帝的子孙,民族国家政治的好坏,每个国民都有责任。"台湾自治青年同盟的宗旨则是"培养自治精神,遵守国父遗嘱,拥护蒋主席,实行三民主义,协助政府建设新台湾"。台中区时局处理委员会发表的宣言,也提出"建设新中华民国,确立民族主义,拥护中央政府,铲除贪官污吏,即刻实行县市长民选,反对内战,反对专制"。这些表明二二八事件不是谋求"台湾独立",也不是反映族群和文化冲突。这些活跃在台湾各地的主要政治组织提出的宗旨,反映了二二八事件中最为普遍的要求,也体现了整个事件的基本政治倾向。台北、花莲、台南地方个别人提出过"台湾独立""国际共管"的口号,是极个别的现象,完全不能代表二二八事件的主流方向。

二二八事件初期,由于局面混乱,曾出现殴打外省人的现象。因为"缉私血案"的当事人以及行政长官公署的官员都是从大陆派来的,他们的行为引起台湾群众的愤怒,情急之下喊出殴打外省人的口号,这是不难理解的。但在运动的进展之中,许多正直的人士,都提出了停止殴打外省人的要求。例如,台湾省参议会参议员林日高等组织"服务队",劝阻不要殴打外省人;台湾民主联盟在告同胞书中指出,外省中下级政府人员和商民"和我们一样同一国民同一汉族同胞",要求切不要乱打外省人;许多台北市民偷偷地或公开地救护外省同胞,不是出于私谊,而是出于正义。中国社会科学院近代史研究所已过世的丁名楠研究员(陈仪外甥),当年在台南县曾文区任区长,他保护了曾文区的群众,曾文区的群众也保护了他。这些都说明一时出现的盲目殴打外省人的现象,是自发的、暂时的现象,绝不是事件的主流。说二二八事件是抵抗外省人的事件,是"反抗中国人压迫的开端",是缺乏历史根据的。

应该指出:参加二二八事件的台湾精英,来自不同的社会阶层,有着不同的政治主张。

其中一些人被国民党军队镇压了;其他人在后来的政治斗争中发生了分化,有些人后来成为为"台独"造势的人。但是有一个共同点,他们都曾坚决反对国民党政府的统治。这是后来成为二二八事件有着复杂社会影响的原因。

四 对纪念二二八事件六十周年的对策建议

1. 及早筹备纪念活动

我党曾经长期正面评价"二二八起义",以呼应解放台湾和反蒋斗争。1979年以后,我党提出了"和平统一,一国两制"方针来解决台湾问题,关于"二二八起义",仍然强调其为"爱国民主"运动。近年来,我们已经淡化了"起义"的说法,较多采用"事件"来描述二二八的历史。台湾各方对大陆对二二八事件的解释与纪念活动一直很关注。按以往惯例,60周年时我们应该组织纪念活动,这是对至今仍在发生着社会影响的60年前那次历史事件的纪念,也是台盟一些老人的安慰。台盟是我国现存的八个民主党派之一,我们还是要尊重台盟一些老人的感情。台湾方面,我们纪念二二八事件,对于民进党的一般成员,对于倾向于"绿营"的一般人民,还是具有稳定作用的;如果不纪念,"台独"势力会加以利用,借此炒作。在纪念活动中,既要提及二二八事件反抗国民党政府暴政的一面,又要提及二二八事件要求改革政治、要求台湾自治,不是"台湾独立"。这样提,既指出了国民党要对二二八事件负责任,又不使今天的国民党太难堪,还可与民进党的立场相区别,不致得罪一般"绿营"人士。建议在纪念文字中,可仍提"二二八起义",以保持我党提法的连续性,又要对"起义"一词低调处理,可着重谈二二八事件。完全不提"二二八起义",海峡两岸都可能会有人有意见。

2. 建议仍由台盟中央、全国台联等出面组织纪念活动

二二八是台盟的一面旗帜,台盟因此而成立。由台盟出面,联合全国台联,在2007年2月下旬举办一次座谈会,来回顾二二八事件,总结历史经验教训,主要是向前看。中央统战部和中央台办的官员似可不出席这样的纪念活动。媒体报道要适度。建议由《光明日报》(不用《人民日报》)以社论或者评论员名义发表文章,纪念二二八事件,着重针对当前台湾形势阐明我对台方针。或者由学者撰写文章,阐明历史事件真相。

3. 对二二八事件的定性

对二二八事件的定性,仍要强调其为"反暴政、争民主、求自治"

的运动，是国统区人民"反饥饿、反迫害、反内战"的一个组成部分。这与传统的表述没有什么变化，以表明大陆对二二八事件的基本判断。要强调二二八事件的核心是台胞爱土爱乡的正义行动，是全中国爱国民主运动一个组成部分，充分表明了广大台胞的爱国主义传统。突出在二二八事件中，两岸同胞相互扶持、血浓于水的民族亲情。在六十年后的今天，我们纪念二二八事件，就是要缅怀先人事迹，继承他们热爱祖国、热爱家乡的精神，维护两岸和平发展这个大局，共建中华，来告慰在二二八事件中不幸遇难的所有同胞。

4. 要避免被"台独"分子利用

二二八事件十分复杂。在与台湾的国民党当局相敌对的立场下，我们过去在很长一段时间里，对二二八起义过高赞扬，将责任完全推给陈仪和蒋介石，丑化赴台的大陆军公教人员是殖民者，夸大二二八事件中台胞的死伤人数，常称有数万人被打死，对外省人被杀只字不提。这种写法，在当时环境中，可以理解。"台独"分子恰恰利用大陆出版的多种关于"二二八起义"的小册子，把它作为确实的历史资料，大量加以引用，以证实中国人的野蛮残忍，为"台独"制造历史依据。

现在我们纪念二二八，对死伤问题应模糊处理，可笼统说在二二八事件中，有数以千计的人死伤或多人死伤。

对二二八事件爆发的原因，可简略为社会矛盾激化，台湾主政者应对失策，未能体会广大台胞求治心切的善良愿望，将二二八事件轻率定性为暴乱，调兵加以镇压，酿成了一场本可以避免的悲剧，给台胞的心灵造成了深深隐痛。对此，大陆人民一直无比痛心，对台湾人民表示同情。

台北、高雄市长选举过后，台湾政情仍极为复杂。为了稳定台湾局势，为了争取国民党人及在其影响下的台湾一般人民，我们不必过分强调国民党在台湾统治的残暴，也不要过分强调事件中台湾自治的要求，同时要批驳二二八事件是"台独运动"的起点的错误观点。

我们纪念二二八，不是煽动仇恨，不是要拉岛内一派去打另一派，而是要尽量避免历史问题的新发酵，是为了国家统一与两岸关系的稳定发展，因此，我们关于二二八的文稿，用词应谨慎、中性、客观，多温情词句，少煽动、刺激性言语，表明基本立场即可，尽量使台湾蓝绿双方的群众感到满意。

5. 建议加强对二二八事件的历史研究

二二八事件本身极为复杂，可以说迷雾重重。我们以往出版的有关"二二八起义"的小册子，有许多不真实的成分。李登辉、陈水扁打着还原历史真相的旗号，投下巨资，不断组织亲绿学者，篡改二二八历史，藏匿二二八事件档案中对"台独"不利的部分，误导民众。近二十年来，二二八事件的真相非但没有弄清，反而离事实更远。"台独"分子打二二八这张牌，强调国民党杀了多少万人，一再勒索国民党，百般丑化大陆，为"台独"披上合法外衣，他们的活动不会就此罢休。我相关部门对真实的二二八历史一直采取回避的态度，终非长久之策。为了驳斥"台独"分子借二二八事件图谋"台湾独立"，我相关部门应重视对二二八事件的学术研究，组织历史学者全面搜集历史资料，支持历史学者用真实的历史理直气壮地驳斥"台独"分子的谎言。

我对二二八事件的粗浅认识[*]

在二二八事件即将过去 65 年的时候，回顾历史，我谈一点粗浅认识。

1947 年 2 月 27 日，台北市专卖局警察在台北市取缔走私香烟，不慎引起流血突发事件。次日，民众为流血事件讨公道，发动请愿示威，台湾省行政长官公署处置不当，发展成大规模的官民冲突。台湾社会知识高层人士在形势紧张时成立"二二八事件处理委员会"，于 3 月 26 日提出处理大纲三十二条，要求长官公署接受他们改革政治的要求。国民党政府派出军人前往镇压，台湾各地人民起而抵抗，史称"二二八起义"，或称"二二八事件"。

二二八起义/ 官逼民反

国民党政府当局把二二八事件定性为"背叛国家"的叛乱行为，用暴力把这次官逼民反的事件镇压下去。国民党政府对二二八惨案负有不可推卸的责任。依据各种资料估计：在二二八事件中，台湾同胞死伤大约 2000 人，大陆军公教人员死伤约 1200 人。二二八事件平反后，迄今为止，领取补偿金的死者遗属大约有 800 人。

二二八起义作为一个历史事件已过去 65 年，中国社会已经发生了翻天覆地的变化，台湾内部和海峡两岸关系也发生了和正在发生着深刻的变化。为了抚平历史的创伤，我们今天可以依据历史数据冷静地看待

---

[*] 本文刊载于台北《祖国文摘·二二八专刊》（戚嘉林总编辑），2012 年 2 月。

65 年前发生的那次事件了。

  1941 年珍珠港事变后，中国政府对日宣战，宣布废除 1895 年中日之间签订的《马关条约》。1945 年 8 月，中国人民的抗日战争和世界反法西斯战争取得最后胜利。根据 1943 年美英中三国发表的《开罗宣言》和 1945 年的《波茨坦公告》，中国政府于 1945 年 10 月 25 日上午 10 时在台北公会堂举行的"中国战区台湾省受降典礼"上正式从日本占领者手中收回台湾，并宣布台湾从此回到祖国怀抱。台湾光复后不过一年半，就爆发了台湾人民反暴政、争民主、求自治的二二八事件，成为影响台湾历史发展的重要事件。这次事件的突然爆发，是日据台湾以来台湾社会各种矛盾的总爆发；从整个中国来说，二二八事件则只是当时全国阶级斗争大浪涛中的一朵浪花。

台湾政治、经济、文化社会之矛盾

  二二八事件有深刻的历史原因。这个历史原因，可以从中国历史的角度看，也可以从亚洲历史的角度看。最重要的原因有两个：一个是日据五十年殖民统治留下了深刻的社会矛盾，另一个是中国历史发展到了剧烈的震荡时期。

  日据五十年殖民统治和日本战败在台湾积累下来的社会矛盾通过 1947 年 2 月 27 日的"缉私血案"突然爆发。国民政府派出的官员，面对这样的历史包袱，措手不及，应对失策。这些社会矛盾，包括政治、经济、社会、文化诸方面。

  政治矛盾主要指殖民统治与台湾人民参与社会管理的要求与自治主张之间的冲突。长达 50 年的日据时期，日本在台湾建立了以台湾总督府为代表的殖民统治体制，这种殖民统治以警察政治为特点。在那种殖民统治下，台湾人民是所谓二等公民，丧失民主权利。像中国人民历来不屈服于外来侵略和殖民统治一样，台湾人民不仅具有武装反抗日本占领的传统，而且具有开展反对专制统治、争取地方自治斗争的传统。殖民统治的历史和台湾人民的斗争传统，形成了台湾人民"出头天"的思想。回到祖国怀抱后建立的台湾省行政长官公署，基本上沿袭了日据时期台湾总督府的行政制度。在这种制度下，虽然中下层官员已经大多为台湾本地人，这与日据时期已经有了很大不同，但是长官公署高层官员仍然由陈仪从大陆带来的人员担任，这与台湾人的"出头天"思想发生了冲突。二二八事件处理委员会提出的《事件真相与处理大纲》，要求台湾省行政长官公署各处处长三分之二以上须由本省居住十年以上者担任，明确传达了这种"出头天"思想；这样的要求也暗含了反对国民党政府从大陆派人来台垄断高级官员的意思。经历了日据五十年殖民统治的台湾人民产生这种思想是可以理解的，但是台湾社会知识高层的这种要求，不顾历史条件，要求在回归不久的台湾政治体制下立即实现这种思想，是不现实的。在政治条件和人才条件尚不具备的情况下，急于实现这一要求，对台湾社会未必会有好处。

经济矛盾主要表现为由于战争的原因（包括第二次世界大战末期美军对台湾的轰炸），台湾的生产能力萎缩，化肥减产，稻作减收，百物腾贵，造成了台湾人民生活的压力。光复初期台湾经济的困境完全是由日本帝国主义发动侵略战争造成的，日本帝国主义把战争失败的后果转嫁到台湾人民身上，台湾人民把生活压力的不满转移到光复后的台湾统治者身上，作为台湾省行政长官公署最高领导人的陈仪背上了这个沉重的包袱。1945年台湾米粮总产较1944年减产40%，虽然早在1940年台湾就实行米粮配给制度，但到1946年米粮供应严重恶化，加重了人民对陈仪主政的不满。这种不满，本来是要针对日本帝国主义的，现在却要由陈仪来承担。历史就这样开了一个政治的大玩笑。

经济生活的困难，失业人口的增加，台籍日本兵大量（大约20万之众）返回台湾，加重了就业困难，造成了台湾严重的社会问题，增加了社会不安定的因素。

文化矛盾体现为日据后期的"皇民化"教育和日本文化的灌输。这种皇民化教育和日本文化的灌输，使得一部分台湾人对祖国文化产生生疏感和隔离感，使一部分受"皇民化"影响较深的台湾人（如李登辉这一类"大正男"）产生了做日本人的优越感。在事件初期打杀在台湾的大陆人，是这种优越感的反映。

简单来说，日本殖民统治，扭曲了台湾社会面貌，极大地增加了陈仪当局处理事变的困难，影响了当局处理事变的能力。

中国大陆之社会剧烈动荡

换一个角度，如果从中国历史发展的巨大变化来看，我们会看到一些不同的历史迹象。

20世纪40年代，正是中国历史发生剧烈变动的时期。中国取得了抗日战争的最后胜利，但是国内政局并未因此好转，反而出现了空前的动荡。这个动荡围绕着中国向何处去的问题展开，最终形成了国共两党空前的战场搏斗，出现了中国历史上少见的全国规模的内战。历史巧合的是，就在1947年2月28日这一天，国民党政府下令中共驻京（南京）、沪、渝三地人员全部撤离；3月7日，中共驻南京代表团董必武一行最后告别南京。这标志着延续十年的国共两党关系完全破裂；国民党正在计划进攻中共中央所在地延安。中国的内战愈演愈烈，且国民党军队在战场上屡遭败绩，仅2月下旬的鲁南莱芜战役中，国民党军一次就损失了7个师5万多人。这个时候，蒋介石，国民党中央的注意力全部在内战的部署上，无暇深入顾及台湾的事情。

在此前，因抗战胜利，国民党大小官员从重庆下山，来到江浙、上海各地接收敌产，却演出了接收就是"劫收"的丑剧，所谓"五子登科"，造成人民群众更大的苦难，民间有所谓"想中央，盼中央，中央来了更遭殃"的口头禅。国民党统治区到处掀起反独裁、反内战、反饥饿的民主运动。这一运动大大动摇了国民党政府的统治基础。陈仪本人尽管比较清廉，也有一定理想，愿意把台湾治理好。但是他带到台湾组织政府的团队，免不了把大陆官员贪腐的作风带进了台湾。在台湾接收敌产的过程中，同样演出了"劫收"的丑剧。这是引起台湾人民反感的重要原因。

由于战争的创伤及社会的急剧转型，台湾战后重建面临着巨大困难。政治腐败，贪污成风，通货膨胀加剧，失业问题严重。又遇大规模自然灾害，以产米著称的台湾竟发生米荒，民不聊生。上海《观察周刊》在台湾二二八事件前就发表文章惊呼："今日台湾危机四伏，岌岌可危，是随时可能发生骚乱或暴动的。"

二二八事件之性质

在上述背景下，通过"缉私血案"引发的"二二八事件"，其主流是台湾人民反暴政、争民主、求自治的群众运动，这个运动正好融入了蒋管区反独裁、反内战、反饥饿的民主运动旋涡。从这个角度说，二二八事件所反映的台湾人民的意愿与整个中国人民的意愿是吻合的。

二二八不是叛乱事件。对于二二八事件的性质，早有不同的认识。当时南京政府认为是"颠覆政府""背叛国家"，是"暴民暴乱"事件，受"奸党利用"，要求"取消非法组织"。这个定性显然是针对共产党的。这也反映了国共内战的时代背景。"台独"势力更认为二二八事件是"野蛮的中国人屠杀文明的台湾人"，是族群冲突和文化冲突。这些说法都是与历史的真相不相符合的。二二八事件虽然有复杂的社会背景和历史原因，但它却是因为"缉私血案"处置不当而突然爆发的群众街头行动，演变为群众争民主、求自治、反暴政的民主运动，不是背叛国家的暴乱事件，这次事件虽然可能受到中国共产党在第三次国内革命战争期间反蒋形势的影响，但不是共产党策划与领导的。个别曾是共产党员的台湾人作为个体也在这次事件中发挥了局部作用。但是个别或少数共产党员在事件中的作为未能成为这次事件的主流。这次台湾群众自发的争民主、求自治、反暴政的义举，与大陆人民在各地开展的反饥饿、反迫害、反内战的民主运动相呼应，所以中国共产党1947年3月在延安发表声明，支持了台湾人民的争民主、求自治、反暴政的斗争。

二二八不是"台独"事件。"台独"势力把二二八事件当作台湾人民要求"台湾独立"的事件，是没有历史根据的。当时活跃在政治舞台上的各个群众组织都没有提出"台湾独立"的要求。处于全省领导核心的二二八事件处理委员会，在它的组织大纲中明确规定：本会"以团结全省人民、改革政治及处理二二八事件为宗旨"；在3月6日发表的《告全省同胞书》中也明确声明："我们的目标是在肃清贪官污吏、争取本省的政治改革，不是要排斥外省同胞。"《告全省同胞书》还指出:"我们同是黄帝的子孙,民族国家政治的好坏,每个国民都有责任。"台湾自治青年同盟的宗旨则是"培养自治精神,遵守国父遗嘱,拥护蒋主席,实行三民主义,协助政府建设新台湾"。台中区时局处理委员会发表的宣言,也提出"建设新中华民国,确立民族主义,拥护中央政府,铲除贪官污吏,即刻实行县市长民选,反对内战,反对专制"。这些表明二二八事件不是谋求"台湾独立",也不是反映族群和文化冲突。这些活跃在台湾各地的主要政治组织提出的宗旨,反映了二二八事件中最为普遍的要求,也体现了整个事件的基本政治倾向。台北、花莲、台南地方个别人提出过"台湾独立""国际共管"的口号,是极个别的现象,完全不能代表二二八事件的主流方向。

二二八不是反抗中国人压迫的开端。二二八事件初期,由于局面混乱,曾出现打杀外省人的现象。因为"缉私血案"的当事人以及行政长官公署的官员都是从大陆派来的,他们的行为引起台湾群众的愤怒,情急之下喊出打杀外省人的口号,这是不难理解的。但在运动的进展之中,许多正直的人士,都提出了停止殴打外省人的要求。例如台湾省参议会参议员林日高等组织"服务队",劝阻不要殴打外省人;台湾民主联盟在告同胞书中指出,外省中下级政府人员和商民"和我们一样同一国民同一汉族同胞",要求切不要乱打外省人;许多台北市民偷偷地或公开地救护外省同胞,不是出于私谊,而是出于正义。这些都说明一时出现的盲目殴打外省人的现象,是自发的、暂时的现象,绝不是事件的主流。说二二八事件是抵抗外省人的事件,是"反抗中国人压迫的开端",是缺乏历史根据的。

台湾是祖国领土不可分割的一部分,台湾人民与大陆人民是血肉同胞。台湾人民当年争民主、反暴政的斗争与大陆人民的斗争性质是相同的,是整个中国民主运动的组成部分,这是历史发展的基本方向。违背这个历史发展方向,坚持"台湾独立"的立场是与台湾同胞的意愿相违背的。

二二八事件,如果纯粹以台湾人意识甚或"台独意识"来看,是一个面相;如果从中国人意识或站在中国立场上来看,可能又是一个面相。类似的事件,在国民党统治时期的大陆,可就不止一桩了。

一般来说,陈仪还算是一个清官,他本来想为台湾人民谋些福利。但在1945年10月到1947年那个历史阶段里,他承担了两项不应该由他来承担的罪过。一个是日本帝国主义发动战争造成的恶劣后果，另一个是国民党发动内战造成的后果。这两项后果集中在一起，集中在他一个人以及他所主导的台湾省行政长官公署身上，终于承受不了，被压垮了。

2011 年 12 月 6 日于北京东厂胡同 1 号

《反分裂国家法》是维护海峡两岸和平稳定的大法，也是促进祖国统一的法律[*]

我在全国人大十届三次会议湖北代表团审议《反分裂国家法》时提交了书面发言，表示我完全赞成全国人大制定《反分裂国家法》，同意《反分裂国家法》的各项条文，支持全国人民代表大会通过《反分裂国家法》。在3月14日上午表决时，我投了赞成票。大会执行主席吴邦国委员长来不及宣布表决结果，会场就响起了经久不息的掌声。这掌声充分代表、表达了全国民意。在人民大会堂庄严的会场上，我体会到了以零票反对通过《反分裂国家法》的激动人心的时刻。

世界上只有一个中国，大陆是中国的一部分，台湾也是中国的一部分。这是自台湾有行政建制以来的基本历史事实，也是今天国际社会公认的现实，包括美国和日本在内。自从李登辉、陈水扁先后提出"两国论"和"一边一国"的"台独"主张后，在台湾执政当局的鼓吹、推动下，台湾的"台独"思潮泛滥，"台独"势力扩张，他们采取一系列"去中国化"的步骤，尤其是想要通过所谓"公投"和"制宪"的办法，从"文化台独"走向"法理台独"，企图改变台湾现行状况，破坏台湾海峡两岸的和平局势。如果不制止"台独"分裂势力分裂国家的活动，势必严重威胁中国的主权和领土完整，严重威胁国家和平统一的前景。19世纪60年代美国在南北战争期间不惜以60万人的牺牲打了一场统一战争，并制定了《反脱离联邦法》，立法原意在限制南方州奴隶

---

[*] 本文是2005年3月作者在第十届全国人大第三次会议期间通过《反分裂国家法》以后撰写的分析文章。收入张海鹏《书生议政——中国近现代史学者看台湾的历史与现实》，九州出版社，2011。

主的分裂联邦国家的行为，维护了美国的统一。华盛顿的林肯纪念馆为了纪念林肯，在林肯铜像背后的墙上刻上了林肯维护国家统一的功绩。《反分裂国家法》与《反脱离联邦法》具有同样的立法原意。

《反分裂国家法》以《中华人民共和国宪法》为法源依据，以国家专门法的形式，宣布一个中国的坚定原则，是对"台独"分裂势力的严正警告，是对台湾地区领导人的"台独"活动的严正警告，也是对今后台湾地区上台执政的任何领导人的执政原则的警告。大量事实证明，自从李登辉提出"中华民国在台湾"以来，台湾政坛活动的主要政党，无论是在竞选中，还是在平时的政治活动中，都坚持了"中华民国在台湾"这一原则，都或多或少具有"台独"倾向，区别只是一个把"台独"写在党纲上，写在旗帜上，另一个则坚持了"中华民国在台湾"的口号；一个要"急独"，一个要维持现状。我们以国家专门法的形式，把一个中国的原则，把台湾是中国的一部分的原则规定下来，对活动在台湾政治舞台上的任何政党，特别是主张"台独"的政党划出了底线。遵守这个底线，在这个底线范围内活动，台海两岸关系就是和平的；越出这个底线，出现了以任何名义、任何方式造成台湾从中国分裂出去的事实，或者发生将会导致台湾从中国分裂出去的重大事变，或者和平统一的可能性完全丧失，就会在台海两岸关系上出现非和平的局面。是否出现非和平局面，其实主动权在"台独"势力，在台湾执政的政党。一些海外人士所说的"台独不独，中共不武"，大概就是这个意思。一旦出现非和平局面，"台独"势力、在台湾执政的政党的主动权就丧失了。那时候，《反分裂国家法》规定的国家意志就要执行，任何人为的因素都阻挡不了。当然在那种情况下，国家统一的步伐就加快了。

从这个角度说，《反分裂国家法》是维护海峡两岸和平稳定的大法，不是战争动员令，也不是国家统一法，它是通过反对国家分裂达到走向国家统一的法律，是促进国家统一的法律。也就是说，《反分裂国家法》明确了国家处理海峡两岸关系、实现国家统一的有步骤、分阶段的战略战术原则。这个战略战术原则，是目前符合海峡两岸关系发展形势的，是符合党和国家历来有关和平统一、不放弃武力的主张的。

《反分裂国家法》第四条规定：台湾问题是中国内战的遗留问题。这是对基本历史事实的认定，是立法的根据之一。在抗日战争暨国际反法西斯战争即将取得胜利的关键时刻，国际社会通过《开罗宣言》《波茨坦公告》等文件共同认定"日本所窃取于中国之领土，例如满洲、台湾、澎湖群岛等，归还中华民国。"包括中国代表在内的各战胜国代表签字于其上的《日本投降条款》，确认了这一原则。这就是说，国际社会通过一系列庄严文件正式确定了中国领土主权完整不可分割的国际法原则。正是根据这一国际法原则，中国政府代表于1945年10月25日正式宣布：台湾从此回归祖国怀抱。在当时，中华民国代表中国。只是因为中国的内战，丧失了在中国大陆统治的国民党势力败退台湾，中国的主体变为中华人民共和国。这时候，中华人民共和国代表中国。台湾的历史和现实地位并没有改变，即台湾是中国一部分的事实没有变化，但是在治权上造成了暂时的分离。《反分裂国家法》明确规定了台湾问题是中国内战的遗留问题，不仅完全符合历史事实，也是对"台独"势力鼓吹"台湾地位未定论"的鞭笞。全国人民代表大会通过专门立法对"台独"分裂势力的活动予以限制，是在处理中国内战的遗留问题，是在处理中国内部问题，是一个主权国家维护主权和领土完整的严肃问题。因此，我们不容许任何外国势力插手台湾问题，不接受并且反对任何外国势力干涉我们的内政。这是完全符合主权国家有权独立处理国内事务的国际法原则的。

《反分裂国家法》是关于台湾问题的专门立法。在全国人民代表大会通过，就是国家关于台湾问题的大法。我的体会是，这部法律，贯穿了四个基本原则：第一，一个中国的原则；第二，和平统一的原则；第三，寄希望于台湾人民的原则；第四，反对"台独"分裂活动的原则。这也就是中共中央总书记、国家主席、中央军委主席胡锦涛在十届政协三次会议民革、台盟、台联界委员联组会上发表讲话的基本精神。《反分裂国家法》的许多条文，凸显了寄希望于台湾人民的原则精神。这种原则精神是符合马克思主义指导的，是符合唯物史观的。我认为，今后的涉台立法工作，两岸经济和文化学术交流工作，所有一切涉台工作，都要体现寄希望于台湾人民的原则精神。这方面，我们还有许多工作要做，还有极其广泛的活动空间。

前面指出，《反分裂国家法》明确了国家处理海峡两岸关系、实现国家统一的有步骤、分阶段的战略战术原则。我认为，最大的战略原则，是国家要争取20年或者更长时间的战略机遇期，建成并完善社会主义市场经济体制，在科学发展观指导下充分发展自己，尽可能壮大国家综合实力，建设高标准的全面小康社会和社会主义和谐社会，形成解决祖国统一的强大的物质基础。在这个过程中，对台工作要配合这个大战略，要实施一系列可能和需要采取的战术原则，要制定《反分裂国家法》的实施细则，因应国际形势、台湾局势和祖国统一的需要，及时制定促进祖国统一的相关法律，作为处理台湾问题的准绳；除非"台独"分裂势力突破了《反分裂国家法》划定的那三条底线，我们都要尽最大的诚意和最大的努力，不屈不挠地做好对台工作。

我建议，我们的法学家、历史学家、对台事务专门家，共同研究在这个大战略原则下，处理两岸关系中的一些理论和现实问题，如内战遗留问题、"中华民国国号"问题、"中华民国宪法"及台湾当局"修宪"问题、台湾同胞在大陆从事正常活动的国民待遇问题、国际活动空间问题、联合国代表权问题等，提出相应的对策，以便国家采纳，俾便推动台湾问题的和平解决，祖国统一的最终实现。

关于陈水扁终止运作"国统会"和"国家统一纲领"后对台工作的建议[*]

一、陈水扁在2月27日已宣布终止运作"国统会",终止"国家统一纲领"的适用。用"终止"一词代替"废除",实际内涵是一样的。

二、直至近日,美国虽然一再施压陈水扁,但美方更看重的是"四不"和"维持现状",对于"终统"或"废统",美方最后也会不了了之。

三、"国统会"和"国家统一纲领"是1990年国民党在台上搞的,当时是作为对抗我方和台湾民众要求国家统一的趋势,将国家统一计划分成近程、中程和远程,设计每个时期所要达到的目标,实际上是要无限拖延统一进程。

四、2000年陈水扁上台后,依据民进党的"台独"党纲,实际上已经中止了"国统会"的运作和"国家统一纲领"的适用。近年来,陈水扁和民进党已多次主张"一边一国","台湾是一个国家",只有2300万人民,反复强调台湾的主体性,等等,实际上早已把"国统会"和"国家统一纲领"搁置起来。

五、因此,此次"废统",或者"终止运作",对于台湾或者海峡两岸的现状来说,只有象征意义,没有实质意义。这一点,无论对台湾,对大陆,甚至对美国,都是如此。"终止运作"还没有到冲击我方

---

[*] 本文是作者在2006年3月第十届全国人大第四次会议期间向国家有关部门提出的建议,收入张海鹏《书生议政——中国近现代史学者看台湾的历史与现实》,九州出版社,2011。

底线的地步。我方的反应，似不必过于强烈。国台办发言人已经指出，陈水扁的动作，是走向"台独"的危险信号，这是正确的。因为陈水扁毕竟还没有宣布"台独"，没有突破"四不"底线，我方无法依据《反分裂国家法》采用非和平的办法解决台湾问题。

六、现在的问题是，陈水扁的"法理台独"是一步一步缓慢进行的。这一次"废统"闯关成功，下一次会向"四不"冲击。向"四不"冲击，也会是一步一步的，除了不宣布"台独"外，其他方面会逐步突破。这个趋向是可能的。

七、"废统"或"终止运作"，对于期望在 2008 年取得台湾"政权"的中国国民党，可能是更大的压力。这一次"废统"，实际上也是针对马英九春节后关于台湾"终极目标"是统一的谈话，是力图控制台湾话语权的企图，避免或降低因"三合一"选举失利加于民进党和陈水扁的压力，取得政治上的主动权。国民党今后如何对付"国统会"终止运作，很值得关注。国民党上台以后，如何处理终止运作"国安会"，很值得关注。预计国民党会坚持统一是终极目标。马英九当上"总统"后，即使不马上恢复"国统会"，也会搞出另一个东西，作为"统一"目标的象征。

八、《反分裂国家法》在制止"台独"势力宣布台湾"独立"上起到了遏制作用。但是也仅止于此。我方无法有效阻止"台独"势力迈向"法理台独"的步伐，《反分裂国家法》的法律效力是有限的。事实证明，它对"台独"势力走向"法理台独"的企图无法发挥明显的抑制作用。《反分裂国家法》也是一把双刃剑，既遏制了"台独"，也限制了我方对台展开非和平手段的努力。这个法律，通俗地讲，可以说是你不"台独"，我不打你。现在陈水扁则说，你不打我，我不宣布"台独"。这就形成了在解决统一问题上的悖论。这个局面如果长期延续下去，台湾问题怎么办？以前我们说过，台湾问题不能无限拖下去，《反分裂国家法》实际上规定了可以无限拖下去。

九、三点建议：

第一，国家应该考虑在统一问题上，除了《反分裂国家法》以外，还应该做些什么？"台独"势力在走向"法理台独"的过程中，肯定还会做出新的动作，如"制宪绑公投"等，还要一直做下去，甚至可能走到离"底线"不远的地方。即使 2008 年国民党上台，马英九当"总统",两岸关系也不一定很快出现转机,马英九提出"台独"是台湾人民的选项,是一个证明。即使国民党坚持"中华民国",虽然符合"一个中国"的共识,但是,一个"中华民国",一个中华人民共和国,还是"两个中国"。马英九的所谓"终极统一目标",是以"中华民国"统一中国。对我们来说,统一中国是一个过程,但如果这个过程无限拖延下去,能够实现统一吗?因此,在走向统一的过程中,除了《反分裂国家法》外,我们还应该有其他的法律制约。

第二,继续下大力做好台湾民间的工作。应该在寄希望于台湾人民上做更多的工作。如继续推动春节包机节日化、正常化,继续推动与国、亲、新三党达成的积极成果,继续推动台湾水果来大陆和熊猫去台湾。我再建议,为台湾贫困学生来大陆求学建立基金,如果每年为100个台湾学生(包括中学生、大学生和研究生)提供求学资助,10年就是1000人。如果每年资助1000人,10年就是1万人。拿大陆资助学成的台湾学生,对大陆的感情绝对与自费求学的学生不一样。这是扩大做台湾老百姓工作的重要方面,值得我们去做。这个建议,我在2003年3月十届人大第一次会议期间提出过,国台办回函表示是一个战略思考。2004年3月十届人大二次会议期间再次提出,教育部回函予以拒绝。2005年3月十届人大三次会议,国家做出了对台湾人民工作的更多的承诺,又通过了《反分裂国家法》,我没有再次提出这一建议。但是我仍然认为,这是做台湾人民工作的一个好的选择。

第三,应该做好国际社会尤其是美国的工作。我建议4月胡锦涛同志访美,最好利用白宫南草坪记者招待会的机会讲一下台湾自古以来就是中国领土的历史,讲一下我们对台湾问题的基本主张;如果利用机会访问林肯纪念堂,讲一下林肯当年主张维护国家统一反对南方分裂、独立,并领导取得美国内战胜利的历史,一定会吸引美国中产阶级和知识分子。因为这样两个机会,都会得到美国媒体的广泛报道,是利用美国自己的媒体做美国人民工作的大好机会。

与许信良、林浊水、邱进益等人谈两岸关系[*]

6月1—2日在香港油麻地城景国际酒店，由香港崇正总会和珠海书院亚洲研究中心召开了"2010海峡两岸和台港关系学术讨论会"。出席会议的大陆学者15人、台湾学者15人、港澳学者90人、韩国学者1人。出席会议的台湾学者和相关人士有：蓝营方面张京育（台湾政治大学前校长、"行政院大陆委员会"前主任委员）、邱进益（台湾海基会前副董事长兼秘书长）、张五岳（淡江大学大陆研究所所长）、黄仁德（台湾政治大学经济学系教授兼系主任）、刘德海（台湾政治大学外交系教授兼国际事务学院WTO研究中心主任）、蔡玮（中国文化大学中山与大陆研究所教授）、魏艾（台湾政治大学东亚研究所教授）、郑安国（台北市政府顾问、"国家政策研究基金会"顾问、香港中华旅行社前总经理）；绿营方面有：许信良（《美丽岛》电子报董事长、民进党前主席）、林浊水（专栏作家、民进党政策会前执行长、前"立法委员"）、洪茂坤（台北德霖技术学院兼任助理教授、《蓬莱岛》杂志社副总编辑）、洪嘉仁（"中华民国社区总体营造促进总会"秘书长）、翁松燃（台湾暨南国际大学公共行政与政策系教授）、张旭成（美国宾州州立大学荣誉教授、台湾政经战略研究基金会执行长、陈水扁时期"国家安全会议"副秘书长）、陈大钧（台中技术学院副教授）。

会议进行了一天半。简短开幕式后，安排了两场主题发言，发言人分别是：张京育、刘国深、许信良、李逸舟；邱进益、张海鹏、翁松

---

[*] 本文是2010年6月1—2日出席香港崇正总会和珠海书院主办的"2010海峡两岸和港台关系学术研讨会"后撰写的，刊载于中国社会科学院台湾史研究中心简报总第66期。

燃、郭震远。台湾四人，大陆四人。然后是分组会议。6月2日中午，香港特区政府政制事务局局长林瑞麟在港岛湾仔万丽海景酒店宴请与会学者。据说，这是香港特区政府第一次宴请在港出席学术会议的学者。下午凤凰卫视有限公司邀请两岸许信良、林浊水、邱进益、刘国深、郭震远、张海鹏等六人做了两岸关系的谈话节目。

我在会议期间曾针对许信良、林浊水的发言做了适当评论。6月2日下午在凤凰卫视与邱进益做了长谈，与许信良、林浊水做了交谈，还与张京育谈了话。

现依据记忆，对上述谈话做一简明记录。

许信良对两岸关系很有信心，认为两岸问题如果从长远看，什么问题都没有，只是当下有问题，必须面对。他认为，民进党不是"台独"党，而是公投党。民进党的文件明确载明，只要台湾人民通过公投，赞成统一，民进党也会赞成统一。他认为，国共之间不管怎么谈，都不能回避民进党，因为民进党可以杯葛国民党的主张。因此，国共谈判走不下去的时候，共产党一定要与民进党谈。共产党主张尊重台湾的现行体制，那么，国、民两党的政争就是台湾现行体制的基本内容。不同民进党谈，怎么解决台湾问题。在与共产党谈以前，国、民两党最好先取得一致意见，组织国、民两党联合政府，再与共产党谈。他还认为，两岸政治协商一直在进行，只是没有开始进行签署和平统一协议的政治协商。如果两岸签署和平协议，不能没有民进党参与。

我曾就许信良的这一说法，征求林浊水的意见。林浊水表示可以同意他所说共产党需要与民进党对话，但不同意说民进党不是"台独"党的话，他说，民进党就是"台独"党，他自己就是"台独"分子。他认为，许信良的话不过是非主流意见罢了。

邱进益对国、民两党组成联合政府的意见，不以为然。

针对郭震远说两岸对话要以1949年内战为起点的意见，许信良、林浊水不同意。他们认为，1949年以及近代中国是悲惨的时期，应该遗忘。林浊水说，人类应该学会记忆，也要学会遗忘。许信良说，古代中国很可爱，现代中国也可爱，近代中国则令人有痛苦的回忆，不堪回首。他还说他反对国民党，恨国民党。我曾针对这一点，在分组会上评论说：人类历史是一个自然的过程，近代中国是古代中国的发展，现代中国是近代中国的发展。爱古代中国，爱现代中国，但不能抛弃近代中国。恨国民党,但不能否定国民党存在的历史。如果否认国民党存在的历史,民进党从哪里来的,就说不清楚了。人类历史的记忆与遗忘,都是一个自然历史过程,记忆什么,遗忘什么,不随个人的意愿转移。

我还与林浊水讨论过《反分裂国家法》问题。林浊水认为,《反分裂国家法》是一部违反《中华人民共和国宪法》的法律,因为《中华人民共和国宪法》序言明确规定:"台湾是中华人民共和国的神圣领土的一部分。完成统一祖国的大业是包括台湾同胞在内的全中国人民的神圣职责。"宪法是不承认"中华民国"的。《反分裂国家法》规定了在三项条件下,国家行政机关可以采取非和平方式解决台湾问题。这就意味着,如果不存在那三项条件,国家就要认可"中华民国"在台湾的现状。长期维持现状,就违反了"台湾是中华人民共和国的神圣领土的一部分"的宪法规定。

他认为,台湾当局颁布的"国家安全法"也有类似情形。台湾"国家安全法"详细规定了大陆人民来台的条件,几年可以就业,几年可以拿绿卡,等等,这在其他国家,完全是移民法的内容。而移民法是针对外国人的。

林浊水还谈到共产党曾经联合台湾人反对国民党。江西苏维埃时期,中共把台共安排在与朝鲜、越南一起的苏维埃里。我说,台共是日共支部。在江西的台湾人是中共党员,不是台共。那时候,台湾在日本人占领下。他说,主要是那时候全世界共产党都强调国际主义和民族自决。我说毛泽东1938年在延安就强调国际主义与爱国主义相结合。

林浊水没有到大陆来过。我第一次邀请他,他说是要来的,现在条件还不成熟。我第二次邀请他,他点头。

我在凤凰卫视等候做节目的空闲,与邱进益有较多谈话。有关"国统会"和"国家统一纲领",他是参加其中工作的,有的话是他加入的。制定"国家统一纲领",就是告别"汉贼不两立",承认一国两地区,两个对等政治实体。我说,不管怎么说,这个文件主张国家统一,还是不错的,陈水扁当局将它"冻结"了,马英九应该宣布恢复。他说,不会恢复。我问为什么,他说:马英九不是有"三不"吗,"不统"是其中之一,既然不统,怎么会恢复"国家统一纲领"呢!

邱进益也不赞成把两岸关系的起点放在1949年。他说,强调1949年是国共内战,台湾人会认为,这与台湾人有什么关系?他认为,1990

年台湾当局废除"动员戡乱临时条款"可以作为两岸关系的起点。我说，台湾废除"动员戡乱临时条款"时，大陆方面没有任何反应，只是新华社从香港做了一个极简短的报道。他说，你们现在可以反应了。

邱进益谈到香港回归模式，认为台湾不一样。我说，香港回归，是中国与英国谈，台湾回归，是大陆与台湾谈，情形当然不一样。

邱进益说，你们与民进党接触，最好不要把"一个中国"放在前头。许信良、林浊水都有这样的观点。不然，什么都谈不下去。

台湾蓝绿营和香港学者认为，大陆在香港实行"一国两制"，不让香港人直选特首，这让台湾人看到了一个不好的先例。

"绿营"重要人士张旭成几次在会议上发言指出，此次香港在许信良入境时，扣留他一小时，说北京都没有扣留他，香港特区政府为什么扣留他？张旭成又指陈云林会长见马英九，不称"马总统"，直称你、你、你，对我们台湾很不尊重。又说，美国人多次问我们蔡英文主席有什么政纲，所以我们蔡主席正在制定十年政纲。他在发言中每次都把美国人摆在前头，显示民进党是在美国授意下才采取行动。

张京育在发言中表示，如果把1995—2008年看成是两岸冲突共存的阶段，2008年后将是深化交流合作的阶段。两岸都应该珍惜现在这个机遇期。两岸对协商都有积极的态度，而且双方也认为，只有通过协商才能解决问题。事实上，两岸关系的稳定，需要增进沟通，而且不挑战对方的核心利益。他认为，只有两岸签署和平协议，经济合作才能深化，和平才有保障，台湾民众才有安全感。

邱进益在发言时说，2005年4月中共中央总书记胡锦涛与中国国民党主席连战签署五项和平愿景，可谓已拆除了两岸武力冲突的引信。2008年5月马英九上台后，更以具体行动，缓和及改善两岸关系，促使双方善意互动，乃使两岸关系进入空前的和平发展机遇期。

邱进益说，对于两岸关系之未来，大陆重在"和平统一"，而行民主体制的台湾在民意无交集之情况下，重在"维持现状"。然而，现状难以永久维持（否则则形成"和平分裂"），而是属于动态的，随着两岸关系的不断提升，未来的政治对话或政治选项，必将随时浮现。

"台湾团结联盟"的洪嘉仁在会上提交的文章，以社区老百姓的名义，从八个方面把 ECFA 否定了。这样的意见，似乎未得到与会者认同。

对这次会议，与会者均给予较高评价。邱进益总结说，红蓝绿黄紫五种颜色的学者出席，发表意见。林浊水也说，这次会议，是讲得最彻底的。香港学者认为，各种意见都讲出来了，在香港开这样的会也很少见。我本人也在闭幕式上发言说，我在这次会议上听到了各种不同声音，直接听到了台湾蓝绿知名人士的发言，很有收获，对了解两岸关系的一些关节点很有帮助。这样的会议，恐怕只有在香港才能召开。

两岸学术交流的一些回顾与建议[*]

两岸中国近代史学术交流的若干回顾

海峡两岸学术交流从零的突破，到有了较为全面的开展，不到20年时间。

20年前，两岸学者迫切需要了解对方，但是存在许多政治的禁忌，难以逾越。以中国近代史研究为例，20年前，两岸之间有着一些戏剧性的接触。1972年，我所在的研究所（那时称为中国科学院近代史研究所）开展中华民国史研究，到1978年陆续以内部的形式发表了若干研究成果，并整理出版了一些史料，但那时都是以内部形式出版的。1981年公开出版了《中华民国史》第一编第一卷。此举引起了台湾政治界和学界的紧张，以为是"中共的阴谋"，是后朝替前朝修史，"等于宣布了中华民国的死亡"。一些学术团体和政治团体纷纷举行座谈，对所谓"中共阴谋"予以揭露和批判。中国社会科学院近代史研究所民国史研究室主任孙思白先生，当时曾在《近代史研究》杂志著文，说明近代史研究所研究中华民国史的缘由，解释研究民国史既不是"统

---

[*] 本文是出席台北2009年11月13—14日两岸一甲子学术讨论会时提交的文章。2009年11月14日新华网、人民网曾以《大陆权威学者建议国共合办辛亥革命百周年和抗战胜利70周年纪念活动》为题做了详细报道。《中国社会科学报》在2009年12月24日第5版摘要刊登。台北《世界论坛报》2009年12月28第3版日刊出全文。又载台北《远望》杂志第256期，2010年元月号。收入张海鹏《书生议政——中国近现代史学者看台湾的历史与现实》，九州出版社，2011。

战阴谋"，也不是政治行为，而是学术行为。但是，这篇解释的文章，台湾的朋友们似乎并未读到。近日我参与林满红馆长在"国史馆"主持的座谈会，我谈及此节，林满红馆长、张玉法院士似乎都是第一次听到。可见两岸学术交流的不易。

1979年元旦，全国人民代表大会常务委员会发表了《告台湾同胞书》，文告提出的解决台湾问题的基本立场、方针和原则，为和平统一、一国两制提出了最初的设想，是30年来我们对台工作始终遵循的原则，从此揭开了两岸关系和平发展的历史新篇章。正如胡锦涛总书记所说："《告台湾同胞书》的发表标志着我们解决台湾问题的理论和实践进入了一个新的历史时期。"自那以后，《告台湾同胞书》所确定的基本原则，始终没有改变。

1982年，美国芝加哥举办亚洲年会，主办方在年会中安排了大陆和台湾近代史学者见面，共同探讨辛亥革命的历史。大陆方以当时中共中央党史研究室主任胡绳为团长，李宗一、章开沅、赵复三等为成员，组织了代表团；台湾方则以当时中国国民党党史编纂委员会主任委员秦孝仪为团长，李云汉、张玉法、张忠栋等为成员，组织了代表团。据张玉法院士后来告诉我，在行前，台湾代表团秦孝仪团长交代了见到大陆学者要不苟言笑的原则。事也凑巧，从旧金山到芝加哥的飞机上，两岸学者坐到了一起。胡绳团长一行主动向台湾学者微笑打招呼，台湾学者则表现拘谨。在芝加哥的会议上，两岸学者就辛亥革命的性质问题，出现了争论和相互辩驳。这是两岸近代史学者第一次在国外的会议上碰面并就中国近代史问题交换了意见。

1987年，台湾地区领导人蒋经国宣布了解禁政策，提出了国民党"革新"的主张，并且开始表现出本土化趋势。此后随着老兵回大陆探亲，一些学者也到大陆探访。从1989年起，陆续有台湾学者、台湾团体到大陆访问。我个人作为中国社会科学院近代史研究所副所长，多次在所内接待来自台湾的学者。1990年9月，中国社会科学院近代史研究所为纪念建所40周年，召开了近代中国与世界国际学术讨论会，首次邀请了中研院近代史研究所前所长吕实强以及张朋园研究员、林满红副研究员出席。1991年8月，为推动海峡两岸学者见面，东京大学名誉教授卫藤沈吉与美国夏威夷东西中心代主任杜维明联合在美国檀香山举办纪念辛亥革命80周年学术会议，两岸各有十人出席。大陆方面有金冲及、张岂之、李文海等,台湾方面有蒋永敬、张玉法、吕士朋、李国祁等,我也出席了这次会议。这次会议期间,两岸学者有关辛亥革命的不同观点在会上没有展开的机会,学术争辩不多。会上,两岸学者相处甚相得,基本上相敬如宾。

我的台湾经历与学术交流

1992年5月以前,两岸近代史学者之间的交流是单向的,即只有台湾学者到大陆,没有大陆学者到台湾。改变发生在1992年5月。这年5月9日,在台北的政治大学历史研究所召开"黄兴与近代中国"学术讨论会,以我为团长的大陆学者三人出席了这次会议。这是大陆学者第一次出席在台湾举办的学术会议,引起了海峡两岸学术界的重视。这次会议,主要讨论了孙中山和黄兴及其在辛亥革命历史中的地位和作用。会中,有台湾学者提出了对孙中山革命的否定意见。我曾在会议上发言,对此做出响应,我说,如果否定了辛亥革命,就等于否定了中华民国。否定了辛亥革命,哪里出来的中华民国呢?这个响应,引起了哄堂大笑。这至少说明,多数人还是不同意否定辛亥革命的。

1992年6月,中国社会科学院近代史研究所与台湾师范大学三民主义研究所联合主办了"孙逸仙思想与中国现代化"学术讨论会。这是海峡两岸学术单位第一次联合举办学术讨论会。双方各推出25位学者,大陆方面是近代史学者,台湾方面是三民主义和政法方面的学者人士。这次会议的召开经过,是一次思想的碰撞,是历史学者和政法学者之间的碰撞,也是双方学者了解对方的过程。同样主题的讨论会,上述两单位还在1994年开过一次。我本人是这两次会议的主要组织者。大陆方面的学术单位还在广东中山和湖北武昌多次举办有关孙中山和辛亥革命的学术讨论会,都有台湾学者在场。1992年以后,台湾举办的邀请大陆学者出席的学术会议有逐渐增加的趋势,除了历史学外,还涉及其他各个学科领域。中国近代史领域的学术会议仍是热门,有关孙中山研究和抗战研究的学术讨论会,都有许多大陆学者参加。近年来,还有不少台湾学者出席了在大陆各地举办的中华民国历史和台湾历史的学术会议。两岸中国近代史学者学术交流的热络,说明大家面临共同的学术研究对象，有着共同的学术追求，有着迫切了解并分享对方学术思想、学术成果的愿望。经过近 20 年的学术交流，两岸学者在学术语言、具体的学术结论上都有靠近的趋势。这种共通性，原则上反映了一个中国的分离的两个地区的学者的彼此追求，具有中华文化强烈的吸引力、亲和力和刺激性，这与中国学者同外国学者之间的学术交流是不同的。两岸学者在具体的学术研究上也有不同的见解，在近代历史的理解上甚至有着不同的政治立场和思想分歧，其实这些不能掩盖两岸学者对近代中国历史进程的共同理解以及从中反映出来的对共同的文化根源的理解和追求，对中华民族核心利益、中华文化核心精神的维护，对中华民族复兴的期待。这一点，在两岸学者之间是具有特殊性的，完全超越了一般的学术交流的意义。

关于两岸共同举办中国近代史上重大事件纪念活动的设想与建议

从以上所述可见，两岸政界和学界对近代中国历史进程是共同关注的，因为它是所有中国人共同走过的道路，是海峡两岸分离的基本历史根据，是各自独立形成不同发展道路的前提，是一个中国的理论和实践亟须解决的重要历史认识问题。

今年 7 月，在长沙举办的两岸第五届经贸文化论坛开幕式上，全国政协主席贾庆林说道："当前，两岸同胞大交流方兴未艾，两岸各界大合作势不可挡，两岸关系大发展前景光明。"贾庆林还建议协商签订两岸文化教育交流协议，建立两岸文化教育交流合作机制，认为这是推动两岸关系不断向前发展的客观需要。他还指出，大力加强两岸文化教育交流合作，要提高层次，扩大领域，丰富内涵，这对于增进中华文化认同、中华民族认同，建设好我们共同的精神家园，推动两岸关系和平发展，促进中华民族伟大复兴，具有重要的意义。

我完全赞成这样的建议。我认为，这样的建议可以首先在对近代中国历史上的重大事件和人物的纪念与研究上加以落实。

以下是八个年份已经发生或将要发生的大事：

2011 年，辛亥革命 100 周年；
2015 年，中国人民抗日战争暨世界反法西斯战争胜利 70 周年；
2016 年，孙中山诞辰 150 周年；
2017 年，卢沟桥事变 80 周年；
2019 年，五四运动爆发 100 周年；
2020 年，鸦片战争爆发 180 周年；
2021 年，中国共产党第一次全国代表大会召开 100 周年；
2024 年，中国国民党第一次全国代表大会召开 100 周年。

以上共列出八个年份已经发生或将要发生的大事。这八件大事，都是中国近代历史上发生的大事，从鸦片战争到孙中山诞生，从辛亥革命到五四运动，从中国共产党到中国国民党的第一次全国代表大会，从卢沟桥事变到中国人民抗日战争的最后胜利，它们改变了自鸦片战争以来近代中国的历史进程，是近代中国发展到现代中国的最重要的几个标志，是所有中国人包括海外华人基本上有共识的历史事件。

对于以上八个历史事件和人物，大陆官方和学术界在一定年份纪念日到来时，是有隆重纪念或者学术探讨的。以辛亥革命和孙中山诞辰为例，每逢十年纪念日期，大陆官方和学术界都有隆重纪念活动，这已经形成一个政治和学术活动上的品牌，60 年来，除了"文革"期间特殊外，都没有改变过，今后也还要接着做。

为了加强和扩大两岸学术文化交流，建议首先在辛亥革命 100 周年纪念上建立合作机制。还有两年，就是辛亥革命 100 周年。我建议，辛亥革命 100 周年纪念活动，可由中国共产党和中国国民党（也可考虑两岸其他党派）联合举办，共襄盛举。顶多明年初就要组成筹办班子，进行仔细策划与设计。筹办班子应由国共两党相当层级负责人牵头，吸收学界乃至各界代表组成。

辛亥革命 100 周年学术活动，以往在大陆都是由中国史学会和湖北省社会科学联合会联合主办。如果两岸合作，可否在上述两单位外，增加台湾的中国近代史研究会（是否增加香港的中国近代史研究会，也可以提出讨论），由它们共同举办。学术活动，当然主要以学术内容为主，也要体现一个中国原则，体现两岸和解、国共两党和解、中华民族团结向前看的精神，探讨辛亥革命在中国历史上，尤其是在近代中国历史上的作用和划时代意义。

如果这个合作模式成功，那么，2015年抗战胜利70周年的庆祝活动和学术讨论活动，可以照此精神办理。

如果2011年和2015年两场重大纪念活动举办成功，对于推动两岸人民对辛亥革命和抗战胜利重大纪念的历史意义会形成共识，至少会消弭许多误会，会对加深两岸人民的历史认识产生非常大的积极意义，会大大提升中华民族的向心力和凝聚力，对促进中华民族的伟大复兴和国家的统一形成积极的精神力量。

两岸政治家和学术界领袖要拿出魄力，以团结合作的精神，促进这个建议的实现。而且一定要成功实现！

如果2011年和2015年两场重大纪念活动举办成功，实际上就形成了一个两岸合作举办重大历史纪念活动的合作机制，这种机制既是政治上的，也是学术上的，既关涉大众，也关涉精英，从历史认识入手，会极大地拉近两岸人民的距离。这两场纪念活动成功了，以下六场纪念活动也就容易成功了。其中，2016年11月孙中山诞辰150周年纪念、2017年7月卢沟桥事变80周年纪念、2019年5月五四运动爆发100周年纪念、2020年8月鸦片战争爆发180周年纪念，都是较为容易成功的。国共两党的第一次全国代表大会纪念，合作举办可能敏感性强一些，但是，在以上六次纪念活动成功举办后，这两次纪念活动成功的概率就增大了。

如果以上八次纪念活动基本成功，实际上两岸政治对话的基础就形成了。

2009年10月30日作于台北市仙岩路16巷39弄3号4楼

对未来两岸政治关系的可能
定位及发展刍议[*]

序　言

我演讲的题目是《对未来两岸政治关系的可能定位及发展刍议》。之所以叫刍议，是因为两岸对两岸关系的主张是"先经后政"，两岸之间的政治接触和讨论还拿不上台面，我作为局外人也只能献上刍议。再加上我是历史学者，不是政治学者，也不是两岸关系的研究者，所论可能隔靴搔痒，远离主题，敬请指正！

一　观察台湾现状的几条小史料

此次来台湾从事学术交流，已经一月。接触了一些单位和学术界人士，有几点细微的观察。

（1）此次来台，飞机是直航。但是我注意到，飞机从上海外海越过海峡中心线，然后在适当地方进入桃园机场。这条航线，谨守了海峡中心线的分际。

---

[*] 本文是作者在台北亚太和平基金会和政治大学国际关系研究中心两次演讲的基础上修改定稿。发表于台北《海峡评论》第229期，2010年1月1日出刊。部分内容刊载于台北《远望》杂志第256期，2010年元月号。收入张海鹏《书生议政——中国近现代史学者看台湾的历史与现实》，九州出版社，2011。

（2）我和妻子到台北车站附近新光三越购物。店里规定，购物超过了若干元可以获奖。我妻子前往打听，才知道我们没有"国民身份证"，算是外籍人士，不能获奖。

（3）我此行是因我所在的中国社会科学院近代史研究所与中央大学签订交流协议，我是来履行协议的。按照协议，双方互给来访的学者以适当生活补贴。领取生活补贴，在收据上签字时发现，收据上印有"含外籍人士20%所得税"字样。这就是说，我作为外籍人士，需要在生活补贴中缴纳20%的所得税。

（4）我应邀在台湾几所大学演讲，在助理给我发演讲费时，我发现再次被作为外籍人士看待（同样印在收据上）。一所大学的签单上印有"非中华民国国民身份证持有者须在外国人一栏签字"（大意），我必须在外国人一栏填写中国国籍，姓名也只能签在这里。我在外国人一栏填写中国国籍和姓名时，内心很是不安，五味杂陈。

（5）到"国史馆"查档案，大陆学者必须有台湾接待单位的介绍信。台湾学者则不必。我曾与"国史馆"某重要人士讨论，可否将大陆学者视同台湾学者？大陆学者虽没有台湾"国民身份证"，但是台湾当局发给大陆学者的"中华民国台湾地区入出境许可证"，许可证上有许可证号，应被视为权威证件。我建议将这个权威证件视同台湾居民的"国民身份证"。"国史馆"的那位朋友哑然，他对我的建议似有认同之意。但是第二天他在了解情况之后告诉我不能。

以上是我近日经历的几点细故。以下再说几个个人的观点。

（1）有几次，有马英九先生出席的机会，我正好在场。我几次听到马英九主席在演说中提到"中国的台湾"。我很注意。我记得2006年3月底在胡佛研究所听马英九主席的演讲《国民党与台湾》，其中他并没有说到"中国的台湾"。

（2）我曾有机会与中研院近代史研究所著名研究员、年过八旬的某先生见面，这位先生从前颇有"反革命"的外号，主张改良比革命好，也主张政党政治、民主政治。近来大为称赞大陆的发展，甚至不以大陆今日未能实现西方式民主政治为忤。

（3）近日与中国国民党党史会前主任委员、年过八旬的李先生晤面，李先生讲中国的前途，认为战争和杀戮的时代已经过去了，国共两党相互仇恨的时代也过去了，今后是和平的时代，应按照和平的方式实现国家的统一。他说,国家要统一,作为历史学家,这一点看得很清楚。我过去与李先生接触,感觉李先生是正统国民党人,反共观点强烈。1997 年曾应我的邀请到北京出席卢沟桥事变 60 周年学术讨论会,那是他第一次到大陆,至今他还很欣慰。

(4)我曾在阳明山上与几位台湾历史学家恳谈,大家对目前的两岸关系也感到满意。一位学者说,过去国共斗争是兄弟之争,今后要共同为中华复兴而努力。

(5)我们在购物时接触了不少商场售货员,也有出租车司机,他们与我们谈话,普遍夸奖大陆的发展,对 10 月 1 日国庆阅兵的威武壮观赞叹不已;相比台湾的经济停滞,啧有烦言。

我已经多次来过台湾,第一次在 1992 年 5 月,第二次在 1997 年 6 月,第三次在 2001 年 1 月,第四次在 2003 年 3 月,第五次在 2005 年 11 月。前两次是李登辉执政时期,后三次是民进党执政时期。每次来都有不同感受。此次耳闻目见,发现普通老百姓和精英人士关于大陆的言谈有了很大的变化,情绪较为高涨。我判断,这与大陆近些年来的发展有关,也与 2008 年国民党重新执政后两岸关系发生的积极变化有关。我接触到的台湾朋友中,大多数人都对马英九的两岸政策表示肯定,对两岸关系的改善抱有相当期许。

二 对当前两岸政治关系现状的粗浅观察

李登辉在执政末期(1999 年)提出了"两国论",引起了两岸关系的倒退。陈水扁执政时代,贯穿"四不一没有"的是"一边一国",并且大打"台独"牌,两岸关系更是大倒退,甚至濒临战争的边缘。2005 年 3 月全国人民代表大会通过的《反分裂国家法》正是针对这种情况制定的。"台独"势力以执政者的身份,采取一系列"去中国化"的步骤,尤其是想要通过所谓"公投"和"制宪"的办法,从"文化台独"走向"法理台独",企图改变台湾现行状况,破坏台湾海峡两岸的和平局势。如果不制止"台独"分裂势力分裂国家的活动,势必严重威胁中国的主权和领土完整,严重威胁国家和平统一的前景。19 世纪 60 年代美国在南北战争期间不惜以 60 万人的牺牲打了一场统一战争，并制定了《反脱离联邦法》，立法原意在于限制南方州奴隶主分裂联邦国家的行为，维护美国的统一。华盛顿的林肯纪念馆为了纪念林肯，在林肯铜像背后的墙上刻上了林肯维护国家统一的功绩。《反分裂国家法》与《反脱离联邦法》具有同样的立法原意。

《反分裂国家法》以《中华人民共和国宪法》为法源依据，以国家专门法的形式，宣布一个中国的坚定原则，是对"台独"分裂势力的严正警告，是对台湾地区领导人"台独"活动的严正警告，也是对今后台湾地区上台执政的任何领导人的执政原则的警告。以国家专门法的形式，把一个中国的原则，把台湾是中国的一部分的原则规定下来，对活动在台湾政治舞台上的任何政党，特别是主张"台独"的政党划出了底线。遵守这个底线，在这个底线范围内活动，两岸关系就是和平的；越出这个底线，出现了以任何名义、任何方式造成台湾从中国分裂出去的事实，或者发生将会导致台湾从中国分裂出去的重大事变，或者和平统一的可能性完全丧失，就会在两岸关系上出现非和平的局面。是否出现非和平局面，其实主动权在"台独"势力，在台湾执政的政党。一些分析人士所说的"台独不独，中共不武"，大概就是这个意思。一旦出现非和平局面，"台独"势力、在台湾执政的政党的主动权就丧失了。那时候，《反分裂国家法》规定的国家意志就要执行，任何人为的因素都阻挡不了。当然在那种情况下，国家统一的步伐就加快了。

2008年3月台湾"大选"，台湾选民用选票否决了"台独"势力继续执政的可能性。以马英九为代表的国民党势力上台执政，以积极的两岸政策，大大改善了两岸关系，使人们看到两岸政治关系可能改善的前景。两岸关系的整个形势发生了很大的变化。诸如两岸经贸关系扩大，台湾地位提升，呼吁了许多年的两岸"三通"终于得以实现，文化教育交流或者扩大，或者启动实施。ECFA正在紧锣密鼓地讨论，双方都希望年底以前能够启动谈判进程。这种变化，我在此次台湾之行的过程中，已经实际感受到了。前述第一节所列第二个五点，就是对这种感受的记录。

两岸政治关系上一个重大变化是，国民党及其执政团队接受了"一个中国"的政治前提。虽然有"一中各表"，两岸对"一个中国"的解释各有不同，但是两岸同时接受"一个中国"还是有着强烈的象征意义。它至少是用"一个中国"的象征意义，取代了"台独"势力的"一边一国"，排除了"台湾独立建国"的选项。这就为两岸之间的政治对话打下了一个好的基础。2005年胡锦涛与连战会谈达成的"两岸和平发展共同愿景"，不仅在吴伯雄担任主席的国民党党纲中反映出来，也再次在最近召开的国民党第十八次全国代表大会大会（"十八全"）上进入国民党党纲。这表明国共两党在"和平发展"四个字上有了共同语言，初步形成了互信。如果这种"共同语言"和"互信"在台湾岛内各政党、各阶层乃至底层民众中能够被基本接受，在两岸执政党中间能够巩固、坚持和发展，那么，两岸关系当会有大的进步。

以上是对两岸政治关系的积极面的一种宏观的观察。当然也可以说到另一面。如果从完全现实的角度看当前的两岸政治关系，我感觉到实际上还是存在着"一边一国"的状况。国民党当局并没有改变李登辉当年在康奈尔大学炮制的"中华民国在台湾"的思想。这一思想在后来李登辉主导的"修宪"中多次明确地表达出来。

我这样说，是根据我实际考察所得到的印象。我在第一节里列举了5条小史料，意在证明我得到的印象。首先，直航飞机并不是真正的直航，虽然没有绕道香港，却实际遵循了海峡中心线，这是一条颇为敏感的虚线，它实际上隔开了一个中国的两个分离的地区，造成了"一边一国"的现实。如果不飞上海，由南京直下桃园，我看至少可以节省半个小时航程。其次，台湾方面在实际管理中，把来台的大陆人民当作"外籍人士"即外国人看待。我对这一点的感受是深刻的。我觉得，这与前几年杜正胜任台湾"教育部长"时所说的孙中山是外国人，对我的冲击是同样的。此点，我建议马英九执政团队，尤其是"行政院大陆委员会"需要加以思考、检讨。

十多年前，我在担任中国社会科学院近代史所所长时，接待过不少台湾来的学者朋友。一些朋友向我抱怨，大陆一些单位举办的学术会议，向台湾同胞收取会务费，与外国人一样；大陆公园收取门票，对台湾人和外国人同样收费。这些意见我认为是正确的。虽然，我明白，上述收费并没有法律和政策依据，我还是向有关方面反映了台湾学者的意见。后来事实上都取消了，在这些方面，台湾朋友与大陆朋友同样享受国民待遇。中研院近史所研究员林满红在《台湾认同危机背后的迷思》这篇文章里，曾指出台商在大陆的企业，根据大陆中央和地方法规，不算是"国内投资",而是"国外投资"。我认为,这是只知其一,不知其二。大陆改革开放之初,为了吸引港台投资,给予港台投资商以更大的优惠,在法律、法规制定上规定港台投资参照或适用于"外商投资规定",这样港台投资商就获得了很大的减税、免税优惠。这是有利于台商经营的,也是台商特别是中小台商大多盈利的原因之一。经过二十多年的发展,大陆经济发展了,港台商人的经济实力也壮大了,大陆民营资本和国有资本深感在税收减免上与外商和港台商人处在不平等的起跑线上,强烈呼吁改变为普遍的国民待遇。2005年全国人民代表大会通过的《中华人民共和国所得税法》,已经规定在中国的中外商人在税收上享受同样的国民待遇。台商在大陆的身份,是依据"台胞证",有了"台胞证",台湾朋友可以享受各种权利。当然,"台胞证"也不等于大陆公民的"居民身份证",但是"台胞证"比起来台大陆居民的"中华民国台湾地区入出境许可证",其地位要高得多,这也是一个事实。

以上可见,在两岸统一解决以前,两岸秉持的"一个中国"是理念上的,不是事实上的。

三 对两岸政治关系可能定位的设想

个人认为,1991年国民党执政时代通过的"国家统一纲领",基本上还是一个应该沿用的纲领。那时候,李登辉上台不久,政治路线还基本上承续蒋经国时代。制定这个纲领至少有两方面的含义:一方面,为了应对中共"和平统一,一国两制"以及"三通"的呼吁,把国家统一的目标放得很长远,既可以等待时局变化,又可以应付中共攻势;另一方面,制定这个纲领表明了中国国民党对国家统一的期望,这个纲领实际上排除了"台独"倾向,或者政治上走"台独"路线的可能性。李登辉执政后期,政治上倒向"台独",通过多次"修宪",提出种种倾向"台独"的政治主张,实际上把由他自己主持制定的"国家统一纲领"搁置了。陈水扁执政,以"台独"为纲,并以"国家"名义,在2006年将"国家统一纲领"以"冻结"的形式废止了。从此"国家统一纲领"不再被提起。

我认为,今天讨论两岸政治关系的可能定位,首先要讨论台湾的定位。讨论台湾的定位，浅见以为，恢复或者重新制定"国家统一纲领"是一个必须面对的前提。

自1949年以后，中国政府一向反对"一中一台"，反对"两个中国"。台湾在国民党执政期间实际上也反对"一中一台"，反对"两个中国"。这个立场至今没有改变。我以为，这个立场原则上是对的。反对"一中一台"固不必说；反对"两个中国"，是20世纪50年代必须提出的课题。时间过去60年，今天，固然全世界绝大多数国家以及联合国不承认"中华民国"是一个独立的主权国家，"中华民国"在联合国没有自己的席位，几乎所有需要主权国家才能进入的国际组织，"中华民国"都不能参加，但是仍有二十多个国家（尽管是很小很小的国家）承认"中华民国"。换句话说，在这二十多个国家的法律里，"中华民国"是作为一个独立主权国家存在的。这就是说，中华人民共和国和"中华民国""两个中国"同时并存而未能相互取代的事实，客观上至今没有改变。从"汉贼不两立"的立场出发，海峡两边都反对"两个中国"。争论只是谁是"汉"，谁是"贼"。因此，我们可以说，在"两个中国"中的一个"中国"被消灭以前，在"一个中国"成为事实的过程结束以前，双方都默认了"两个中国"的现状。如果不默认这一点，海基会、海协会两只"白手套"还要它做什么呢？我们似乎可以这样说：两岸在"立国"原则上是互不承认对方，在现实考虑上是"互不否认对方"。

在相互默认的前提下，台湾还有一些工作可做。召开"国是会议"，宣布恢复或者重订"国家统一纲领"是一个重要的选项。当然，今天台湾族群分裂较之90年代更甚，"国是会议"能否顺利取得共识，可能是一个难题。但是通过"国是会议"的召开形成一定的舆论氛围则是进一步讨论的基础。望难却步，不是为政者长远之计。当然，今天重订"国家统一纲领"不必重抄当年的旧章，可以根据今天新的时代条件，提出新的意见，但是这样的新意见，必须贯彻"一个中国"的思想；如果没有"一个中国"的思想，不如不做这件事。

按照"中华民国宪法"的精神，按照当年"国家统一纲领"的精神，体现"中华民国"主权的统治区域应该包括大陆地区。李登辉"修宪"期间达成的"中华民国统治区域不及于大陆"的规定不符合"中华民国宪法"精神，"中华民国在台湾"的说法需要修正，说"中华民国的有效统治区域在台湾"是可以的，说"中华民国在台湾"则有"违宪"之疵。按照这个精神，当前台湾各单位制定的将大陆合法来台居民作为外国人的规定需要修正。我记得，十多年前我在台湾一些单位领取演讲费，没有出现把大陆来台居民当作外国人的规定。这种规定的出现，我猜测，应该是在民进党执政时期。所以今后一个时期，台湾当局在众多公务中，是否应当把民进党执政时期在公共行政中，在管理层次上所采取的"去中国化"规定加以清理，予以修订，恐怕是需要提出来的问题。如果不修订，就对合法来台的大陆居民，尤其是以专家身份来台的大陆知识界人士在心理上带来打击，也不利于讨论台湾的政治定位。

外国人来台，是凭护照证明身份。两岸之间人员交往，没有采用国与国之间的护照形式。大陆居民来台离境，用的是"大陆居民往来台湾通行证"，进入台湾用的是"中华民国台湾地区入出境许可证"，许可证照片页上有大陆地区人民字样。这些都是很好的。这个许可证应该是大陆居民进入台湾后的身份证明，理论上，应该享有与持有台湾地区居民"国民身份证"相似的权利。十年以前来台（尤其是1992年5月第一次来台，大陆所发通行证要被扣留在机场），台湾地区给大陆居民所发的许可证是有权威性的。这些符合互不承认对方的精神。但是今天我看到的是，进入台湾后，台湾地区所发许可证的作用完全可有可无。我领取演讲费，工作人员向我索取护照（通行证）留下影印本，这似乎是必需的，许可证似乎并不必需。这样的务实管理，我相信，也是民进党执政时期的改变。以上虽然是事务管理上的技术性措施，但是它背后透露的是"一边一国"的思想。我认为需要清理。

进入90年代以来，李登辉在台湾内部机制上下了很大功夫，力图走出国共内战的阴影，在台湾内部民意上造成在台湾的"中华民国"是独立主权国家的意向，在国际上造成"中华民国在台湾"是主权国家的印象。即使是统派，除了少数外，大多由于以往国民党在台湾实行彻底的反共教育，也都有着台湾是"主权独立国家"的意识。前几年，有台湾学者尖锐指出：在今天的台湾，只有泛蓝和泛绿，没有统派和独派。所谓泛蓝和泛绿，实质上只剩下深绿和浅绿的区别了。即使国民党上台执政，他们能够打出的旗号，还是"中华民国在台湾"。

1994年，在李登辉"宪政改革"主张的操纵下，二届"国大"开展第三次"修宪",强行通过了"总统直选"的原则规定,1996 年执行。这表面上涉及"内阁制"到"总统制"行政体制的变化,实际上,借此改变,确立了"中华民国在台湾"的原则。"总统直选"增修条文规定:"总统、副总统由中华民国自由地区全体人民直接选举之。""总统"从"委任"到直选的改变,改变了台湾是中国的一个省的形象,"总统"由台湾地区人民自由选出,与全中国人民无关。

明确台湾的地位,愚以为要恢复台湾省的地位。1997 年"修宪""冻省"之举,是李登辉与民进党制衡宋楚瑜的重大的政治举措,但是它的核心在于告别"一个中国",明确"中华民国在台湾",是走向"台独"的重要过渡步骤。也许台湾当局未必想到这件事。但是此举对于明确一个中国中的台湾地位,是必要之举。

2005 年在陈水扁主持下,5 月召开"任务型国大",通过了废除"国民代表大会"等条文,从此"国大"作为文字停留在"宪法"上,"国大"的职权由其他机构代行。这表面上是台湾地区民主的重大进步,实际上暗含了告别"一个中国",进一步明确"中华民国在台湾",同样是走向"台独"的重要过渡步骤。

"台独"是一步一步走的。并不是只有民进党党纲上载有"台独",台湾实际政治生活和社会生活中,已经可以看出与两蒋时代不同的政治特征,把这些特征看成是"台独"步骤是可以的。

四 对未来两岸政治关系定位的猜想

讨论两岸未来的政治关系定位,首先要明白两岸现状的由来。两岸现状的形成,毫无疑义地是 1949 年前中国国内内战的产物。内战的双方分别治理着中国的大陆和台湾。从理论上说,内战并未结束。内战的双方经过了 60 年的生息和发展,人事变迁,变化已经很大。今天,在两岸主政的是国共两党,国共两党正好是当年内战的两造。两岸都已不主张再打下去,两岸人民也不希望再打下去,国共两党也不希望再打下去。再打,对两岸人民不利,尤其是对台湾人民不利。因此,两岸择机签订和平协议,已经是势所必然。通过和平协议,宣布结束内战,规定内战双方在国家中的地位。两岸通过签订和平协议,宣布内战结束,就宣告了通过和平方式解决国家统一问题的可能性。两岸执政党和社会精英应当把握时机，丧失时机，是要以历史教训作为补偿的。

两岸和平协议何时签，怎么签，是需要做些讨论的。马英九现在立足尚不完全稳定，行政能力尚待表现，执政的战略策略尚待完善描述，两岸政策也有待明确。可以设想，如果在 2009 年底以前或者稍后不长时间内两岸能签订 ECFA，接着双方组织工作班子，详细讨论和平协议内容各事项，尽可能形成共识，争取在 2011 年辛亥革命 100 周年时签订和平协议。这是最理想的。辛亥革命 100 周年纪念日是一个对两岸都大吉大利的日子，建议最好由中国共产党和中国国民党联合举办盛大庆祝仪式，在这个仪式上正式宣布和平协议的签订。许多人认为这个时间太急促。也可以设想，2012 年之前，两岸开始做实质准备。在准备阶段就必须拿出双方原则上认可的并且是共赢的方案。一旦马英九第二次当选，立即正式签订。和平协议旷日持久不签订，是不妥的。抓住两岸关系积极向好发展的时机，尽快签订和平协议，是时代发展的需要。即使再次发生政党轮替，无论哪一党在台上，都必须面对这个话题。这就是时代趋势。这是因为，两岸统一问题，说到底，无非两种方式：和平方式和非和平方式。时代趋势不允许长期拖下去。

和平协议怎么签，签些什么内容？我主张基本上应包括三项内容。一是内战终结问题；二是两岸军事互信问题；三是两岸政治定位问题。关于内战终结，可简略回顾内战起因（包含 1945 年 10 月重庆谈判和 1946 年政协决议的不能执行），以及 1949 年 4 月国共和平谈判的失败，意涵此次和平协议可与上次和平谈判相衔接，明确宣布立即停止内战，握手言和；关于两岸军事互信问题，应明白规定，言和后，两岸互不以对方为假想敌，互不瞄准对方，台湾可以采购以台湾安全为需要的军事设备，相互通报台湾海峡以及南海安全问题，在台湾及台湾海峡和南海遭外敌进攻时，两岸采取共同防卫立场，等等；关于两岸政治定位问题，明确中国统一的意向，明确在统一前对"中华民国"称呼的态度，明确两岸应组成项目小组，研究有关统一的进程和各项安排。

在这里，我对于当前舆论界有关两岸统一谈判问题的外国干预问题，亦即所谓"三项准备"说和"二轨"说发表一点简单评论。

10 月 17 日《联合报》载，在台美双方智库合办的"马（英九）

欧(巴马)执政下的台美中三边关系讨论会"上,亚太和平基金会董事长赵春山发表结论:据他了解的"政府高层目前的想法",在启动两岸和平协议或军事互信机制谈判前,台湾必须完成"三项准备":(1)"ECFA(两岸经济合作协议)、MOU(两岸金融监理合作备忘录)完成签署";(2)"国内达成共识";(3)"国际社会接受"。还有报载,美国副国务卿发言表示,在两岸和平谈判中,美国可通过台美中"二轨"渠道,发表意见,进行干预。这些意见,已经引起两岸广泛注意。王晓波教授在"两岸和平协议启动时机与条件"研讨会上,对上述赵春山的"三项准备"发表了评论,随后他在《海峡评论》第227期上著文,针对赵春山的"三项准备"指出,"亡国的条件我们不能接受",表示根本无需所谓"二轨"。同时,他也指出,所谓"国内达成共识",无异于缘木求鱼,只能取多数决;提出"共识",是拒绝两岸政治协议的搪塞之词。我同意这些意见。主权国家决定国家内政,根本无需美国插上一脚。今天的中国,已非60年前的中国。我们完全有能力处理好自己家里的内务。在两岸和平协议谈判过程中,我们可以向美方通报情况,听取它的意见,但是拒绝它的"二轨"身份,拒绝它的调停者、仲裁者身份。我想热爱中国,关心中国前途的人士,不会拒绝这种态度。如果说有什么"二轨"的话,只能存在于两岸智库之间。

关于"中华民国"问题,还可以做如下讨论。

台湾在两蒋统治的时代,顶住国际压力,否定"两个中国""一中一台""台湾独立""台湾地位未定论",坚持"中华民国"是代表中国的唯一合法政府,否定中华人民共和国政府的存在。这个"坚持"有两方面的象征意义:一是本着中国历史上"汉贼不两立"的传统,表示"一个中国"的存在;二是表示中国内战没有结束,中国统一没有完成。

这两点象征意义,在中国统一没有完成的前提下,具有一定的积极意义。这个积极意义在于,"中华民国政府"虽然不是代表中国的合法政府,但它却坚持世界上只有"一个中国"的原则。然而,它也有消极意义,这就是,它的"一个中国"是"中华民国",至今仍吸引了一些国家的承认。今天的国际现实,在某种意义上,肯定了"两个中国"即中华人民共和国和"中华民国"的存在。这为我们处理海峡两岸关系问题带来了困扰。台湾方面，国民党在台上的时候同意1992年海基会与海协会达成"一个中国，各自表述"，就是以"中华民国"的"合法性"存在为根据。今天大陆承认"九二共识"，实际上也承认了这个事实。大陆承认的"九二共识"，重点在"一个中国"，这个中国就是中华人民共和国；国民党当局承认的"九二共识"，重点在"一中各表"。这就是中华人民共和国和"中华民国"同时存在，"一个中国"有各自不同的含义。

如果台湾当局（不管是民进党还是国民党）明确认可"九二共识"，那就是认可一个中国，但是这个中国是"一中各表"。这就表明大陆在现实上是承认台湾存在"中华民国"的。拿"中华民国"和"台独"斗，是有一定意义的；拿"中华民国"和"中华人民共和国"斗，则是不能接受的。这是一个两难。

问题还是要回到中华人民共和国和"中华民国"，从国家统一的大局出发，只能保留一个。大陆面积是台湾的270倍，人口是台湾人口的56.5倍，按人口平均，大陆收入不如台湾，但是按照GDP总值和外汇存底，则比台湾多得多。是保留中华人民共和国还是保留"中华民国"，不是一个很难判断的问题。也有另外一种意见，认为"中华民国"建立将近百年，中华人民共和国建立不过60年，从时间概念来说，不应该取消"中华民国"。这不是一种讨论问题的好方式。近百年的中国历史已经被彻底改写了。中华人民共和国作为代表中国的唯一的合法政府，早已在世界上确立了自己的地位，并且有效地管理着960多万平方公里土地及其人民，创造了中国历史上最好的发展时机。取消中华人民共和国，不仅完全无此民意基础，在中国国内，也看不到这种情况出现的任何前景。看现实，与看历史一样，都需要从事实出发。

如果排除了非和平方式，台湾在拒绝"和平统一，一国两制"的道路上似乎还可以走很远。但是无限拖下去，必然造成"两个中国"同时存在的不应有局面。这个局面，反过来，就是形成非和平方式解决台湾问题的根由。台湾与祖国统一问题，是全国人民的民意所在。观察2005年3月第十届全国人民代表大会通过《反分裂国家法》的情景，历历在目。我在第十届全国人民代表大会期间参加的所有投票，只有《反分裂国家法》是零票反对通过。主席宣布通过后，全体代表长时间热烈鼓掌。这是非常说明问题的。因此，无限期拖下去，会极大地伤害民意。我担心那时候，大陆人民的耐心能坚持多久。

浅见以为，在"和平统一，一国两制"的总方针下，台湾接受特别自治区的地位似乎是一个好的选择。这个选择，虽然不再有"中华民国"的名号，但是却可以享有"对等政治实体"的实质利益，台湾现有的一切都不会改变，当然包括现行的政治、经济、军事体制。我觉得，在这个前提下，台湾还有一些可以与大陆讨价还价的条件。

现在总体来说，台湾与大陆讨价还价的条件已经失去了很多。不抓紧时间，这样的条件还会继续流失。弄得不好，台湾政治地位的路会越来越逼仄，我为此为台湾人民忧虑。

18年前，我第一次到台湾来进行学术访问。那时候，台湾的外汇存底超过了1000亿美元，大陆只有几百亿美元。与台湾学者谈起来，我颇有窘迫之感。今天，大陆外汇存底超过了两万亿美元，稳坐世界第一。今年，在金融危机的形势下，中美、中日之间的贸易额都超过了2000亿美元，中国成为美国最大的债主。美国、日本不得不在实际上改变对华政策。美国不久前执政的奥巴马政权、日本新近执政的鸠山政权都表现出这种趋势。这种改变，我想自然包括对台政策。具体改变，我不能妄测，但绝不会使台湾感到比过去更好过。国际情势在变化，两岸情势也在变化，台湾的民心也在变化，顺应这种变化，台湾会有更好的前途；违逆这种变化，台湾政治前途不难预估也。

10月6日，我乘中国国际航空公司的飞机抵达桃园机场。偌大的飞机上载客不过百人。我走进机场，发现整个桃园机场就只有这百多人，显得过于冷清。这心里顿时感到凄惶。前五次过桃园机场，总是熙熙攘攘，川流不息，这次是怎么了？我曾问空姐：为何机上乘客如此之少？回答返程时是满员。乘客不往台湾流，都往大陆流，说明什么呢？台湾乘客往大陆流，台商赚的美元每年大约有700亿往台湾流，这说明什么呢？

台湾的政客们摩拳擦掌，名嘴们在电视上口沫横飞，你们是否注意到了台湾的现实呢，是否听到了台湾底层人民的心音呢？

我衷心地为台湾的前途祝福。

2009年11月11日晚于台北市仙岩路16巷30弄3号4楼
11月21日晚再改于香港浸会大学吴多泰国际中心
12月22日定稿于北京东厂胡同1号

海峡两岸关系发展趋势蠡测[*]

序 言

　　2008年5月，以马英九为代表的中国国民党上台执政，以承认"九二共识"这样积极的两岸政策，改善了两岸关系，使人们看到两岸政治关系可能改善的前景。两岸关系的整个形势发生了很大的变化。例如，两岸经贸关系扩大，台湾地位提升，叫了许多年的两岸"三通"终于得以实现，文化教育交流或者扩大，或者启动实施，ECFA正在紧锣密鼓地讨论，双方都希望在6月底以前能够签订。海峡两岸之间已经基本上形成和平、发展、交流的发展趋势。较之"台独"势力扩张的时期，这是令人欣慰的发展。我们乐于看到这种积极的发展趋势继续下去。

　　两岸政治关系上一个重大变化是，国民党及其执政团队接受了"一个中国"的政治前提。虽然有"一中各表"，两岸对"一个中国"的解释各有不同，但是两岸同时接受"一个中国"还是有着强烈的象征意义。它至少是用"一个中国"的象征意义，取代了"台独"势力的"一边一国"，排除了"台湾独立建国"的选项。这就为两岸之间的政治对话打下了一个好的基础。2005年胡锦涛与连战会谈达成的"两岸和平发展共同愿景"，不仅在吴伯雄担任主席的中国国民党党纲中反映

---

[*] 本文是为香港崇正总会和珠海书院在香港举办的"2010海峡两岸和港台关系学术讨论会"准备的，作者在6月1日的会议上做了主题发言。收入张海鹏《书生议政——中国近现代史学者看台湾的历史与现实》，九州出版社，2011。

出来，也再次在 2009 年 10 月召开的中国国民党十八全大会上进入国民党党纲。在这次大会上，马英九再次担任中国国民党主席。这表明国共两党在"和平发展"四个字上有了共同语言，初步形成了互信。如果这种"共同语言"和"互信"在台湾岛内各政党、各阶层乃至底层民众中能够被基本接受，在两岸执政党中间能够巩固、坚持和发展，那么，台海两岸关系当会有大的进步。

为什么讨论海峡两岸关系？

本次在香港讨论海峡两岸和台港关系为了什么？是为了探讨海峡两岸关系的走势，探讨近程目的如何和远程目的如何。从近程看，保持和平和稳定是首先要考虑的，就是不要打仗。60 年来的两岸关系，都是在可能打仗的阴影下变化的，直到今天，军事对峙这个问题还没有解决，两岸之间的军事互信还建立不起来。可见，要不打仗并不是一个很简单的问题。去年 11 月，在台北举行两岸一甲子学术讨论会，一些记者围着出席会议的中国人民解放军退役中将、中国孙子兵法研究会名誉会长李际均问，大陆是否可以撤走瞄准台湾的飞弹，李际均回答得很干脆：这个问题是谈判的结果，不是谈判的前提。他还说："导弹不是威胁，'台独'才是威胁，我们身上最大的'痈疽'就是两岸分裂，要防止外部势力拿这个'痈疽'以华治华、牵制中国。"[①] 前不久，"行政院大陆委员会"副主任委员赵建民在淡江大学演讲时表示："大陆对台湾永远是威胁。"[②] 这是台湾主管两岸关系的现任官员说的话。这样的说法，显然对缓和两岸局势没有帮助。

可见，解决不打仗问题不是一个简单的问题。着急也是不行的。为了不打仗，就要做很多工作，就要"先经后政"，加强两岸文化交流，加强人文往来，加强经济交流，不仅要签 MOU（两岸金融监理合作备忘录），还要签 ECFA（两岸经济合作架构协议），要互设银行办事处，互设旅游办事处，等等。"双英"电视辩论早已结束，据舆论反映，马

[①] 中新社记者李佳佳、黄少华台北 11 月 14 日电，2009 年 11 月 15 日，中国新闻网。
[②] 台北"中央社"2010 年 3 月 31 日电。

英九表现优于蔡英文。在岛内，签订 ECFA，似乎已无悬念。这些都是好消息，有利于减少敌对，有利于推进两岸关系。这是值得充分肯定的。

以上这些，在讨论两岸关系时，都是必须探讨的问题。但是，讨论两岸关系，不应仅止于此。我的意见是，讨论两岸关系，如果不讨论国家统一问题，是没有意义的。探讨上述问题，如果不与国家统一问题结合起来，就不是以"一个中国"为前提，就会变成国与国之间的关系问题。站在"台独"立场，也是可以讨论上述关系问题的。当然，站在"台独"立场是不能就上述问题成功达成协议的，这是可以断言的。民进党执政八年的历史，已经证明这个论断的成立。

对两岸关系现实状况的观察

国家统一大业，是海峡两岸人民和政党必须面对的历史课题。大陆有一个声音，就是"和平统一，一国两制"。大陆人民期望用和平方式达成国家统一，期望用"一国两制"把两岸的人民团结起来，为中华民族的复兴积聚最大的能量，为两岸人民、全体中国人创造更为美好的生活。

台湾有多个声音。马英九在竞选时提出过"终极统一"，受到民进党猛烈批评。马英九上台后，提出"三不"主张，即"不统、不独、不武"。民进党主张"台湾独立建国"。据估计，有 1/3 的民众倾向于主张"台独"，主张"急统""急独"的民众都不太多，大多数民众主张"维持现状"。实际上，主张维持现状，我们可以理解为起码不赞成"台独"。因此，在台湾，反对"台独"的是多数人。这就使"和平统一"的国策，在两岸之间具有了民意基础。换句话说，"和平统一"的国策是以反"台独"为前提的，是反对"台独"势力的结果。"台独"就是战争，"台独"就没有和平。2005 年 3 月全国人民代表大会通过的作为国家大法的《反分裂国家法》，把"台独"的路堵死了。这与 19 世纪 60 年代的美国情况相似。19 世纪 60 年代美国在南北战争期间不惜以 60 万人的牺牲打了一场统一战争，并制定了《反脱离联邦法》，立法原意在限制南方州奴隶主的分裂联邦国家的行为，维护美国的国家统一。华盛顿的林肯纪念馆为了纪念林肯，在林肯铜像背后的墙上刻上了林肯维护国家统一的功绩。《反分裂国家法》与《反脱离联邦法》具有同样的立法原意。

《反分裂国家法》以《中华人民共和国宪法》为法源依据，以国家专门法的形式，宣布一个中国的坚定原则，是对"台独"分裂势力的严正警告，是对台湾地区领导人的"台独"活动的严正警告，也是对台湾地区上台执政的任何领导人的执政原则的警告。以国家专门法的形式，把一个中国的原则，把台湾是中国的一部分的原则规定下来，对活动在台湾政治舞台上的任何政党，特别是主张"台独"的政党划出了底线。遵守这个底线，在这个底线范围内活动，台海两岸关系就是和平的；越出这个底线，出现了以任何名义、任何方式造成台湾从中国分裂出去的事实，或者发生将会导致台湾从中国分裂出去的重大事变，或者和平统一的可能性完全丧失，就会在台海两岸关系上出现非和平的局面。是否出现非和平局面，其实主动权在"台独"势力，在台湾执政的政党。一些分析人士所说的"台独不独，中共不武"，大概就是这个意思。一旦出现非和平局面，"台独"势力、在台湾执政的政党的主动权就丧失了。那时候，《反分裂国家法》规定的国家意志就要执行，任何人为的因素都阻挡不了。

堵死了走向"台独"的路，才出现了2008年5月台湾政治局面的积极变化，才出现了今天两岸之间和平发展的景象，大大减少了军事对峙、一触即发的紧张局面。因此可以说，这个局面的形成，是摒弃"台独"选项的结果，是共同具有"一个中国"认知的结果。

这个"一个中国"认知，在大陆，是明确而又坚定的；在台湾，却是含糊、犹疑和动摇的。马英九最近接受《华盛顿邮报》记者访问，说大陆在口头上"搁置统一主张"，台湾则"克制'台独'要求"，共同致力于维护和平；说大陆和台湾共同致力于维护和平，大体上是可以的，但说大陆在口头上搁置统一主张，是不正确的观察。大陆从来没有放弃国家统一的主张。难怪国台办新闻发言人旋即用正面阐述的方式委婉地驳正了马英九的说法。暂时没有形成统一的条件，先要做许多工作来促成统一条件的形成，目的是促成国家的统一，这是从来不含糊的。倒是马英九说台湾在"克制'台独'要求"，可能道出了他的心声，说明了他在摒弃"台独"上不坚决，他对台湾的"台独"立场仅止于"克制"，这是否说明马英九在"一个中国"主张上的犹疑与动摇呢。

前面提到马英九在"一个中国"认知上的犹疑和动摇。赵建民指出，台湾蓝绿阵营有共识，台湾与美国关系要优于两岸关系，因为美国是盟邦，台美关系是全面的，但台湾与大陆不会如此。赵建民表示，"政府"理解大陆对台湾永远是威胁，因此要让大陆永远想着经济。至于统一问题，两岸做生意与统一有什么关系？做生意不一定会结婚，反对党不赞成统一，不能就假设别人要统一。[①] 看起来，台湾当局的主意，是要大陆永远想着做生意，不要想统一。这是一种很幼稚的单向度人的单向度思考。

台湾岛内，蓝绿两个阵营势如水火。我们看"立法院"经常上演的肢体仗，竟然连大陆生来台就读都要演出全武行，令人诧异。这种情况，说势同水火，恐不为过。但是，蓝绿两大阵营也不是全无共识，如前面提到的赵建民所说台美关系优于两岸关系，就是一个共识。还有一个共识，那就是李登辉发明的"中华民国在台湾"，永远维持现状。台湾当局坚持的"中华民国"无论马英九在台上，还是陈水扁在台上，实际上还是"中华民国在台湾"。陈水扁虽然高调"独立建国"，他还是做不到。李登辉讥笑他没有宣布"台湾建国"，陈水扁强调做不到就是做不到，而且反唇相讥，你在台上怎么不做呢？这说明，"中华民国在台湾"是国、民两党的共识。"两国论"和"一边一国"，是李登辉和陈水扁的政治遗产。马英九公开没有赞成过"两国论"和"一边一国"，在实际的公务中执行了"两国论"和"一边一国"的方针。本人去年秋冬之际，在台湾生活了一个半月，实际感受到了这一方针。[②] 马英九"三不"主张，"不独"，民进党不高兴，"不统"和"不武"，民进党完全可以接受。这当然也是共识。

观察两岸关系，如果从完全现实的角度看当前的两岸政治关系，我感觉到实际上还是存在着"一边一国"的状况。国民党当局并没有改变李登辉当年在康奈尔大学炮制的"中华民国在台湾"的思想。这一

---

① 台北"中央社"2010年3月31日电。
② 各大学在致送演讲报酬时，助理都要求我在"非中华民国国民身份证"那一栏签字，那一栏恰恰是外国人填写的一栏。有时候，我只能在外国人那一栏填写中国国籍，令人啼笑皆非，分外难受。这种感受，本人在1992年、1997年是未曾有过的。可见民进党执政，不仅在意识形态上，在文化教育上，而且在行政管理措施上，实际推行了"一边一国"的政策。按照"一个中国"的精神，当前台湾各单位制定的将大陆合法来台居民作为外国人的规定需要修正。

思想在后来李登辉主导的"修宪"中多次明确地表达出来。

以上可见,在两岸统一解决以前,两岸秉持的"一个中国"是理念上的,不是事实上的。事实上,或者说,在务实管理上,两岸仍是"一边一国"。

马英九的两岸政策的着眼点,主要是拉抬台湾的经济。两岸的关系,是经济关系,他不愿意把政治扯进去。赵建民的演讲,在一定程度上反映了马英九的思想。他上台后,没有公开说过自己是中国人,没有公开说过中国应该统一。尽管他上台时,有人劝过他。如他在台大的老师胡佛教授,曾建议马英九这个自己曾经教过的学生:"不要对两岸统一问题有所回避,两岸问题中共和国民党完全可以携手解决。"在胡佛看来,建立在所谓"台湾认同"基础上的两岸交流是否能够让两岸尽快走向统一,是值得担心的。[1] 曾在李登辉时代担任"监察院院长"的王作荣先生说:"我觉得马英九应该公开主张统一,他主张的'不统不独不武',并没真正为台湾的未来策划。""我觉得他应该采取这样的策略:就是直接公开主张统一,声明不是为了意识形态,也不是为了大陆,而是为了台湾人民的利益,从长期看,统一对台湾是有利的。四年后你不选我当'总统'没关系,但我当了'总统',我有这个权力,就执行我的理念,达到执政的目的。但他没有。"[2] 王作荣、胡佛这些真正爱台湾的人,他们的真知灼见,未能说服马英九。

国民党应当恢复"国家统一纲领"

1991年国民党执政时通过的"国家统一纲领",基本上还是一个应该沿用的纲领。那时候,李登辉上台不久,政治路线还基本上承续蒋经国时代。制定这个纲领至少有三方面的含义:第一,为了应对中共"和平统一,一国两制"以及"三通"的呼吁,把国家统一的目标放得很长远,既可以等待时局变化,又可以应付中共攻势;第二,制定这个纲领表明了中国国民党对国家统一的期望,这个纲领实际上排除了"台

---

[1] 凤凰信息 > 港澳台 > 两岸三地转载 2008 年 09 月 10 日,《环球时报》报道。
[2] 凤凰信息 > 港澳台 > 两岸三地转载 2008 年 08 月 02 日,南都网。

独"倾向，或者政治上走"台独"路线的可能性；第三，这个纲领，在那时的历史背景下，放弃了"汉贼不两立"的立场，承认大陆地区是一个政治实体。这一点看起来，似乎是一种善意，也为李登辉的"台独"立场埋下了伏笔。李登辉执政后期，政治上倒向"台独"，通过多次"修宪"，提出种种倾向"台独"的政治主张，实际上把由他自己主持制定的"国家统一纲领"搁浅了。2000年陈水扁执政，以"台独"为纲，并以"国家"名义，在2006年把"国家统一纲领"以"冻结"的形式废止了。从此"国家统一纲领"不再提起。

大陆一向反对"一中一台"，反对"两个中国"。台湾在国民党（两蒋）执政期间实际上也反对"一中一台"，反对"两个中国"。我以为，这个立场原则上是对的。反对"两个中国"，是20世纪50年代两岸分离的状况下必须提出的课题。时间过了60年，中华人民共和国和"中华民国""两个中国"同时并存而未能相互取代的事实，客观上至今没有改变。从"汉贼不两立"的立场出发，海峡两边都反对"两个中国"。争论只是谁是"汉"，谁是"贼"。因此，我们可以说，在"两个中国"中的一个"中国"被消灭以前，在"一个中国"成为事实的过程结束以前，双方都默认了"两个中国"的现状。如果不默认这一点，海基会、海协会两只"白手套"还要它做什么呢？我们似乎可以这样说：两岸在"立国"原则上是互不承认对方，在现实考虑上是"互不否认对方"。

按照"中华民国宪法"的精神，按照当年"国家统一纲领"的精神，体现"中华民国"主权的统治区域应该包括大陆地区。李登辉"修宪"期间达成的"中华民国统治区域不及于大陆"的规定不符合"中华民国宪法"精神，"中华民国在台湾"的说法需要修正，说"中华民国的有效统治区域在台湾"是可以的，说"中华民国在台湾"则有"违宪"之嫌。

进入90年代以来，李登辉在台湾内部机制上下了很大功夫，力图走出国共内战的阴影，在台湾内部民意上造成在台湾的"中华民国"是独立主权国家的意向，在国际上造成"中华民国在台湾"是主权国家的形象，在培养台湾民众的"独立"意识上取得相当成功。即使是统派，除了少数外，大多由于以往国民党在台湾实行彻底的反共教育，也都有着台湾是"主权独立国家"的意识。前几年，有台湾学者尖锐指出：今天台湾，只有泛蓝和泛绿，没有统派和独派。所谓泛蓝和泛绿，在"中华民国在台湾"是主权国家的认知上，实质上只剩下深绿和浅绿的区别了。

1994年，在李登辉"宪政改革"主张操纵下，二届"国大"开展第三次"修宪"，强行通过了"总统直选"的原则规定，1996年执行。这表面上涉及"内阁制"到"总统制"行政体制的变化，实际上，借此改变，确立了"中华民国在台湾"的原则。"总统直选"增修条文规定："总统、副总统由中华民国自由地区全体人民直接选举之"。"总统"从"委任"到直选的改变，改变了台湾是中国的一个省的形象，"总统"由台湾地区人民自由选出，与大陆人民无关。

1997年"修宪""冻省"之举，是李登辉与民进党制衡宋楚瑜的重大的政治举措，但是它的核心在于告别"一个中国"，明确"中华民国在台湾"，是走向"台独"的重要过渡步骤。因此，恢复台湾省的建制，对于明确一个中国中的台湾地位，是必要之举。

2005年在陈水扁主持下，5月召开"任务型国大"，通过了废除"国民代表大会"等条文，从此"国大"作为文字停留在"宪法"上，"国大"的职权由其他机构代行。这表面上是台湾地区民主的重大进步，实际上暗含了告别"一个中国"，进一步明确"中华民国在台湾"，同样是走向"台独"的重要过渡步骤。

"台独"是一步一步走的。并不是只有民进党党纲上载有"台独"，台湾实际政治生活和社会生活中，已经可以看出与两蒋时代不同的政治特征，把这些特征看成是"台独"步骤也是可以的。

因此，恢复"国家统一纲领"，对落实马英九"不独"主张，是有利的。马英九的"不独"如果不仅仅是作为竞选口号，还要作为严肃的政治主张的话，就应当这样做。当然，如果恢复"国家统一纲领"，马英九就需要修订"不统"立场。实际上，马英九是主张"终极统一"的，但作为策略手段，他用"不统"做了表达。

改变"先经后政"的固定模式，
谈经济也谈政治

马英九的任期已过了两年。"先经后政"的模式也走过了两年。这

是必要的。它对缓和两岸关系的作用是明显的。"行政院大陆委员会"副主任委员赵建民强调要让大陆永远想着经济，认为统一问题，与做生意没有什么关系。这种讲法，幸好只是赵建民个人的想法，如果这个讲法是台湾当局领导人的宏观思维定式，那对于正确处理两岸关系绝对是不利的，其前途必定要回到民进党执政的路线上去。为了避免这种前途，必须要打破"先经后政"的固定模式。在两岸关系的处理上，既要谈经济，也要谈政治。所谓谈政治，就是要讨论统一问题。

台生赴大陆，陆生来台，两岸互设银行办事处，互设旅游办事处等，就没有一点政治吗？恐怕也不尽然。也许眼前没有政治，将来也会衍生出政治问题。谈政治是难以避免的。

签订 ECFA，固然不涉及政治，但是签订后，还是要把结束内战状态、签订和平协定提到日程上来。马英九当局应当挺起胸膛，为历史留下分明可辨的痕迹。

从理论上说，内战并未结束。内战的双方经过了 60 年的生息和发展，人事变迁，变化已经很大。今天，在两岸主政的是国共两党，国共两党正好是当年内战的双方。两岸人民也不希望再打，国共两党也不希望再打。因此，两岸之间择机签订和平协议，已经是势所必然。通过和平协议，宣布结束内战，规定内战双方在国家中的地位。两岸通过签订和平协议，宣布内战结束，就宣告了通过和平方式解决国家统一问题的可能性。两岸执政党和社会精英应当把握时机，丧失时机，是要以历史教训为补偿的。

去年 11 月，我在台北出席两岸一甲子学术讨论会，提出了两岸共同举办纪念中国近代历史上八个重要事件的建议。这一建议已列入大会的共同结论。在此，本人愿意重提这个建议。

我看到，未来有八项大事值得两岸共同纪念：

1. 2011 年，辛亥革命 100 周年；
2. 2015 年，中国人民抗日战争暨世界反法西斯战争胜利 70 周年；
3. 2016 年，孙中山诞辰 150 周年；
4. 2017 年，卢沟桥事变 80 周年；
5. 2019 年，五四运动爆发 100 周年；

6. 2020 年，鸦片战争爆发 180 周年；
7. 2021 年，中国共产党第一次全国代表大会召开 100 周年；
8. 2024 年，中国国民党第一次全国代表大会召开 100 周年。

以上共列出八个年份发生的大事。这八件大事，都是中国近代历史上发生的大事，从鸦片战争到孙中山诞生，从辛亥革命到五四运动，从中国共产党到中国国民党的第一次全国代表大会，从卢沟桥事变到中国人民抗日战争的最后胜利，它们改变了自鸦片战争以来近代中国的历史进程，是近代中国发展到现代中国的最重要的几个标志，是所有中国人包括海外华人基本上有共识的历史事件。

为了加强和扩大两岸学术文化交流，建议首先在辛亥革命 100 周年纪念上建立合作机制。还有一年多，就是辛亥革命 100 周年。我建议，辛亥革命百周年纪念活动，可由中国共产党和中国国民党（也可考虑两岸其他党派）联合举办，共襄盛举。

辛亥革命百周年学术活动，以往在大陆都是由中国史学会和湖北省社会科学联合会联合主办。如果两岸合作，可否在上述两单位外，增加台湾的中国近代史研究会、香港的中国近代史研究会（或者还可以加上澳门的历史研究团体），共同举办。学术活动，当然以学术内容为主，也要体现一个中国原则，体现两岸和解、国共两党和解、中华民族团结向前看的精神，探讨辛亥革命在中国历史上，尤其是在近代中国历史上的作用和划时代意义。

如果这个合作模式成功，那么，2015 年抗战胜利 70 周年的庆祝活动和学术讨论活动，可以照此精神办理。如果 2011 年和 2015 年两场重大纪念活动举办成功，对于推动两岸人民对辛亥革命和抗战胜利重大纪念的历史意义会形成共识，至少会消弭许多误会，会对加深两岸人民的历史认识产生非常大的积极意义，会大大提升中华民族的向心力和凝聚力，对促进中华民族的伟大复兴和国家的统一形成积极的精神力量。

如果 2011 年和 2015 年两场重大纪念活动举办成功，就实际上形成了一个两岸合作举办重大历史纪念活动的合作机制，这种机制既是政治上的，也是学术上的，从历史认识入手，会极大地拉近两岸人民的距离。这两场纪念活动成功了，以下六场纪念活动也就容易成功了。其中，2016 年 11 月孙中山诞辰 150 周年纪念、2017 年 7 月卢沟桥事变 80

周年纪念、2019年5月五四运动爆发100周年纪念、2020年8月鸦片战争爆发180周年纪念，都是较为容易成功的。国共两党的第一次全国代表大会纪念，合作举办可能敏感性强一些，但是，在以上六次成功举办纪念活动后，这两次纪念活动成功的概率就增大了。

如果以上八次纪念活动基本成功，实际上两岸政治对话的基础就形成了。

文章写到这里，从网络上发现，台湾《联合报》5月15日报道，马英九在出席纪念"中华民国建国100周年"筹备委员会上明确表示，纪念辛亥革命事，两岸各干各的。看来，国共两党联合主办纪念辛亥革命大会，难以达成。这预示着海峡两岸政治接触的机会又要推后了。

总之，要推动国家统一进程，是两岸之间最核心的议题。要推动两岸之间的经济文化联系，也要推动两岸之间的政治联系，只有这样才能推动国家统一的进程。这是我此次发言的基本精神，请各位不吝指教。

2010年5月15日晚

超越党争　共倡统一[*]

——贺台湾《湖北文献》50周年

一

《湖北文献》于1966年在台北创刊，迄今已逾五十载。湖北文献社决定编辑出版五十周年专刊，以纪念前五十年的努力，激励后五十年继续前行。欣悉这个崇高的想法，我是很向往并钦佩的！

《湖北文献》是旅台湖北乡亲创办的思乡刊物，"以湖北人，写湖北事，以湖北事，传湖北人"，重点在于刊载近代湖北史事，建立和推动旅台湖北乡亲与湖北故乡的经济文化联系，"建构两岸乡亲文化思想感情交流平台"。这本刊物迄今已出版204期，这个宗旨，始终未曾漂移，这是令人欣慰的。

在汪大华社长主持下，纪念专刊以"灵秀湖北、战略崛起"开篇，以"荆楚文化、飘香宝岛"接续，以"惟楚有才、深耕台湾"终篇，极具深意。"灵秀湖北、战略崛起"，以大事记形式状写湖北1966年以来的经济社会发展，体现如汪大华社长所指明的"乘中华民族复兴之大势，展中部战略崛起之宏猷"，这是旅台鄂籍人士的故乡，也是他们的根。以根开篇，是不忘故乡，寄托乡愁，表达了中国人的基本品格，所

---

[*] 本文是为《湖北文献》五十周年专刊写的序言，发表于台北《远望》杂志2017年12月号。

谓开篇得宜。

以"荆楚文化、飘香宝岛"承接乡愁，是非常合适的。有什么根，开什么花。荆楚文化，飘香宝岛，发扬了故乡文化。我读湖北文献社副社长李庆安女士的雄文，感慨良多。李副社长对《湖北文献》逾半个世纪的发展做了一个很好的总结，提纲挈领，概括得宜，立论准确。我虽未读过五十年来《湖北文献》刊出的各篇大作，但看过了李副社长这个总结，《湖北文献》五十年的奋斗，深深印入了我的脑海。如果把《湖北文献》五十年的历史分成两个时期，前二十四年刊出的文章，主要记载了湖北的近代历史，包括辛亥革命武昌首义的历史、湖北的国民革命史、湖北的抗日战争史；后二十六年，刊物下大力气推动了两岸的交流，特别是旅台鄂籍同胞与故乡的经济文化交流。这个分期法尽管不尽贴切，但大体上是说得过去的。总之，这两件事都可称为大事，都是值得彪炳史册的。有这两件大事，《湖北文献》对于历史的贡献，就是完全值得肯定的了！

我还要明确指出，五十年来，《湖北文献》始终坚持一个中国的立场，始终坚持"大陆与台湾自古以来就同属一家，同根同源，台湾与大陆具有不可切割的血缘关系，台湾永远属于伟大的中华民族的一部分"的立场，坚持坚决反对"台独"的立场，《湖北文献》作为促进两岸经济文化交流的桥梁，始终坚守一个中国的原则。这是十分难能可贵的！正如李副社长庆安先生指出的："大陆台湾自古以来便同属一个中国，任何试图分裂两者的都是破坏国家统一的敌人。"掷地有声！这是湖北人的性格！看到这些，我的内心对《湖北文献》以及历代所有编辑先生的劳动顿生崇敬之情！

这本纪念专刊以"惟楚有才、深耕台湾"终篇，表示旅台鄂籍同胞以台湾为第二故乡，选择了其中五十一人为代表，为之作小传，表彰他们为中国、为台湾做出的贡献。无论是在政界、法律界、财经界还是在学术界、军界、文化界做出贡献的人士，都是值得我们尊重的人士，都是鄂人的杰出代表，都是湖北故乡的根在台湾结出的硕果。

二

在下也忝为鄂人，1939 年 5 月出生于湖北汉川县。张氏一族自明初从江西迁来汉川，已逾六百年。看到这么多鄂籍人士在台湾开花结果，甚为欣慰。

我作为历史学者，对上述旅台鄂籍知名人士，如宪法学家张知本，外交家王世杰、周书楷，学术界人士陶希圣、胡秋原、殷海光、李济、沈刚伯、徐复观等文人，是略有所知的，惜未曾谋面，未得请教机会。有几位，我曾面晤，得到请教机会。其中有汪大华、王作荣先生，昌彼得先生，冯明珠女士，还有彭荫刚先生。借这个机会，我说一下与他们晤面的情形。

2009年10—11月，我在台北做学术访问；11月中旬，在台北君悦大酒店出席"两岸一甲子"学术讨论会。此前，11月1日，我和妻子以及我的同事闻黎明研究员（湖北浠水闻一多先生长孙）应汪大华先生邀请，到台大尊贤楼会馆赴宴。号称湖北之友的卓遵宏先生（"国史"馆纂修）、湖北沔阳籍的世新大学喻蓉蓉教授作陪。席间与汪大华先生谈话有倾，得以了解汪先生身世和经历。汪先生提及汪敬虞先生是他的尊叔，汪同三是他的亲堂弟。这下，我们的关系就更近了。汪敬虞、汪同三父子同为中国社会科学院学部委员，汪敬虞是著名中国近代经济史学家，汪同三是中国社会科学院数量经济与技术经济研究所所长，又都是我认识的熟人。我向汪大华先生表达了希望拜访汉川王作荣先生的愿望，汪先生慨允协助。

11月7日，汪大华先生陪同我到复兴南路116巷22号拜访前辈王作荣先生。行前汪先生告诫我，王作荣先生脾气不大好，话不投机爱骂人，我们最多只能停留半小时。我做好了心理准备。进入王府客厅，王作荣先生起身迎客。王老先生女公子在场照应。这位女公子说话能用汉腔。我用纯粹的汉川话向老前辈致问候之意，他立即脸露笑容，轻声说我听懂了，并举手合十，表示感谢。王老先生出生于汉川马口白石湖附近的西王家，距离我的故乡张家大嘴不到五公里，我与他聊起西王家附近各个村庄的名字，他表示都知道。他说，他依稀记得儿时随父亲到张家大嘴看望他的姑祖母。这些记忆引起王老先生的感慨和兴奋。他讲起家庭情况和他少年时代读书经历。我说，2001年您回到武汉和汉川看了看，发表了文章，我看了很感动很钦佩。我说共产党在大陆犯过错误，但共产党确实为大陆人民做了好事。他认为，共产党把中国搞到现在这个样子，他很称赞。他说要以中华民族的利益为最大利益。这些话令我动容。我说，台湾的经验和教训，我们都在研究，我们发展中会注意。我告诉他大陆的高速公路已超过五万公里，250 公里时速的高速铁路里程已接近一万公里，350 公里时速的高速铁路正在推进，明年武汉到广州 350 公里时速的高速铁路就可开通了。他听了非常高兴。他说，他老了，想家乡，越老越想家乡。言谈之间甚为愉悦。我看谈话早已超过半小时，他没有不愉快。我说，我想多了解一些台湾几个四年经建的情况，以后可能还来向他作口述采访，他很愉快地表示同意。老先生已经九十一岁，我表示不能再打扰。他站起来签字送我他的著作，送我们到楼下揖别。

王老先生几本批判李登辉的书和他的自传《壮志未酬》，我都拜读了。在《壮志未酬》中他有一句名言："蒋经国不用我，不是我的损失，而是国家的损失！"

与彭荫刚先生见面是在 2016 年 4 月 15 日。我应邀出席中国近代史学会举办、"国史馆"承办的"互动与新局：三十年来两岸近代史学交流的回顾与展望学术座谈会"。散会后，彭荫刚先生以中正文教基金会董事长名义在台北"三军"俱乐部举办宴会，招待与会两岸学者，我被安排与他同席。彭先生给我的名片上列出的头衔是"中国航运有限公司"董事长。当我知道这位彭先生就是彭孟缉先生的公子时很是惊讶。我也涉猎台湾历史，就二二八事件写过文章，当然对陈仪、彭孟缉的大名是耳熟能详的。我曾问起彭孟缉先生身后是否留下日记。我的意思当然是想借机会多了解一些二二八事件期间的处理细节。彭先生说乃父身前是写有日记的，但去世前已全部付丙了。这不免令人叹息。彭先生说，乃父日记涉及机密太多，尤其与蒋经国关系密切，不愿身后留人指点。彭先生说，2015 年 9 月 3 日他曾参加天安门阅兵，正好我那时也在观礼台上。他告我，他将蒋介石 1937—1945 年日记送给了习近平。后来在博鳌开会时又送给了李克强。彭先生还提到昨天台北开南海问题国际研讨会，邀请各国学者出席，马英九做了 30 分钟英语演讲。一位加拿大学者说，加拿大与美国曾有岛屿纠纷，加拿大告到国际法院，美国拒绝接受判决。这个例子是为了说明，对菲律宾在国际仲裁法院的提告以及仲裁法院的判决，中国是可以拒绝的，这有国际先例可循。

席间我还认识了一位汉川籍的小同乡车守同先生，原来担任过《中央日报》的总编辑，现在还有中正文教基金会副秘书长头衔。

认识昌彼得先生，在 1992 年 5 月。我率团出席政治大学举办的"黄兴与近代中国"学术讨论会。这次访问台湾，是海峡两岸官方批准的第一次学术访问。会后，5 月 11 日下午参观位于外双溪的"故宫博物院"。秦院长孝仪先生接待。客人一行走进"故宫博物院"接待室，我看到只有秦孝仪院长一人坐在沙发上，穿着中式上衣的昌彼得副院长等多人都站在旁边。秦院长致欢迎词，我致答词。我带了一本我自己编著的《中国近代史稿地图集》、一把折扇，作为礼物，赠送秦院长。主宾礼节一过，秦院长扭头就批评陪同来访的政治大学历史研究所所长胡春惠教授说：你们召开黄兴的会，怎么不请我去？黄兴是湖南人，我也是湖南人。我不仅可以参加你们的会，还可以做你们会议的主席！胡春惠曾在党史会工作，那时，秦孝仪是党史会主任委员，胡正好是他的部下。胡春惠所长毕恭毕敬，立正回答，解释会议筹备的经过，一口一声秦主任委员。现场静悄悄的。我看场面甚尴尬。我作为客人，想把话头扭回来。我开口说话后，秦院长和颜悦色与我对话。我们的对话难以继续，秦院长又对胡春惠发脾气。胡春惠急忙中说了错话。他说，这一年，我在香港，筹备会务的小事，都是博士班的学生在做。晚上，秦孝仪院长在张大千纪念馆内摩耶精舍举办晚宴，说了一句带有检讨意思的话，他说下午他有点失态，就算把下午发生的事掩盖过去了。晚宴进行中，秦院长要我谈谈参观感想。我大约讲了三点：（1）台北"故宫博物院"，保存了中国历史文化的精华；（2）陈列中，用表格把中国历史与世界历史相比照，形式很好；（3）台北"故宫博物院"地下仓库建设一流，特别是用海龙瓦斯灭火的安全设施，令我印象深刻。我还说，北京故宫博物院恐怕没有这样好的地下文物仓库和安全设施。秦院长接过话头说，北京故宫博物院如果想建，我们可以帮忙呀，两地故宫博物院可以交流呀！我接着说：秦院长，你的这句话，我是否可以给北京故宫博物院带个口信呢？秦院长说：可以呀，你带个口信过去吧。应该说，最后的晚宴是很愉快的。

我回京后，曾给国家文物局写了一封短笺，说明我访问台北"故宫博物院"以及秦孝仪院长希望两岸故宫博物院展开交流的意愿。这封短笺，国家文物局用红头文件印发了。这也算我兑现了带口信的承诺吧。

这次晚宴，昌彼得副院长也在席上。他与我交换了名片。他开口说话，满是孝感口音。可惜，当时无缘与他多交流。冯明珠女士当时也在欢迎人群里。1997年、2003年我都去过台北"故宫博物院",我记得与冯女士交换过名片,但未得深谈。

1992年5月,我在台北还会见了我的族兄张声炎和他的妹妹。1949年前我们是见过面的,声炎兄还记得我的名字和年庚。声炎兄谈到他在部队以上校军衔退休,以未升少将为憾。此后我再去台湾,专门到桃园县中坜市他的家里去拜访过他。

三

近日报载,台湾许历农将军向报界公开申明以后不再反共。此前新党也有此种宣示。今年7月6日,两岸在南京举办"中国人的抗战:中华民族抗日战争史"学术讨论会,我出席了这次会议。99岁的郝柏村将军在会上说,抗日战争是国共合作才取得胜利的。他还说:"对于中共在大陆主政以后,尤其是最近30年,他们对国家现代化的建设,我是持着一个非常肯定和敬佩的态度。"郝柏村虽然没有明确说放弃"反共"思想,他的上述言论已经透露了这种思想。

我还要特别指出汉川乡亲王作荣前辈的言论。2001年9月,他在八十多岁高龄时踏上祖国大陆的土地,看了武汉、重庆、南京、上海等地,回到了汉川故乡。他对台湾记者发表谈话说:"我从来就不讳言,中国是我永远的祖国,中国能够现代化一直是我的理想。经过了五十多年后能够回去看一看,比我原来的想象好了太多,我看了很满意,非常非常满意。""整体来看,二十一天大陆行,我觉得大陆正是一个升起来的太阳,现在才刚升一点点,真正发挥力量会在十年二十年后,那时候是一个强大的经济体,而台湾要怎么搞都是一个小经济体,因此台湾的经济一定要和大陆合并起来,才有发展。"随后,为了答复吕秀莲之流质问为什么从前"反共"的人现在"亲共",王作荣2002年9月在《联合报》上撰文说:"我是中国人,中国(当然包括大陆和台湾)是我的祖国,湖北是我的父母之邦;我爱中国这块土地,也爱所有中国人,这都包括台湾和台湾人在内,因为台湾是中国不可分割的一个省。"他在文章里还说:"我熟读中国历史,我完全知道大陆在未来经济发展中将遭遇无穷无尽的困难,如果应付不当,会有重大挫折。但我也完全知道这些挫折阻挡不了这股发展进步的强劲力量。我预计大陆的经济将有惊人的具体成就，而在 2050 年左右，将成为国际现代强国之一，届时中国人才真正地站起来。我再重复一遍，中国是我的祖国，是我的父母之邦，谁能使中国现代化与富强，我就支持谁、接受谁。"

我认为，王作荣先生这些掷地有声的谠论，从理论和实践上说出了为什么要放弃"反共"思维的道理。王作荣是台湾最早宣布放弃"反共"思维的人。

根据我二十多年对台湾的了解，与许多台湾的朋友谈心，交流学术，发现解决祖国统一问题，真正的难点是台湾的"反共"思维。从前台湾人反对统一，说是怕大陆穷，怕大陆来共产；后来又说，怕大陆制度不好，不民主。其实，我认为，这些都不是真正的理由。国民党长期以来的"反共"教育才是内在的原因。

1924 年国民党在广州召开一大，在孙中山先生主持下确定了国共合作的方针（或者说是容共、联共）。蒋介石在他的日记里承认，国民党是革命党，共产党也是革命党，但革命的领导权是国民党的。随着国民革命的进展，蒋介石担心共产党的发展会影响国民党的领导权，开始在 1927 年"反共"。1927—1931 年，国民党主要倾向是反共。1931 年九一八事变以后，蒋介石提出"攘外必先安内"方针，不是集中精力抗日，而是集中精力反共。1937 年卢沟桥事变以后，面对强敌日本的侵略，面对中华民族存亡，蒋介石不得不接受国共合作路线，"停止内战，一致抗日"。八年抗战期间，蒋介石没有放弃抗日，也没有放弃反共。这时是抗日第一，反共第二。抗战胜利后，共产党提出建立联合政府，尊国民党为老大。国民党不接受，又把反共作为第一任务。但是，人心不顺，反共失败，把大陆也丢给共产党，自己退守台湾。蒋介石要把台湾建设为"复兴"基地，第一任务还是"反共"，并且在台湾进行了彻底的"反共"教育，20 世纪 50—80 年代，台湾的中学生作文中，都离不了"大陆人民处在水深火热之中"的热词。80 年代，"台独"势力大张，国民党才有所转变，变为反"台独"第一，反共第二。直到今天，国民党的纲领不管如何变化，还是离不了"反共"本质。在我看来，"反共"思维不解放，祖国统一问题难以和平解决。

我看这本《湖北文献》五十周年纪念专刊，也勾起了我的乡愁。我这个湖北人，离开故乡已经超过五十三年，心中难免思念故乡的山水和人情。写过上面的话，我要恳切劝慰旅台鄂籍第一代、第二代、第三代同胞，一定要记住前辈乡亲王作荣的话，一定要记住湖北文献社社长汪大华和副社长李庆安的话，反对"台独"，努力推动祖国统一。中国国民党在大陆办不到的事，中国共产党办到了。中国作为一个现代化的世界强国，已比王作荣先生的估计提前到来了。中国人民站起来了，中国人民富起来了，中国人民强起来了，中国已经接近世界舞台的中心。我们现在比以往任何时候都更接近中华民族复兴的伟大目标，唯一的欠缺，是两岸尚未统一，金瓯不圆。台湾只有与大陆统一起来，这个小经济体才能与大陆这个大经济体融合在一起，才能在全世界人的面前大声宣称："我是真正的中国人！"

我希望旅台湖北乡亲生活富裕，挺直腰杆，大声地说：我是台湾人，也是湖北人，更是中国人！

我在北京，馨香祷祝各位事业发达，幸福吉祥！

三
中日关系历史与现实研究

近代中日关系的历史回顾[*]

今年是中国人民抗日战争胜利 50 周年,也是《马关条约》签订 100 周年,同时又是台湾回归祖国怀抱 50 周年。面对这几个纪念日,中国人民的感情是很复杂的,悲与欢,喜与怒,一时都涌上心头。这三个纪念日都与中日两国紧密相关。为了使今后的中日关系在和平共处五项原则和《中日联合声明》《中日和平友好条约》的基础上得到健康发展,使中日两国的发展对人类进步事业起到促进作用,我们有必要回顾一下近代两国关系的历史。殷鉴其未远,历史的教训应引起我们的充分注意。

一

近代发端,中日两国有过几乎相同的历史命运。但是,由于西方帝国主义在远东的侵略重点不同,由于中日两国的当政者面对西方侵略的措施有异,中日两国的发展道路却截然相反。日本通过明治维新发展成为一个资本主义、军国主义国家,中国却因内忧外患频仍、洋务新政失败而走上半殖民地半封建社会的道路。不同的发展道路,给中日两国关

---

[*] 1995 年 7 月 3 日,中日友好协会主办"中日关系研讨会——前事之师,后事不忘"会议,中方发言的有中日友协孙平化会长,我作为近代史研究所所长发言,此外还有文化部副部长刘德有;日方发言的有日本前驻华大使鹿取泰卫,京都大学教授竹内实等。本文是我在那次会议上的发言。发表在台北《海峡评论》1995 年 9 月号和《日本学刊》1995 年第 5 期。纽约《侨报》9 月 14 日"论坛版"转载时题目改为《近代中日关系的历史问题》。

系带来了深远的影响。

应该说,近代中日之间,不只是血与火的关系。日本在被西方侵略以后自图发展并终于崛起的经验,给了中国人民以启迪。甲午战败后,尤其是日俄战争以后,许多中国人到日本去留学,他们要看一看,日本人是怎样自强起来的,清政府甚至派政府要员去日本考察政治,这与盛唐时期日本派出"遣唐使"到中国来学习文化、考察政治的情况正好相反。中国留日学生中,出现了一大批革命分子,也涌现出了一批技术专家和人文学者。孙中山和黄兴等人的革命活动得到过一些日本友人的帮助。正是这批人,成了改变中国社会的重要力量。由此可见,近代中日关系中,两国人民之间的确存在着友好情谊。

但是我们也要看到,中日两国之间经常笼罩着不祥的战争阴云。远的不说,从1894年甲午战争起到1945年8月日本战败投降止,就有:1894年7月—1895年4月的第一次中日战争;1895年6—10月的日本占领台湾的战争;1900年6月—1901年4月日本参加八国联军侵华,《辛丑条约》签订后,日本取得了在中国的驻兵权;1904年2月—1905年9月,日俄两国在中国土地上进行的战争;1914年9—11月,日本出兵占领山东并在其后提出灭亡中国的"二十一条",日军占领青岛直到1922年;1928年4月—1929年5月,日军再次出兵山东占领济南、青岛;1931年9月18日,日军在沈阳挑起事变,旋即占领东北全境,继后日军越过长城,陈兵丰台,终于在1937年7月7日通过卢沟桥事变,发动长达八年的全面侵华战争。在从1894年到1945年的半个世纪中,日本对中国刀兵相见的日子,多于和平安静的日子。从这里不难看出,近代日本和中国之间存在着侵略与被侵略的关系。

二

中日之间具有两千年的友好交流史。日本人从中国文化中吸纳了许多有益的东西,滋润了自己。明治维新改变了一切。它既使日本走上了发展资本主义的道路,又使日本走上了侵略邻国的军国主义道路。它的基本方针是:脱亚入欧,开疆拓土,布国威于四方。它把征服朝鲜、征服满蒙、征服全中国作为其基本国策。中国不再是它仰慕的对象了。

我们看一看日本从《马关条约》中得到了什么？以赔款为例，中国向日本赔偿 2 亿两白银，加上续还辽东费 3000 万两白银和日军在威海驻兵费 150 万两白银，共 2.315 亿万两白银，约折合当时 3.5 亿日元，相当于日本全国四年的财政收入，这还不算日本从中国掠夺的相当于 1 亿日元的大量战利品。日本前外务大臣井上馨当时说："在这笔款以前，日本财政部门根本料想不到会有好几亿的日元。全部收入只有 8000 万日元。所以一想到现在有 35000 万日元滚滚而来，无论政府和私人都顿觉无比地富裕。"日本利用这笔巨额收入，在 1897 年确立了金本位制，打下了资本主义发展的基础。有些人说，日本把这些钱全部用作教育基金，这是误会。其实用作教育基金的只不过 1000 万日元，其他用作备荒的有 1000 万日元，用作皇家私产的有 2000 万日元，还有近 3 亿日元转入临时军费特别支出，用作扩充海陆军等军事费用及扩大军备产业基础，其中建立著名的八幡制铁所用了不到 60 万日元。以此为基础，日本帝国主义迅速成熟起来，在而后的日俄战争中日本战胜了俄国，并进一步大规模侵略中国和亚洲其他国家。

远山茂树教授在《日本近现代史》第一卷中描述甲午战胜后日本人的情绪时说："明治维新以来欧美列强压迫和官僚政府压抑的郁愤之情，立即倒转过来，陶醉于对朝鲜和中国民族成了优越者和胜利者的欢喜和夸耀之中。"这恐怕是事实。日本在甲午战争中获胜，又大大刺激了西方列强的贪欲。1840 年鸦片战争后侵华的国家中，日本还是一个被人瞧不起的角色。甲午一役，日本饱掠而归，哪个西方强国不想从中国身上割取一脔呢。这就是甲午战后列强掀起瓜分中国狂潮的一个重要契机。中国被称作"东亚病夫"，"正躺在死亡之榻上"，谁都想来分得一点这个病夫的遗产。这就导出此后八国联军侵华和十一个帝国主义国家联合同中国签订《辛丑条约》以制裁中国的悲剧来。《辛丑条约》仅赔款一项，本息约十亿两白银，实际缴付约七亿两白银。日本又从中获得了不小的份额。

由此可以看出，造成中国贫穷落后、民族不能独立、现代化难以起步的原因，难道不是西方列强和东邻日本的侵略吗？

三

分割中国领土台湾,是日本从《马关条约》中取得的另一项重大权益。日军在首任台湾总督桦山资纪督率下,在1895年5月底从台湾东北部登陆,遇到了台湾军民的顽强抵抗,到11月宣布全台平定,日军付出了伤亡三万余人的代价。宣布平定不到两个月,台湾人民又不顾"六三禁"的威胁再次发动武装抗日起义。以1896年元旦宜兰人民起义为标志,全台武装抗日活动延续了七年之久。1907年北埔发动起义,又把台湾的抗日斗争坚持了差不多十年。1937年日本发动全面侵华后,台湾人民处在"皇民化运动"的极端困难情况下,但仍然配合国内抗日战争,进行了艰苦的反对日本占领的斗争。

1945年4月17日,台湾革命同盟会为纪念《马关条约》50周年发表宣言,说:"台澎同胞,为着求自由解放,为着伸张正义,为着保有民族正气,明知寡不敌众,继续奋斗,抗拒强暴。起初发动七年抗战,其次又是十年暴动,抗日反帝怒潮今日依然遍及台澎诸岛。50年间,牺牲65万人。虽然尚未成功,可是先烈的不朽精神仍不断鼓励着我们勇往直前,不达目的,决不停止!"这就是生为中华民族一分子、决心义不臣倭的台湾人。这种精神,正是1945年10月25日台湾顺利回归祖国怀抱的民意基础。

应该指出,日本在台湾50年的殖民统治,也培养了极少数愿意成为"皇民"的人。李登辉与司马辽太郎的谈话透露了这种情绪。今年4月,台湾极少数主张"台独"的人借《马关条约》签字百年举行所谓"告别中国"游行,以及到马关春帆楼进行朝拜,反映的也是这种"皇民"情绪。显然这是违背民族大义的行为。少数日本右翼学者到台湾出席纪念《马关条约》百周年的所谓学术讨论会,鼓吹百年前日本不是从中国手里获得台湾,而是从清国手里获得台湾,为"台独"分子撑腰打气,透露出今日日本国内的右翼势力的确是"台独"分子的后台。这是我们应引起警惕的。

四

从 1931 年九一八事变开始，特别是从 1937 年七七事变开始，日本为实施其灭亡中国的图谋而开始了全面侵华战争。这是自甲午战争以来日本一直在处心积虑地设计要做的事。

八年战争或者十四年战争，日本侵略者给中国带来有史以来最深重的灾难。日军势力到达了大半个中国，并在中国境内制造了伪满洲国、南京汪伪国民政府和北平伪中华民国临时政府等几个傀儡政权，在那里实行日本式殖民统治。八年侵华战争造成了中国人民 3500 万以上的死亡、1000 亿以上的财产损失，几千万和平居民奔走流徙、辗转沟壑。南京大屠杀，造成 30 万和平居民和放下武器的士兵的惨死；分布在各地的数以百计的万人坑，至今白骨嶙嶙。"三光"政策，烧杀奸淫，在中国人心头留下了永远难以抚平的痛苦记忆。731 细菌部队、遍布东北许多地方的"死亡工程""人肉工程"，使数以百万计的中国人死于非命。遗落在中国境内的为数巨大的毒气弹，至今仍是中日间一个有待解决的问题。

全面侵华开始后，日本当权者十分乐观，以为只要"对支一击"，便可凯旋班师。有的估计用一个月左右就可以解决事变。日本参谋本部预定两个月"扫荡"北平驻军，三个月击败国民党中央军。但是，事与愿违，战争打了八年零一个月，最后胜利者不是日本而是中国，日本落了个战败投降的下场。历史是无情的。自 1874 年日本首次对华用兵以来，这是它遇到的第一次惨重失败。

事情怎么会变成这个样子呢？日本制定侵华决策的人低估了本世纪初以来中国人民族觉醒的速度。他们忘记了 1919 年的五四运动，中国青年学生高呼"取消二十一条""誓死争回青岛""外争国权，内惩国贼"，正是以反对日本侵略为目标的。以后日本每搞一次对华侵略活动，都激发一次中国人民的民族自觉。九一八事变后，东北流亡学生在关内各地流荡，实际上成了激发中国人抗日热情的火种。日军越过长城，北平学生走上街头，高呼"平津危急！华北危急！偌大的华北放不下一张平静的书桌"，表明了华北学生强烈的抗日意识。西安事变预示了抗日诉求即将成为中国政治变动的新趋势。七七事变促使互相敌对的国共两党携起手来，再次表现了中国历史上"兄弟阋于墙外御其侮"的民族大义。中国共产党的存在及其坚决的抗日主张是近代中国历史上的新事物。中共及其领导下的抗日军民在极其艰苦的条件下，坚持了敌后抗日游击战争，作为抗日战争中的中流砥柱，推动了国民党政权的抗日活动，使它最后也没有公然放下抗日的旗帜。貌似强大的日本帝国主义终于败在了觉醒了的中华民族的凝聚力面前，败在了抗日民族统一战线的强大威力下。中国的历史学者把抗日战争作为近代中国第一次完全胜利了的反侵略战争，是中国近代历史发展的转折点，所指的正是这种情况。

如果第二次世界大战的欧洲战场以1939年9月德军侵占波兰为揭幕的话，它的东方战场却早在1937年7月中国军队抵抗日军侵略时就形成了。中国战场上形成了敌后战场和正面战场相互配合、共同抗日的独特局面。中国战场的存在，拖住了日本陆军的主要兵力，使它既无力"北进"苏联，又无力"南进"太平洋。以1938年10月为例，日本陆军总兵力有34个师团，分布在中国的有32个，占其总兵力的94%。再以1941年12月为例，日军陆军总兵力有51个师团，分驻于中国的有35个，占其总兵力的69%；分布在太平洋战场的有10个，只占其总兵力的19.6%。到1945年，日军51%的兵力部署在中国战场上，49%的兵力部署在太平洋战场上。中国人民以其巨大的牺牲和百折不挠的抗战精神，支持了苏联的对德战争，使它有一个稳定的后方；又支持了美国、英国的太平洋战场，大大减少了日军对它们的压力；还粉碎了日德法西斯打通欧亚的企图，使日德法西斯不能在更大范围内给人类带来苦难。中国抗战的胜利及其对世界和平力量所做的贡献，使它开始摆脱弱国的处境，并有资格作为一个世界大国出现在世界面前。

回顾50年前中日两国间长达半个世纪的战争历史，可以得出一个结论：中国是日本侵略战争的受害者，但中国却从战争中站了起来；日本虽享受过侵略战争胜利的甜头，但最终尝到了战争失败的苦果。以战争为手段来处理中日国交的历史性错误，是日本的军国主义政策造成的。今日日本国内还有一些人不能认识这个道理，国会竟不能通过一项对历史负责的"不战"决议，就是一个证明。这是令人遗憾的。"前事不忘，后事之师"，我们都应该尊重历史这个聪明睿智的老师。

反省近百年中日关系的历史教训*

第四届近百年中日关系史国际研讨会是在中日建交 25 周年的时候召开的。我对这次会议在东京顺利召开，表示衷心祝贺！

有历史记载的中日关系已超过了两千年。从两千年的长程来看，中日关系的发展总起来看，是友好的。近代以前，由于封建时代的中华汉文化发展到相当高的程度，日本人在政治、经济、文化、宗教各方面，从汉文化中借鉴、吸收了多种养分。那时候，中国社会发展的总水平高于日本，中国仍然以平等的态度对待日本。鉴真和尚等高僧冒着生命危险去日本传授汉文化，阿倍仲麻吕等遣唐使、留学生和学问僧冒着生命危险来中国学习汉文化。中日之间的文化交流体现出了一种高尚神圣的品格。日本的史书上有元寇的记载，中国的史书上有倭寇的记载。这当然是令人不快的。但是，无论元寇、倭寇，在历史上存在的时间都不是很长，而且事隔数百年，今天的中日两国人民都很难对它承担责任。进入近代，中日两国都曾遭遇西方列强的侵略。但是由于所施加的压力不同，中日两国的文化背景不同，由此引起的中日两国统治者反应不同，中日两国走上了不同的发展道路。日本迅速吸纳西方文化，在明治维新以后发展起来，不仅超过了中国，而且逐渐赶上并达到了西方的水平。

---

* 近百年中日关系学术研讨会是由旅美华裔学者吴天威教授和香港人士杜学魁先生发起的，1990 年 8 月在香港召开了第一次会议，1993 年 1 月在北京召开了第二次会议（由我出面代表近代史研究所和中国抗日战争史学会组织），1995 年 1 月在台北召开了第三次会议，1997 年 12 月在东京是第四次。东京会议筹委会主任委员是东京大学名誉教授、亚细亚大学校长卫藤沈吉。我作为中国学者代表团团长出席了会议。本文作为主题报告在开幕式上宣读。原载《抗日战争研究》1998 年第 1 期，转载于人民大学复印报刊资料《中国外交》1998 年第 5 期。收入卫藤瀋吉编『共生から敵対へ』、東方書店、2000。

这时候，中日两国关系就变成了一个"沉重的题目"，干戈刀兵，腥风血雨，侵略反侵略，绵延了七十余年。

今年是中日恢复邦交 25 周年，也是甲午战争结束 102 周年，八国联军侵华战争结束 96 周年，日俄战争结束 92 周年，"二十一条"提出 82 周年，"九一八事变"发生 66 周年，"七七事变"和南京大屠杀发生 60 周年，中国抗日战争胜利、日本无条件投降 52 周年。如果从 1868 年算起，近代以来的中日关系迄今已 130 年，以上所列各大事都包容其中。把这 130 年划分为若干阶段，可以分为：1868—1885 年，日本侵略中国的准备期；1885—1895 年，日本蓄意发动甲午战争时期；1896—1901 年，日本伙同列强侵略中国时期；1902—1928 年，日本进一步侵略中国时期；1928—1937 年，日本准备全面侵略中国时期；1937—1945 年，日本全面侵略中国并终于失败时期；1946—1971 年，中日无国交时期；1972—1997 年，中日复交并在政治、经济、文化各方面全面交往时期。

130 年里，中日两国之间经常笼罩着不祥的战争阴云。远的不说，从 1894 年甲午战争起，到 1945 年 8 月日本战败投降止，就有：1894 年 7 月—1895 年 4 月的第一次中日战争；1895 年 6—10 月的日本占领台湾的战争；1900 年 6 月—1901 年 4 月日本参加八国联军侵华，《辛丑条约》签订后，日本取得了在中国的驻兵权；1904 年 2 月—1905 年 9 月，日俄两国在中国土地上进行的战争；1914 年 9—11 月日本出兵占领山东并在其后提出灭亡中国的"二十一条"，日军占领青岛直到 1922 年；1928 年 4 月—1929 年 5 月，日军再次出兵山东占领济南、青岛；1931 年 9 月 18 日，日军在沈阳挑起事变，旋即占领东北全境，继后越过长城，陈兵丰台，终于在 1937 年 7 月 7 日发动卢沟桥事变，开始了长达八年的全面侵华战争。从 1894 年到 1945 年的半个世纪中，日本对中国刀兵相见的日子，多于和平安静的日子。从这里不难看出，近代日本和中国之间，存在着侵略与被侵略的关系。明治维新以后，日本"脱亚入欧"，逐渐发展成为与西方资本主义国家齐名的资本主义、军事帝国主义国家，中国却沦为半殖民地半封建国家。日本强大了，中国衰落了，日本却对中国进行了长期的侵略。这与近代以前中日之间的情况正好相反。这是值得人们深思的。

应该说，近代中日之间，不仅只是血与火的关系。日本在被西方侵略以后自图发展并终于崛起的经验,给了中国人民以启迪。甲午战败后,尤其是日俄战争以后,许多中国人到日本去留学,他们要看一看,日本人是怎样自强起来的,清政府甚至派政府要员去日本考察政治,从日本聘请专家来华厘定法律等,这与盛唐时期日本派出"遣唐使"到中国来学习文化、考察政治时的情况正好相反。中国留日学生中,出现了一大批革命分子,也涌现出了一批技术专家和人文学者。一些日本友人还为孙中山和黄兴等人的革命活动提供过帮助。正是这批在日本接受教育和得到帮助的青年人,成为改变中国社会的重要力量。西方资本主义社会中产生的大量社会科学方面的著作,包括马克思主义的著作,社会主义、共产主义的理想和观念,大多是通过留日学生介绍到中国来的。在中日无国交时期,许多日本友好人士竭力推动中日之间经贸、文化往来,发展了两国民间友好关系。由此可见,近代中日关系中,两国人民之间的确存在着友好情谊。这些中国人民是不会忘记的。较之日本军国主义者长期发动对华侵略战争给中国与中国人民造成的损失和灾难,我们尤其感受到中日两国人民间的这种友好情谊的可贵。

1945年日本无条件投降后,中日之间长期没有正式国交关系。在当时的特殊背景下,日本作为美国包围中国和社会主义国家的国际战略的一部分,担负着反华反共的任务,虽有民间友好关系,国家关系却是冷冰冰的、敌对的。因此,两国关系不能正常展开。

可以说,近代中日两国关系史,只有1972年复交以来的25年是在平等的基础上互利互惠交往的历史。25年来,两国领导人频繁互访。中日两国外交部门间、两国政府间建立了交换意见的正常渠道。中日民间友好人士的交流活跃。中日友好二十一世纪委员会定期会议分别在北京、东京轮流召开。今年9月桥本龙太郎首相访问中国,李鹏总理当时正在回访日本,继续商讨改善中日国交的大计,引起国际瞩目。两国领导人频繁互访,大大改善了两国的政治关系,从而带来了经济、文化交流的热络。1972年两国贸易额为11亿美元,1996年便大大超过了600亿美元,就是明显的证明。产业、科技、环境方面的交流蓬勃发展。文化艺术、体育界往来频繁。学术、教育界访问不断。与本世纪初的留学热潮相似,复交以后中国学生再次掀起留日热潮。日本学生到中国留学,最近几年更有增加的趋势。两国建交以后,在政治、经济、文化方面往来密切,对中国有好处,对日本也有好处。两国人民更加了解了,两国的经济文化发展获得了有力的推动。尽管这 25 年中，由于两国政治制度的不同、经济发展水平的不同、历史文化背景的不同，以及国际因素等，两国关系中存在着摩擦、争吵，有几届日本内阁大臣就中日历史关系发出不和谐的声音，干扰了中日两国关系发展的大方向，但是总起来说，这 25 年中日关系是在和平共处五项原则和《中日联合声明》《中日和平友好条约》的基础上得到发展的，主流是好的，大方向是正确的。我们应该十分珍惜这段历史，推动它向着更健康的方向发展。

国与国之间存在摩擦、争吵，是不难理解的。中日两国之间有些摩擦也是很自然的。我以为，中日两国之间如果解决了两国关系历史的认识问题，解决了日本对台湾的关系问题，其他的摩擦是不难解决的。

桥本首相今年 9 月访华与中国国家主席江泽民会谈时指出，只有正确对待历史，才能真正迎接未来。他在访问沈阳"九·一八"历史博物馆并接受记者采访时特别表示："我们无论怎样健忘，也不能忘记历史。我们可以学习历史，但不能改变历史。我们必须承受起历史的重负。我本人就是怀着正视历史的愿望来到这里的。我们应该在这个基础上，加强日中关系，并面向未来。"桥本首相的这个讲话非常值得重视。他正确地指出，我们可以学习历史，但是不能忘记历史，不能改变历史。这句话，可以说是解决历史认识问题的一把钥匙。解决了近百年中日关系历史的认识问题，中日关系发展的许多问题都好解决了。

对于近百年中日关系中日本侵略中国这个历史事实，所有的历史学者和各国人士包括日本所有正直的历史学者和人士都不认为是一个问题。为什么日本政界有那么多大臣不承认这个事实呢？为什么有那么多日本政界人士要在"八·一五"那一天去朝拜供奉在靖国神社里的日本战犯呢？为什么日本国会在日本投降 50 周年时勉勉强强通过了那样一个徒引世人嘲笑的所谓"不战决议"呢？为什么日本文部省要修改中学教科书中有关日本侵略的表述呢？这恐怕在相当程度上与某些日本政界和社会人士的日本观、中国观或者中日关系观有关。

明治维新以后，日本确立了"脱亚入欧""开疆拓土，布国威于四方"和大陆政策的发展方向。甲午之战、八国联军侵华、日俄之战中日本不仅全师而返，而且从中国取得了差不多三亿两白银的赔款和巨大权益，还从俄国手中夺取了它在华的部分巨大权益。日本迅速发展成为一个资本—帝国主义国家。从此以后，日本改变了它在历史上曾经师从中国的态度，转而轻视、蔑视中国和中国人，以为可以从中国予取予求，完全不在乎中国人的反应。以至于卢沟桥事变一发动，日本军政方面便认为可以在两三个月之内灭亡中国，其狂妄自大、不可一世，活灵活现地刻画出日本自19世纪70年代以来不断轻易从中国勒索巨大权益而极大地藐视中国那样一种心态。这种心态，今天在某些有错误历史观的日本人中是否还存在呢？这是一个疑问。我想，这部分日本人士，应该对明治维新以来的日本历史，对"脱亚入欧"、"开疆拓土，布国威于四方"和大陆政策的实施后果，对长期侵略中国、侵略朝鲜以及太平洋战争中日本和盟国作战的历史，加以反省。某些日本人记住了原子弹加给日本的伤害，却忘记了日本加给它的邻国那么多、那么大、那么长久的伤害。反省不够可能有客观原因。1945年以前的日本近代历史，发展那么顺畅，那么咄咄逼人，没有给日本人反省自己的机会。1945年日本投降以后，虽然失败不能不说是创深痛巨，但由于国际形势的巨大变化，某些日本人仍然没有抓住反省自己的机会。据日本新闻媒体最近报道，同25年前中日建交相比，日本国民对中国的看法很冷淡，或者说，日本人对华的感情恶化。因为中国人抓住历史问题不放，老是迫使日本人实行"道歉外交"或"谢罪外交"。我不知道日本新闻媒体做这种报道的根据如何，我想也可以举出相反的证据，说明许多日本国民仍然保有对中国的高度热情。但是，说中国人迫使日本实行"道歉外交"或"谢罪外交"，是不符合事实的。日本政府的"道歉外交"，其根源在于没有真正解决对侵略战争的历史认识问题。否认侵略，不仅伤害了中国人民的感情，伤害了东亚及东南亚各国人民的感情，而且也伤害了有正义感的日本人民的感情。中国人不仅关注历史，更关注现在和未来。我们真诚希望中日两国有一个和谐共处、努力推动彼此经济文化发展的现在和未来。

中国著名的革命家章太炎1906年出狱后访问日本，看到了日本社会发展中的问题，不久后写下如下诗句："天骄岂能久？愁苦来无沂。"明治维新以后日本社会上形成的那样一种"天骄"情态，章太炎在本世纪初就感受到了，日本人至今是否觉察到了呢？

台湾以及台湾海峡目前存在的状况，纯粹是中国的内政。不久前还有日本人士明确地指出，日本不要染指台湾。我们常常读到这样的报道，日本人有一种"台湾情结"。应该说，有"台湾情结"的也只是部分日本人。这当然是由一定的历史原因造成的。对甲午割台及日本统治台湾五十年如何评价，学者们可以根据史料做出判断。不过，当甲午战争100周年的时候，有的日本人跑到台湾去，说什么日本不是从中国手里割取台湾，而是从清国手里割取台湾，为主张"台独"的人撑腰打气。还有日本人公开发表文章，指责中国维护国家主权、统一台湾是"得陇望蜀"，说什么从日本来看，"中国必须分裂"。这种论调，不啻是军国主义的狂热症发作。这样的"台湾情结"就应该批判。在日本还有日美安全合作范围包括台湾海峡的说法，不能不引起中国政府的关注。绝大多数中国人，包括生活在台湾岛的大多数中国人，都认为中国只有一个，台湾是中国的一部分，中国应该统一，台湾应该回归祖国。日本某些人鼓吹的"中国必须分裂""台湾独立"，以及歌颂军国主义日本对台湾的殖民统治的论调，是会伤害中国人的感情的。

日本人经常感叹中国缺少"知日派"，希望中国留日学生中多一些知日派，中国领导人中有知日派。有的日本对华友好人士批评日本社会不能热情接待中国留日学生，所以多数中国留学生希望去美国和欧洲。这使我回想起本世纪初中国学生大批留日时的情况。1918年3月20日，日本国会议员高桥本吉在第四十届国会上发言说："假如有所谓为日本的利益而教育中国人，中国人是不会为此感谢的。我相信只有为中国人的利益而教育，才真正有利于东洋和平。"这种意见，在当时是真知灼见，也是空谷足音，可惜不为日本社会所接纳。1920年日本第四十三届国会中，清水留三郎等向政府提出质询："来日之中华民国留学生归国之后，多成为排日论者，而留学美国之归国者却多成为亲美论者，政府将采何种方针？"此后，日本国会和政府曾设想为中国留日学生提供多种经济上的援助，简化入学手续，增加招生名额，改变学校对中国学生的冷漠态度，改善一般日本人对中国学生的轻慢侮辱态度，国会甚至还通过了退还部分庚款以发展对华文化事业的决议，等等。这些如果都能实行，未尝不能产生某些好的效果，但尽管如此，也只能是隔靴搔痒，难以从根本上改变中国留学生对日本的感情。日本长期轻侮中国、侵略中国，怎么能使中国留学生对日本产生好感呢。大批留学生不领日本政府的情，拒绝庚款资助。1931年九一八事变一发生，留学生纷纷回国参加抗日活动。如果日本国民不对中国留日学生的留学史和日本政府的对华政策加以反省，怎么能希望中国留日学生中大量产生真正的

"知日派"呢！

必须指出，许多正直的日本历史学者本着历史良知，在正确对待中日关系历史方面做了许多值得赞许的工作。以家永三郎教授为例。十多年来，为了忠实于历史事实，坚持在教科书中正确反映日本侵略中国和亚洲国家的历史，同要修改教科书的行为进行了长期的斗争。他不惜用十多年的时间打官司，为尊重历史事实做了可贵的不懈努力，赢得了广泛的支持和同情。8月31日《朝日新闻》社论《家永诉讼的战后史意义》指出："作为一个学者，家永之所以常年坚持上诉，用他自己的话说，就是要表明自己在战争时期没有进行反战的'责任'。他说，战后著书的目的是为了用'为什么没有防止战争'这一深刻的思想意识来验证历史。"家永教授的自省意识及其为此所做的长期奋斗，令人肃然起敬。在正确认识近代日本历史、认识近代中日关系历史方面，还有许多正直的日本学者在尊重基本历史事实的基础上，撰写了大量的历史著作，在历史研究上取得了很大成效。但是，我也常常看到有的日本青年反映，他们的教科书，他们的长辈，没有教给他们日中关系历史的真相。因此，我向在座各位，尤其是向在座各位日本历史学者呼吁，应该本着人类良知，把你们所知道的真实的日中关系历史真相教给日本青年，也教给中国青年。这样，在你们的可贵的努力下，就可以培养出既能正确处理历史问题也能正确处理现实问题的下一代国民。这样培养出来的真正的"知华派"或"知日派"，就能在21世纪把中日关系推进到更令人满意的新时代。

在反省历史方面，中国人做得比日本人要好些。鸦片战争以后，中国人一直在进行自我反省。甲午战争以后，中国人更加强了自我反省。此后，才有康、梁的戊戌维新，才有义和团的"扶清灭洋"，才有革命派和改良派的种种改造社会的主张，才有孙中山领导的辛亥革命和中华民国的成立，才有社会主义和共产主义运动的发生，才有毛泽东领导的新民主主义革命的胜利和中华人民共和国的诞生，才有1978年以后邓小平的有中国特色的社会主义理论的提出。中国人正是反省了中日两国近百年关系史，才认识到只有抓住日本侵略中国这个中日关系历史的基本线索，才能展开今后的中日关系。在反省中日关系历史（包括反省中国和西方列强的关系）的过程中，中国人认识到，中国政府的腐败、经济发展的停滞、科技的落后、中国人对外部世界的无知或少知，是中国沦为半殖民地半封建社会、主权不完整、独立难保证、国家贫穷落后的内部原因。落后就要挨打，是一个形象的概括。帝国主义（包括日本帝国主义）侵略中国，就是利用了中国的落后。中国人终于认识到，只有争取到国家的独立，摆脱半殖民地半封建状态，中国才有可能发展经济。只有经济发展了，中国才有可能摆脱贫穷落后。只有国家强大了，中国才有可能同世界各大国开展平等国交。只有这时，在外国可能觊觎中国时，才能顶住列强的封锁、制裁，发展自己；在外国愿意与中国交往时，才能在和平共处五项原则的基础上，与之发生互利互惠的平等交往，而不至于丧失国家的立场和利益，才能使中华民族立于世界民族之林。本着这样的认识，中国正在邓小平理论的指导下，集中力量建设有中国特色的社会主义，并且已经取得了初步的成效，在实现我们的先辈提出的国富民强的理想上迈出了扎实的步伐。这时候，忽然有所谓"中国威胁论"跑了出来，在美国、日本的报刊上广为宣传。这是以小人之心度君子之腹，是霸权主义理论的曲折反映。中国虽然有了进步，但国民经济总产值较诸大国还差很多，人均产值还排在世界人均数之后，何来威胁之有？百余年来，中国受各霸权大国欺凌的痛苦经验载于史册，我们不会忘记。早在20世纪60年代，中国领导人在坚持反霸权主义的同时，就一再表示不称霸，并且以此教育我们的干部和人民。我相信，就是将来中国真正强大起来了，中国也不会在世界上称霸。

　　反省近百年的中日关系，不是要抓住历史不放，而是要从历史中总结经验教训，使后人变得聪明起来，从而更好地面向未来。学习历史是为了面向未来。我想这应该是我们这次研讨会的目的。不久前，我曾到1894年9月大东沟海战战场寻访史迹，不经意间，在大东沟（今东港市）附近的大孤山上发现一块刻着"安部仲麿之遗迹"（安部仲麿即阿倍仲麻吕）的石碑，此碑已甚斑驳，显然已很久远。我猜想，这或者是安部游历之地，或者是他航行落难之地。回顾中日交往历史，我多么希望，此后中日之间多一些安部遗迹，不再有战场遗迹啊！

1997年11月2日作于东厂胡同1号
11月5—6日修改

全球化与中日关系[*]

全球化是一个大题目，是一个无边无际的话题，是一个流行于世界各地而又摸不着、说不明白的"神圣的理想"。政治家在谈论全球化，工商实业家在谈论全球化，金融家在谈论全球化，自然科学家在谈论全球化，社会科学家也在谈论全球化，传教士在谈论全球化，其实各有各的憧憬，各有各的意涵。大家所谈的未必是一个共同的全球化。美国布什总统宣布退出1997年在日本京都签订的《京都议定书》，欧盟各国坚持《京都议定书》，这证明向大气排放二氧化碳问题已经成为国际关系中的重要议题。俄国和美国在核禁试的废除和NMD的部署上，各有所思；世界贸易组织在展开新一轮谈判时困难重重，各大国的经济贸易利益难以协调；甚至在反恐怖问题上，在阿富汗重建上，各相关国家也各有所想，比较能体现全球化利益的联合国能有多大作为呢！

在上述这些问题上，全球化就各有化法，难有共同的概念。

我们看到，响彻全球的声音是经济全球化。许多国家都在设法利用经济全球化给自己带来的利益，而限制其不利于自己的方面。这是很自然的。但是，我们必须看到，西方发达国家主导的经济全球化的根本规则是世界范围内的贸易自由化，是生产要素在世界范围内的自由配置。世界范围的贸易自由化，生产要素在世界范围内的自由配置，是经济强国和经济大国所追求的目标。有人统计，中国企业500强的年销售额总和约等于美国通用汽车公司的年销售额，而它的平均销售额为世界500

---

[*] 本文是作者2001年12月在日本东京国际文化会馆举办的一次国际学术讨论会上的发言。那次会议是由中国留日学人的学术团体中国社会科学研究会主持的，讨论会的主题是"全球化与21世纪的中国"。收入张海鹏《东厂论史录——中国近代史研究的评论和思考》，广东人民出版社，2005。

强平均销售额总和的2%。中国企业如何才能成为全球化下自由贸易的赢家呢？2001年6月发布的《世界财富报告2001》指出，2000年，全球共有720万人属于"净财富高收入者"（High Net Worth Individuals）。净财富高收入者，指拥有可投资股市的资产，不包括不动产，至少达到100万美元者；也不包括很多拥有可用于投资的财富略低但收入和总资产超过100万美元者。今年10月，马来西亚总理马哈蒂尔在上海经合组织CEO峰会上说："自1986年以来，那些'净财富高收入者'的财富总和翻了三倍，增长率达到375%。在1999年这样经济好的年份里，根据《世界财富报告》，那些'净财富高收入者'的财富增长了18%，增加可用于投资的财富四万亿美元。这意味着他们增加的财富比中国国民生产总值还高了四倍，也就是说这700万的富人聚敛的财富超过了12亿中国人在1999年全年创造的价值。"马哈蒂尔还指出了跨国公司是全球化的鼓吹者。他说，目前世界上100个最大的经济实体，有51个是跨国公司，49个是主权国家。全世界排名在前200的大公司的总销售额，超过了182个主权国家的国民生产总值之和。而这些跨国公司的雇员仅仅1800多万人，不及全球劳工总数的0.75%。正如马哈蒂尔所说，"到目前为止，所有人都非常清楚：全球化最大的赢家都是那些非常富裕和强大者（也是那些竞争力很强者），而最大的输家则永远都是那些非常贫穷和弱小者，他们根本没有力量去和那些超级强者竞争"。所谓"华盛顿共识"，所谓经济自由化，是发达资本主义国家给落后国家开出的药方，也是诱使落后国家追随发达国家的诱饵。

我们看到，各大跨国公司在相互兼并，各大区域经济贸易体在纷纷成立。这是在走向经济全球化呢，还是在走向经济区域化呢，还是在显示经济大国的实力呢？我以为，这里存在着全球化和化全球的矛盾。从实力争夺来看，全球化是其表，化全球是其里。某些得利者高喊全球化，实际上是为了达到以自己的经济贸易优势统一全球的目的。现在看来，把全球化设想为一种普适的生产方式或者生活方式，无疑只是部分人的想法，并不代表世界各个地区、各国人民的意愿。正像有恐怖主义，就有反恐怖主义一样，有全球化，就有反全球化。即使在西方世界，反全球化的声浪也是此起彼伏的。在西雅图，在意大利，我们都可以看到这种表现。因此，化全球是难以做到的。无论是资本主义的化全球，还是共产主义的化全球，我们在可以预见的将来都看不到这种前景。发达国家的经济贸易自由化,与发展中国家的经济贸易行为的主权化,是 19 世纪资本主义逐渐繁荣起来至今,世界经济运动复杂的矛盾过程。研究并且揭示这种过程,是学者的责任。

是否可以谈论政治全球化呢?苏联解体以后,两极世界不存在了,美国在追求单极化,其他大国主张多极化。似乎尚无人要求全球化。也有人谈论文化全球化。但是大多数人追求的是文化的区域性特点,如果全世界只有一种文化,全世界的人们生活在那种单调的文化氛围中,这种情形之可以忍受,那是难以想象的!

尽管我不认为全球化是当前世界唯一面临的紧迫话题,但是,还是要回到会议的主题上来,我们还是要讨论全球化下的中日关系。我想从历史回顾的角度着手这一话题。

近年来日本社会的走向以及中日关系的走向,颇引起人们的关注。80 年代中后期以来,日本内阁要员多次发表否认日本军国主义侵略罪行的谈话。2000 年初,日本大阪府国际会议中心召开了否认日军南京大屠杀等侵略罪行的民众集会。这次会议引起舆论重视,是因为我们看到,这种否认战争罪行的言论和行动,有从中央政府向下转移到地方政府的趋势。首先是东京都,石原慎太郎刚当选知事,就发表否认侵略、否认南京大屠杀的言论;现在大阪府、大阪市又批准右翼势力堂而皇之地在国际会议中心召开否认南京大屠杀的集会。日本一都两府中的东京都和大阪府如此动向,这对其他地方政府的影响非常值得警惕。必须指出,右翼势力的所谓"大东亚圣战论""自由主义史观论"正在日本社会基层发酵,正在争夺和影响战后出生的一代又一代青年。1996 年 10 月我在日本神户访问,路过一个不大的须磨车站,站台上还有人举着自由主义史观研究会招募人才的大旗。这说明右翼势力活动何等深入。在日本特有的政治气氛下,年轻一代不愿对前辈的战争罪行承担责任,也是右翼势力发酵的一种表征。

今年,中日关系又面临一些重要变数。4 月 3 日,日本文部科学省宣布,经过文部科学省审定,由右翼学者团体"新历史教科书编撰会"编写的 2002 年使用的初中历史教科书为合格。我国外交部发言人当即代表中国政府发表谈话,谴责了这种行为。我想在这里指出,进入 20 世纪 80 年代以来,日本政府一再批准右翼团体修改反映日本帝国主义侵略中国和亚洲历史的教科书,是日本社会日益走向右倾化的一种社会指标，值得中国和亚洲各国人民严重警惕。就在日本政府批准新历史教科书的前几天，也就是 3 月 30 日，日本首相森喜朗对来访的《人民日报》代表团谈到历史教科书问题，还说对日本过去侵略亚洲各国，给各国人民造成的巨大损害表示反省和道歉。没过几天，日本政府就正式批准否认侵略、歪曲历史事实的教科书合格。可见日本首相完全是在掩耳盗铃、欺骗舆论。日本右翼团体牵着日本政府的鼻子走，日本政府的态度又推动着右翼团体向前走。两者交相为用，形成今日日本社会右倾化的危险局面。日本的这种动向，亚洲各国都在密切关注着。

4 月 28 日来自东京的消息，说日本日中友好协会机关报《日本与中国》最新一期发表日本前首相村山富市的文章，指出日本"新历史教科书编纂会"主导下编写的初中历史教科书歪曲历史，闭眼不看历史事实，企图使殖民地统治和侵略正当化，完全无视政府审定教科书的"近邻国家条款"，从根本上否定了迄今建立起来的国家间的信赖关系，日本的信誉在国际上也被动摇。他认为，日中两国只有坦率地认识和正确理解过去的历史事实，才能开辟睦邻友好的未来。这是日本负责任的政治家对修改历史教科书的看法。但是日本今天当政的主流政治家是否接受这样的认识呢？事实已经做出了否定的回答。

我们看到，今天日本国家领导人对这场战争的侵略性质还没有深刻的认识。在抗日战争胜利 56 周年前两天，日本首相小泉纯一郎不顾国际舆论和国内各方面反对，以内阁总理大臣的身份前往参拜了靖国神社。小泉在参拜靖国神社后发表了讲话，声称"在过去的一个时期，日本根据错误的国策对亚洲邻近各国进行了殖民地统治和侵略，强加给这些国家以无法估量的灾难与痛苦"，表示要对此进行深刻的反省。但是，作为内阁总理大臣到靖国神社向发动侵略战争的战争罪犯致敬这件事本身，否定了他的反省。作为首相这样重要的政治家，这是严重的言行不一的行为。在国际关系上这是严重不负责任的行为。小泉的行为，在国内遭到了广泛批评，在国际上受到亚洲国家的严正抗议。这种行为，不能不影响日本的国际形象，造成日本与周边国家关系的紧张。以致中国新任驻日大使表示中日关系已陷入邦交正常化三十年来最困难的局面，中日关系中两个最敏感的问题——历史问题和台湾问题今年都全面突出，经贸关系也出现问题，日本应该为解决问题营造气氛。

今天的日本不是战前的日本，今天的中国也不是战前的中国。因此今天的中日关系已经不是战前的中日关系。站在 21 世纪的开头，怎样引导中日两国的青年，既回头看历史，又要抬头看未来，面对今天全球化浪潮的冲击，创造中日两国共同发展的双赢局面？这是今天一个值得每个人思考的大课题。

从全球化的角度回顾中日关系历史，能有什么新的启示呢？前面说过，全球化和反全球化，实际上自 19 世纪资本主义兴盛以来有着复杂的历史运动。日本在明治维新中提出"脱亚入欧""开疆拓土，布国威于四方"的基本国策和发展方向，便是那个时候的全球化思想。1927 年日本东方会议的基调是先征服满蒙，再征服中国，然后征服世界，也是那个时候的全球化主张。长期在日本流行的"大东亚共荣圈""大亚细亚主义"，不也是那个时候的全球化思想吗？日本军国主义发动的长期侵华战争和太平洋战争，是那个时代背景下的全球化实践。所以我认为，所谓全球化，长期以来以不同的思想形态存在过、流行过。我并不一般地反对全球化，而是反对某些特殊的政治集团和经济势力把自己的意志强加于世界那样一种以势压人、不公平的做法。

我们应该从历史上的中日关系中引出一些必要的历史教训。

在我看来，第一个历史教训与中国的落后有关。1894 年爆发了第一次中日战争（即甲午战争），九一八事变和卢沟桥事变引发了第二次中日战争，这些战争，在一定意义上与近代中国其他对外战争的发生有着共同的基本原因。从 19 世纪 40 年代到 20 世纪 30 年代，中国多次遭受资本主义列强的武装侵略，造成这种状况的外部原因很多，但从内部讲，最基本的一条就是，中国是一个社会生产力非常落后、社会政治制度非常落后的国家。鸦片战争以前，一直上溯到隋唐时代，不可想象日本要进攻中国；1949 年以后，日本也没有想到要进攻中国。因为中国的社会状况和国力都不同了。落后就要挨打，这是中华民族近代以来在遭受巨大伤害之后，得出的一条屈辱而又真实的历史教训。只有在中华民族自立于世界民族之林的时候，才能有平等的中日关系，也才能有平等的中外关系。吸取这条教训，中国人今天在国家发展中，要抓住经济建设不放，要极大地发展先进的社会生产力，要极大地增强自己的综合国力，要实现近代以来中国人的民富国强的梦。但是即使国家强大了，也不是要去称霸，不是要去欺负比自己弱小的国家。在目前以及将来，中日之间多些诚敬互信，少些尔虞我诈、以势压人，以共同开发造福两国人民，应对全球化的汹涌浪潮，这才是一种健康的邻国相处之道。

第二个历史教训与日本对近代的发展道路和战争经历的反省不够有关。首先，我要指出，明治维新以来，"脱亚入欧"、"开疆拓土，布国威于四方"以及大陆政策的发展道路，固然是在当时的时代条件下形成的，并且给日本带来了几代人的发展与繁荣，但是这条发展道路给日本带来了何种的危机，是否阻挡了日本未来发展的机遇，日本人似乎缺乏应有的反省。明治维新以来的发展太顺利，日本人也不屑于去做这种反省。

其次，日本社会自明治维新以来形成并逐渐强化的对亚洲各国人民的民族歧视心理，尽管经过战争的挫折，但没有得到彻底的清除。战争期间狂妄的领导"大东亚共荣圈"的信念，在战后仍然不时地表露出来。近年来，特别是海湾战争之后，日本社会上出现了一股强调日本在国际上做贡献的思潮，有的人头脑发热了，一方面以为日本对国际社会的贡献巨大，多年来为之努力的政治军事大国的目标已经实现，而抱怨国际社会仍然对日本的国际贡献视而不见，日本没有得到相应的报答，包括没有得到在联合国中更加重要的位置和发言权。另一方面又认为"如果不关心自己的国防，就等于引诱对方的国家来侵略自己"。这两方面的要求促使日本社会的民族主义情绪高涨，编纂会的新编历史教科书反映了这种高涨的民族主义情绪。

再次，对战后日本战争责任问题的追究不彻底。这既与国际社会有关，也与日本社会自身有关。众所周知，战后对日本的战争犯罪的审判有许多遗留问题：没有追究天皇的战争责任；没有追究日本违背国际公约进行细菌战和化学战的责任；没有追究日本对亚洲各国的违反人道的犯罪责任（包括从军慰安妇、强征劳工等）；等等。战后很长一段时间里，由于东京审判的资料没有公开，对这些问题被免除战争责任的原因和内幕难以进行深入的追究。由于这一原因，加上右翼和保守势力的活动，日本国民普遍的战争责任意识并没有建立起来。随着冷战的开始，大量的战争罪犯不仅被释放，而且摇身一变而成为新的政治家。本来，多数的日本人就满足于从自己的战争被害的立场上进行和平运动和反对战争，而极少思考日本对亚洲各国的战争加害，很少有从加害立场上的反省。而对侵略战争负有不可推卸责任的人被免除责任，更使日本不仅不能认真地思考侵略战争的责任，也不能彻底清除自明治时代起就深入地渗透到日本社会各层面的神国观念、皇国史观,相反,那种曾经上升为国家主导意识的天皇制观念和军国主义观念得到日本统治阶层的深深的认同,并对日本社会产生极大的影响。

第三个历史教训与中日关系有关。侵略与反侵略,是近代中日关系的基本特征。两次中日战争,最具典型意义地表现出了这种特征。造成近代中日关系这种基本特征的原因又是什么呢?除了中国落后于日本这个客观原因外,日本在明治维新以后很快走上军国主义的道路,则是一个最根本的原因。近代日本对中国和亚洲各国的侵略战争,都是在军国主义国策指导下实施的。事实上,早在19世纪,日本军国主义统治者就已经提出了以侵略中国和朝鲜为首要目标的"大陆政策",而九一八事变,则是对1927年东方会议制定的新大陆政策的具体实施。此后,1937年发动全面侵华战争,1941年发动太平洋战争,在军国主义国策指导下,日本的战争机器疯狂地转动,已经到了欲罢不能的地步。战火所到之处,给中国人民和亚洲人民带来了空前灾难。最终,日本军国主义并没有达到它所预期的目标,日本人民也同样遭受了战争灾难带给自己的痛苦。从中可以得出结论,军国主义是中国人民的大敌、亚洲人民的大敌,同时也是日本人民的大敌。这又是一条应该记取的历史教训。

研究、认识历史教训,是为了吸取教训,面向未来,开创未来。中日两国的学术界,中日两国的人民和政府,都应该认真研究并吸取历史教训。但是,特别引起我们注意的是,由于日本文部科学省在早些时候,审议通过了严重歪曲历史事实和恶意解说历史的右翼教科书,小泉首相以日本政府内阁总理大臣名义参拜供奉着战争罪犯的靖国神社,我们所说的这个"以史为鉴",现在正面临着比以往更加严峻的考验。日本社会的右倾化,明显地反映出日本的部分国民包括当政者,缺乏对历史的反省精神。对于被害国家的历史学家来说,这一点是特别要引起警惕的。我觉得,历史学者,尤其是中日两国的历史学者应该站在维护历史真实斗争的前列。这是因为,历史研究本身就是探求历史真实和在此基础之上解说历史规律的学问。一切违反历史真实的谎言,在科学的、理性的研究中,最终都会被揭露出来。

我们今天谈全球化,谈全球化下的中日关系,如果不注意研究这些历史教训,不研究阻碍中日两国关系顺利发展的历史与现实问题,而是一味地谈论全球化的美丽神话,是于事无补的。今天,中日两国贸易总额已经达到并且超过950亿美元,这种经济贸易关系还要发展,还要朝前走。这是全球化的趋势给我们带来的好处。但是两国贸易中还不断有摩擦,两国政治关系中也常有障碍。利用全球化带来的好处,避免全球化可能产生的坏处,是全球化下的中日关系需要慎重选择的。

21世纪的中日两国怎样以理性去认识两国过去战争的悲剧,共同携手创造和平友好的未来,我以为首先需要认真总结以往中日关系的历史道路,认真总结两国关系历史的经验教训。否则,重蹈覆辙的可能是存在的。当然,那将是新的悲剧,而不是喜剧。

2001年11月29日

宇野重昭/张海鹏：中日关系对谈录[*]

对谈者：宇野重昭　日本岛根县立大学校长
　　　　张海鹏　中国社会科学院近代史研究所所长
时　间：2002年12月3日
地　点：东京日中友好会馆

一　如何超越日中之间不协调的声音

宇野重昭：自1972年日中邦交正常化以来已过去30年。在这一期间，人员往来极为频繁，日中之间的经济、文化交流也超出当初的预料，有着极大的进展。我想由此而坚实地奠定了日中长期友好的基础。

同时，特别是20世纪80年代后半期开始，围绕教科书等各种不协调的声音开始表面化。进而在90年代，日本国内有关"中国威胁论"的舆论抬头，日中友好舆论也出现大幅倒退。

对今后30年的日中关系发展趋势，请问张海鹏先生如何预测？

张海鹏：我同意宇野先生的判断，中日建交30年来已经奠定了中日长期友好交流的基础。这是发展今后中日友好交流的新起点。中国经

---

[*] 2001年11月28日，作者率中国社会科学院中日历史研究中心访日代表团访问了日本岛根县立大学，与校长宇野重昭有所对话。宇野先生意犹未尽，希望继续讨论，于是2002年12月在东京展开了这次对话。这次对话摘要以《在共同历史认识的基础上走向东北亚的发展》为题发表在日本《山阴中央新报》2003年1月4日第14版。全文载宇野重昭编《位于东北亚的中国与日本》，日本国际书院，2003。宇野重昭先生已于2017年春仙逝，闻讯无任悲痛。谨以重刊此文纪念这位日本友人！

过二十多年的建设，初步形成了社会主义市场经济体制，这大大加速了中国的现代化建设进程。日本积极参与了中国的经济建设，在中国建设中所占的投资比例很高，中日之间的贸易额已经达到 1000 亿美元的水平。对中日两国来说，这是进一步发展中日友好关系的物质基础。我对此是有信心的。

当然中日关系中也有不协调的声音。"中国威胁论"反映了部分日本人对自己的发展缺乏信心，对中国的发展多了些担心。其实如果积极参与中国的经济发展进程，对于改变日本长达十年的"滞胀"，推动日本经济的复苏是有好处的。中日两国在经济发展上是互补的关系。"中国威胁论"是没有根据的。我担心影响今后 30 年中日关系的，仍然是"历史认识问题"和"台湾问题"。

二 首先从 20 世纪 30—40 年代的基本理解开始

宇野重昭：如以"台湾问题"来全面论述国际政治，其论点过于宽泛，所以，今天只想集中论述"历史认识问题"。这个问题，关系着如何从根本上认识和继承日本侵略中国的历史事实。大部分的日本人把这段历史事实视作已经过去的问题，而且日本政府已公开表明了"深刻的反省"，并力所能及地对中国现代化提供了经济援助，这象征着业已进行了充分的补偿。但中国的舆论调查却反映出日本并未深刻反省，其补偿还远不到位。

因此，本人认为，与其一味地描述日中之间的对立情绪，更有必要把历史认识问题更加深入地、从根源上、从学术的角度进行挖掘。可以说，20 世纪 30—40 年代是重要的，但更重要的是应从更广泛、时间上更长远的角度来观察历史认识问题。

所以，请张海鹏先生谈谈"历史认识"的看法。

张海鹏：我赞赏宇野先生的观点，根本的问题是承认历史上发生过日本侵略中国那样的事实。对此，如果日本人认为日本政府已经做了"深刻的反省"，恐怕是不利于改善中日关系的。我恰恰认为，日本对自己在近代以来的作为反省不够。从 20 世纪中叶以来，中国人对自己在近代以来的发展道路做过深刻反省，认识到中国的落后有三大因素：

一是帝国主义的侵略，二是封建专制造成社会制度的落后，三是社会经济极不发达。最近 90 年的应对，一是力谋彻底推翻帝国主义对中国的压迫；二是切实改变中国的社会制度，从辛亥革命以来不断探索乃至形成今日中国的社会主义市场经济体制；三是大力发展中国的经济，努力实现现代化。但是，拙见以为，日本对明治维新以来的历史道路缺乏认真的总结和反省。

从研究中日关系历史的角度说，超越 20 世纪 30—40 年代，从更广阔的历史视野、长时段的历史发展来观察中日历史关系，不失为一种研究方法。但是，如果对 20 世纪 30—40 年代的历史缺乏基本理解，那么，更广阔的历史视野、长时段的历史发展虽然有好处，但是并不能抹杀历史时期存在过的"侵略"面相，对于抚平人们的心理创伤可能没有太大的好处。从历史的发展和现实需要来说，超越 20 世纪 30—40 年代是必须的，但是现在就超越，恐怕还缺乏现实的基础。

三 对"西方冲击"的感受方式

宇野重昭：的确，对于 20 世纪 30—40 年代的研究才刚刚开始，我认为同时有必要把日清战争（甲午战争）以后的日中关系综括起来进行研究。自 1895 年日清战争结束后至第二次世界大战结束，日中关系是"不幸的 50 年"。借用已故周恩来总理的话来讲就是：加上大战结束后的 10 年，应该是"不幸的 60 年"吧！

这一期间，在日本社会占据支配地位的思潮是：日本的近代化远远超越了中国的近代化，日本在应对来自"西方冲击"的方式上属于亚洲的"优等生"。在我的学生时代，这种价值观强烈地影响着整个东洋政治外交史。

这种价值观隐含着根本性的问题，说起来，所谓"亚洲对于西方冲击的反应"的话题本身，是西方价值观中心论的概念。这里还包含着这样一种观点：通过这种"反应"的成长，最终形成了亚洲的主体性，事实是那样吗？张海鹏先生是如何看待"亚洲对于西方冲击的反应"这种历史观呢？

张海鹏："西欧冲击的亚洲反应"，或者"亚洲反应的主体性"问题，以及日本在对西欧冲击的反应中成为亚洲的优等生，我认为说的是一个问题。这种"优等生"的自豪感，形成了日本人的以西欧为基准的价值观。这是日本人对近代以来的历史发展进程缺乏反省的证据。明治维新伊始，天皇宣布了"开疆拓土，布国威于四方"的国策。以后，经过思想家的提倡，政府的实际推行，日本社会逐渐形成了"脱亚入欧"的社会思潮、社会意识与社会实践。我并不认为从西欧的发展道路中学习和借鉴有益的经验是不对的。但是，这种学习和"脱亚入欧"是不同的两回事。我认为："脱亚入欧"的社会思潮、社会意识与社会实践是需要检讨的。这种思潮与意识一旦与"开疆辟土，布国威于四方"的国策相结合，就容易产生后来出现的军国主义势力和对邻国的侵略。"脱亚入欧"的潜台词是：先进的欧洲，落后的亚洲。日本作为"优等生"以先进的欧洲国家自居，极易产生蔑视亚洲各国包括中国的社会心理。日本要取信于亚洲各国包括中国，恐怕要有这样的检讨吧。

四　自明治维新起，日本开始傲慢

宇野重昭：从中国清朝末年的洋务运动、日本幕府末期明治维新的近代化改革运动时起，可看出中国与日本对于"西方冲击"之反应的差异。从那时开始至日清战争的期间，日中对于价值意识的落差不断扩大。这个阶段，当时的中国人是如何看待日本的状况呢？

张海鹏：我举两个例子。19世纪80年代，曾在中国驻英、法等国使馆担任参赞的黎庶昌出任驻日本公使。他在使日期间结交了许多政界和学界的日本朋友，在日本搜集了二十多种中国已经失传的古籍，回国出版，是中日两国文化交流的一段佳话。同时，他也观察了日本社会。甲午战争爆发前一二年，他曾致函朝廷，断言日本将向中国开战，要求派他再到日本，游说日本友人力争推迟战争的爆发。他的意见不为清政府采纳，他在重庆贫病交加，郁郁而死。黎庶昌根据什么判断日本将向中国开战，我还没有找到文字根据。但是他预报了日本将向中国开战确是事实。我认为，黎庶昌一定在日本社会中观察出了日本将向中国开战的若干因素，包括社会因素和国策因素。

以上是甲午战争以前的例子。甲午战争以后的例子，我举章太炎为例。中国著名的革命家章太炎1906年出狱后访问日本，看到了日本社会发展中的问题，不久后写下如下诗句："天骄岂能久？愁苦来无沂。"明治维新以后，特别是甲午战争以后，日本社会上形成的那样一种"天骄"情态，章太炎在本世纪初就感受到了，日本人至今是否觉察到了呢？

五　追求相互平等、相互尊敬的时代

宇野重昭：这样来考虑日中的不幸的西方化及对此不同"反应"的时代的话，就必须认识到未来日中友好的基础，应是一个日中更加对等的时代，是一个相互尊敬、相互影响的时代。如果不从建立日中关系"更好的时代"来考虑日中关系的话，就难以确立日中共同的历史认识的基础。

从这个意义上来讲，研究从中国的明、清时代，从日本室町时代后半叶至江户时代以来的日中文化、经济交流是很有意义的事。不过，对于经济交流的实证研究才刚刚起步，对于文化交流的研究已有不小进步。最近，岛根县立大学的胜村教授参加的一个研究团体，就面向学生出版了作为这个时期基本文献中很好的解题集。

当然，在这个时期，在日本社会，向中国高度发达的文化学习的倾向是普遍的，主流意识是：在与中国文化的对照中，日本逐渐完成了自身的自我形成阶段。但是，同时也不能忽略日中文化相互影响的一面。而且，更长地放眼于时代并把朝鲜半岛也纳入这一区域的话，有可能感悟出至今尚未见过的日中关系层面。

张海鹏：在确定中日之间共同的历史认识的基础上，建立一种平等对待、相互尊敬、相互影响的经济文化关系，并以此为出发点来研究中日关系，是令人神往的研究思路。中日之间有2000年的交往史。隋唐时期，中国文化处在高度发展的时期，那时候日本向中国派出遣唐使、留学生，许多遣唐使、留学生把中国文化带到日本，另一些遣唐使、留学生在中国长期居留并担任官职，留下了中日文化交往的佳话。阿倍仲麻吕的故事在中国和日本是耳熟能详的。元朝时期有所谓元寇对日本的袭扰，明朝时期又有所谓倭寇对中国的袭扰。这都是暂时的现象。明清时代，中国在亚洲东方建立起一种宗藩体系——亚洲式的国际关系体系。我并不认为这是一种值得今天模仿的体系。在明清时代,直到 1895 年,中国与朝鲜存在着宗藩关系;明朝时期,中国与日本也曾经有过这种关系。按今天的国际关系准则来看,这并不完全是一种平等的关系。我以为,即使中国今后更加强大了,也不要追求这种关系。我感到一些日本人在担心中国将来强大了,可能要重新建立那样一种体系。这种担心是多余的。明清时代建立宗藩关系的物质基础和国内外环境已经不存在了。我所说的宗藩关系基本上是一种政治关系。我注意到日本学者往往使用朝贡关系体系的说法。我认为这两者是不完全相同的。后者主要是指经济贸易关系。这是在不平等的宗藩关系的政治构架下发生的相对比较平等的贸易关系。

六 宗藩关系已成为历史

宇野重昭:那么说,在日中关系中,宗藩关系是不存在的。我想彻底地从平等的角度来思考日中关系。在某种意义上讲,古代以前的日中关系是超越了平等与不平等的关系。岛根县立大学在从"东北亚学的构筑"的角度来考察日中关系之时,很重视岛根的传统、古代以来的传统。具体讲,是与日本的出云、韩国的新罗、包括从中国东北至朝鲜半岛的极为繁荣的渤海地区等的文化交流关系。

如何看待古代的东北亚关系史研究呢?

张海鹏:这是一种很有意义的设想和值得鼓励的努力。我认为,从岛根县的历史文化特点出发建立研究文化关系的模式,形成东北亚学,将是对区域史研究的贡献。

七 在文化交流中对国家的重新评价

宇野重昭:在这个时代,有着超越人种、国境的文化交流、文化接触。坦率地说,所谓的国家是包容于这种文化交流之中并逐渐发展起来的。以这种观点为中心来思考的话,就不会陷入狭隘的民族主义(也称"国家主义")和日本近代所谓的"皇国史观"。

张海鹏：在我的知识范围内，我认识到由于生产力的发展，财富的积累，产生阶级的分化，这是形成国家的基础。国家不仅是阶级对抗的产物，也是社会高度发展的产物，因此国家又具有管理的职能。您的看法使我看到了文化交流、文化接触在早期国家形成中的作用，很有启发意义。但是我并不认为文化交流与接触在早期国家形成中具有决定性的意义。用所谓"皇国史观"来观察中日关系是绝对要不得的，您提到在日本要超越"皇国史观"，我是很赞赏的。在现实社会中，研究历史或者中日关系史，要完全摆脱民族主义的视角，可能也是难以做到的。马克思当年号召"全世界无产者联合起来"，是要摆脱民族主义，共同对付资本主义压迫。第一次世界大战、第二次世界大战相继爆发，民族主义还是占了上风。中日关系历史研究中，我们要注意克服民族主义的膨胀，但是如果否定被压迫民族反抗压迫民族的正义性，那么这段历史就很难研究了。

八 地域、自治包括国家的联系

宇野重昭：今天，仍深感必须为克服民族主义（也称"国家主义"）的膨胀而努力。同时，也必须明确所谓的国家现在依然发挥着巨大的作用。如此，我们岛根县立大学东北亚研究的目标是：有时与国家同步，有时超越国家，从日本的地区、从地方自治体，向东北亚各地区传递信息。特别是在日本海沿岸地区，相互联系，与隔海相望的中国、朝鲜、韩国、俄罗斯西伯利亚等地区以及自治体，在文化、经济等方面发展友好关系。

最近，地方自治体、新闻媒体、研究机构等相互联系，欲试扩大从青森到山口"海道 2000 公里地区交流"的网络。

确凿的历史事实证实，通过海洋的贸易、文化交流是自由发展起来的。当然，现在飞机和信息科学日趋成为交流的主要工具，但通过海洋的交流依旧发挥着巨大的作用。特别是岛根县立大学所在的滨田市，是作为海上贸易、渔业中心地而发展起来的石见地区，我们更高度地评价海洋的存在意义。

张海鹏先生如何理解通过地区联系来发展日中关系这一问题？

张海鹏：我对岛根县立大学发起这样庞大的研究计划表示钦佩！我认为，研究海道 2000 公里范围地域内的历史地理以及经济文化关系，是有意义的。从这个设计看，这实际涉及了这个地区的国际关系史。我的建议是：在研究这个地区的经济文化关系时，要注意到这个地区国家的存在这个事实。如果看不到或者低估了这个事实，研究的深度是会受到限制的。

宇野重昭：日中对于国家看法的差异，在今后的日中关系研究上是一个重要的问题。

今天，长时间对话，非常感谢！

试论当代中日关系中的历史认识问题[*]

——兼评《中日接近和"外交革命"》发表引起的"外交新思考"问题

引 言

马立诚先生在《战略与管理》上发表《对日关系新思维——中日民间之忧》的文章后,时殷弘教授接续在《战略与管理》上发表《中日接近和"外交革命"》一文,在中日两国引起了广泛的反响,议论纷纭。在日本,支持者多,在中国,反对者多。这种现象至少说明,中日关系的现实不能令人满意,中日关系的未来走向需要思考。从这一点来说,这是有积极意义的。

《中日接近和"外交革命"》有三个基本论点。其一,近年来中日关系正在走向恶化,例举了民意调查的资料,80%的中国回应者将"历史认识"列为影响中日关系的头号负面因素,40%的日本回应者认为这样的因素是"缺乏相互了解"和"政治制度不同"。其二,要实行战略集中原则,实现中日接近,"以便中国能够主要在中长期安全意义上尽可能集中应对美国实在和潜在的对华防范、压力与威胁,连同集中致力

---

[*] 本文是作者在2004年1—2月在日本岛根县立大学担任客座教授期间,综合几次演讲的基础上写成的,曾在岛根县立大学第10回东北亚学研究恳谈会上发表。原载《抗日战争研究》2004年第1期。收入张海鹏《东厂论史录——中国近代史研究的评论和思考》,广东人民出版社,2005。

于台湾问题上的阻独促统重任"。其三,为了实现中日接近,集中应对美国这样一个战略集中原则,中国要在一个较长时间内将"历史问题"争端大致撤出对日外交要事议程,也相应地撤出官方和准官方宣传。时殷弘教授在岛根县立大学的演讲中提出:"可以大致地搁置历史问题,留到以后去真正解决,以便绕过更连贯、更有效地实行国家大战略的障碍。"① 这三个论点相互连接,逻辑严密,不能不说是近年来对中日关系的思考。

但是这个新思考在很大程度上停留在思考的阶段,难免书生之见式的讥评。已有的讨论尚停留在表面,本文试图围绕这三个论点展开讨论。

中日关系的发展现状

对中日关系发展现状的估计,是我们思考对日关系的基本根据。我的基本看法是:从近代中日关系的全部历史来看,1972年9月中日恢复邦交以来的30年,是1871年《中日修好条规》签订以来最好的30年。

如果从1871年算起,近代以来中日发生直接交涉关系迄今已超过130年。130多年中,中日两国之间,经常笼罩着战争的阴云。远的不说,从1894年甲午战争起到1945年8月日本战败投降止,就有:1894年7月—1895年4月的第一次中日战争,这次战争因《马关条约》的签订而结束,日本从中国取得了2.3亿两白银的赔款和台湾、澎湖列岛的割让以及其他特权;1900年6月—1901年4月,日本参加八国联军侵华,《辛丑条约》签订后,日本取得了在中国的驻兵权,以及大量的战争赔款;1904年2月—1905年9月,日俄两国在中国土地上进行战争,这次战争因《朴次茅斯条约》的签订而结束,俄国把战争失败的损失转嫁给中国,日本从中国取得了大量特

---

① 时殷弘:《对待中日关系的战略性新思考》(2003年12月17日),见岛根县立大学东北亚研究中心主办《中国の変动と〈新思考外交〉の可能性》会议手册,第3页。

权；1914年9—11月，日本借口参加第一次世界大战，出兵占领中国山东并在其后提出灭亡中国的"二十一条"，日军占领青岛直到1922年；1928年4月—1929年5月，日本借口中国南方革命政府北伐，再次出兵山东占领济南、青岛；1931年9月18日，日军在沈阳挑起事变，旋即占领东北全境，继后日军越过长城，陈兵丰台，终于在1937年7月7日发动卢沟桥事变，开始了长达八年的全面侵华战争。在从1894年到1945年的半个世纪中，日本对中国刀兵相见的日子，多于和平安静的日子。从这里不难看出，近代日本和中国之间，存在着侵略与被侵略的关系。这些基本的史实，已经记载在中日两国的历史书上，也铭记于中日两国人民的心上。

1949年10月中华人民共和国建立以后，中日两国之间没有外交关系。日本作为美国的外交附庸，成为美国对中国实施包围而形成的反华反共半月形包围圈的中坚一环。这个时期，中日之间的民间商贸关系在艰难中有所发展，但国家关系却是冷冰冰的、敌对的。因此，两国关系不能正常展开。

我们是否可以说，在1871年到1971年的整整100年间，中日之间的关系是以战争、对抗和敌视为基调的呢？我看可以这样说。

非常清楚，近代中日两国关系史，只有1972年复交以来的30年是在平等的基础上互利互惠交往的历史。30年来，两国领导人频繁互访。[①] 中日两国外交部门间、两国政府间建立了交换意见的正常渠道。[②] 中日民间友好人士的交流活跃。中日友好二十一世纪委员会定期会议分别在北京、东京轮流召开。两国领导人频繁互访，大大改善了两国的政治关系，从而带来了经济、文化交流的热络。1972年两国贸易额为11亿美元，1984年达到131亿美元，1996年便超过了600亿美元，再过6

[①] 据不完全统计，1972年至2002年9月，两国部长以上高官（中日政府成员互相在对方首都召开会议未计算在内）互访有100多人次，其中日方54人次，中方48人次。

[②] 据不完全统计，除部长以上高层官员互访交换意见外，这些渠道还包括中日政府成员会议、中日外长定期会议、中日外交部门定期协商会议、中日长期贸易协商定期会议、中日产业合作会议、中日贸易混合委员会、日本通产省和中国外经贸部副部长级定期磋商会议、中日双方投资促进机构、中日能源圆桌会议、中日政府间科技合作委员会、中日环境会议、中日防务当局磋商会议、中日安全磋商会议、中日领事磋商会议等。

年即 2002 年，两国贸易额达到 1019 亿美元，2003 年更是高达 1335 亿美元，① 就是明显的证明。产业、科技、环境方面的交流蓬勃发展。文化艺术、体育界往来频繁。学术、教育界访问不断。与 20 世纪初的留学热潮相似，复交以后中国学生再次掀起留日热潮。日本学生到中国留学，最近几年更有增加趋势。两国建交以后，在政治、经济、文化方面往来密切，对中国有好处，对日本也有好处。两国人民更加了解了，两国的经济文化发展获得了有力的推动。强调一点：1335 亿美元的贸易额，从世界的眼光看，也绝不是一个小数字，在全世界国与国间贸易额排名中占前几位。这个巨大的贸易额，是在中国经济巨大发展的推动下实现的，对日本十年来停滞的经济是巨大的推动。最近，日本发行量最大的报纸《读卖新闻》发表文章说，中国经济的发展是日本经济复苏的主要支撑力之一，中国经济的发展动向将成为日本经济能否朝着全面复苏方向发展的重要因素。② 从这个角度说，中国经济的发展对日本绝对不是威胁，而是推进器。③ 中日两国的经济联系，无论从纵向还是从横向的角度分析，都是无与伦比的。这种联系实际上构成了中日两国国交的稳定器。尽管这 30 年中由于政治制度、经济发展水平、历史文化背景的不同，以及国际因素等原因，两国关系中存在摩擦、争吵，有几届日本内阁大臣就中日历史关系发出不和谐的声音，干扰了中日两国关系发展的大方向，但是总起来说，这 30 年中中日关系是在和平共处五

---

① 2003 年年中估计可达到 1200 亿美元。根据报道，据中国海关统计，2003 年中日间的贸易总额比去年增长了 31.1%，达到 1335.8 亿美元。日本连续 11 年成为中国最大的贸易对象国。又据《日本经济新闻》报道，日本对中国大陆、香港、台湾的出口急剧增长，2003 年对上述地区的出口贸易额比上年增长 20%，首次超过了对美国的出口额。中国是日本最大的进口贸易国，现在又成为日本最大的出口贸易国。见中国青年报记者裴军报道，引自人民网日本频道（japan.people.com.cn），2004 年 1 月 19 日。1972 年以来中日两国贸易总额逐年递增：1972 年为 10.38 亿美元，1973 年为 20 亿美元，1978 年为 50 亿美元，1980 年为 89.1 亿美元，1981 年超过 100 亿美元，1984 年为 131 亿美元，1991 年为 228 亿美元，1992 年为 289 亿美元，1993 年为 390 亿美元，1994 年为 478.9 亿美元，1995 年为 578 亿美元，1996 年为 624 亿美元，1997 年为 608 亿美元，1998 年为 579 亿美元，1999 年为 661.67 亿美元，2000 年为 831.6 亿美元，2001 年为 877.2 亿美元，2002 年为 1019.05 亿美元，2003 年为 1335.8 亿美元。
② 《贸易黑字 10 兆円台 3 年ぶり中国向け輸出入最大》，《读卖新闻》2004 年 1 月 27 日，"经济版"（第 12 版）。
③ 日本首相小泉纯一郎 2002 年 4 月访华时说过："我认为中国经济发展不是对日本的威胁。"

项原则和《中日联合声明》、《中日和平友好条约》和《中日关于建立致力于和平与发展的友好合作伙伴关系的联合宣言》的基础上得到发展的，主流是好的，大方向是正确的。我要再说一遍：这三十年的中日关系，从近代中国的历史发展来看，从近代以来中日关系的历史进程来看，不管从哪个角度说，都是最好的时期。甚至与同一时期中国与其他大国的关系相比，也是最好的或者比较好的。我们应该十分珍惜这段历史，推动它向着更健康的方向发展。

因此，对中日关系的现状评价过低，不能反映它的实际状况，同时也会对中日关系发展的未来状况产生不正确的判断。

关于战略集中原则的讨论

战略集中原则作为处理国际关系问题的一个指导原则，不是任何时候都可以适用的。它需要有适当的国际环境。第二次世界大战时期反法西斯统一战线的建立，是战略集中原则的实施，其时，德国在1939年在欧洲挑起战争，1937年日本发动全面侵略中国的战争，由于大国利益的不同，绥靖政策长期推行。只是到太平洋战争爆发，使美国、英国的利益和安全受到直接威胁，才有反法西斯统一战线的建立，美国、英国、苏联、中国等不同政治制度和意识形态的诸大国，才在反对法西斯侵略的共同利益和愿望之下，实施了对德、意、日的战略集中原则。在战略利益一致的前提下，才可能有开罗会议、德黑兰会议、波茨坦会议、雅尔塔会议，并最终形成了关于战争结局和战后安排的雅尔塔体系。这可以说是战略集中原则的典型案例。

战略集中原则的运用，还可以举出另一个典型案例。这就是20世纪70年代的中美和解和中日建交、中美建交。苏共和中共因为国际共产主义的主张和意识形态的分歧，引起了苏联和中国两国关系的紧张。苏联在紧邻中国的北部边疆部署了百万大军，加上苏联作为世界两大超级大国之一所具备的强大军事实力，而且正准备对中国进行"外科手术式的核打击"，以及在中国之西控制着阿富汗，与印度有着亲密的关系，中国政府感受到了极大的安全危机。与此同时，中国还面临东南以美国为首部署的半月形包围圈，这个包围圈由韩国、日本、台湾、菲律宾等国家和地区构成。在中国南疆,美国还发动侵略越南的战争,把矛头指向了中国。中国在这样的国际环境中,要想寻求国家的安全和主权的独立,就需要改变"一边倒"的外交方向,寻求周边关系和国际关系的出路。

另一方面,第二次世界大战结束后,形成了美苏两个超级大国并立争夺世界霸权的冷战大格局。这个格局最初是以社会主义阵营和资本主义阵营相对立而存在的,后来演变为美苏争夺世界霸权。美苏争夺世界霸权的矛盾是当时国际关系中的主要矛盾,难以调和。中国如果继续站在苏联一边,可以增强苏联势力,抗衡美国,但是中苏站在一起的前提已经失去了。中国如果改善与美国的关系,就可以减轻东南半月形包围圈的压力,突破重围,形成新的外交格局。美国也发现,如果改善与中国的关系,对苏争霸就会减轻压力。从客观上分析,中美在同时考虑同一个问题。中国认为,和中美矛盾相比,中苏矛盾更突出;美国认为,和美中矛盾相比,美苏矛盾更突出。1970年2月18日,美国总统尼克松在国会提出对外政策报告,专门针对中国说了一段话,"中国人民是伟大的生气勃勃的民族,不应该继续孤立于国际社会之外",美国"无意与任何一个大国联合起来主宰世界或结成敌对性的联盟来反对两个共产党大国中的一个"。[①] 很明显,这是向中国释放了希望接近的信息。此后的中美接近,产生了中日建交和中美建交的大收获,完全缓解了中国的外交压力,为中国的国际环境找到了新的出路。这就是战略集中原则在新的国际环境下的运用。这个运用显然是成功的。可以称之为改变世界格局的"外交革命"。

现在还存在实施战略集中原则的国际环境吗?答案是否定的。首先,中日关系虽然存在一些问题,但总体还是好的,尤其是与近代以来的中日关系相比较,可以说是很好的,用中日接近不能反映今天中日关系的真实情况。所谓"接近",是与"敌对"相比较的。30年来中日两国部长级以上官员互访已经超过100次,1998年以来的五年,两国部长级以上官员互访也有22次,这难道还不是很接近吗?今天的中日关系已经不是接近不接近的问题,而是努力消除存在的困难,

---

① 〔美〕基辛格:《白宫岁月》第2册,世界知识出版社,第339页。

如何使中日关系更为密切的问题。其次，中美关系也是好的，中美两国领导人互访也很频繁，中美两国虽然有不少矛盾和冲突，特别在台湾问题上，美国还在实质上阻碍中国的统一事业，甚至是和平统一的事业，美国甚至希望海峡两岸永远不要改变现状，但是在国际战略上存在着相互配合的情况，在国际反恐事业上具有大致相同的利益。虽然对于国际恐怖活动形成的原因以及对付国际恐怖活动的手段和思路，认识不一定很一致，但是在国际上要进行反对恐怖活动则是没有分歧的。此外，在朝鲜半岛无核化问题上，中美两国的看法大致也是一致的。同时，中美两国还存在着极为大量的、频繁的经济文化联系和人员交往。在这种外交背景下，要中国联合日本，集中对付美国，是现实可能的吗？此种想法，莫过于书生之见而已。再说日美之间的关系，远比中日关系、中美关系更紧密，我们怎么能够设想在日美关系中打进一个楔子呢。最重要的是，中日美三国之间，当然不是等边三角关系，但也是一种三角关系，其间虽然充满各种矛盾，却在一些重大问题上有着共同的利益。在这种国际关系背景下，这三角中，不存在联合一个对付另一个的那种利益驱动原则。也就是说，在这种情况下，实行战略集中原则，是无的放矢！

"搁置历史"不是解决中日关系的良策

上面讨论了中日关系的现状，说明它是近代以来中日关系最好的时期；又讨论了战略集中原则，说明了运用战略集中原则需要相应的国际环境，现在缺乏这种环境，在当前的国际背景下，提出战略集中原则是无的放矢。下面再来讨论有关"搁置历史"问题。照"新思维"论者的意见，中日关系已经恶化，为了挽救这种危机，必须运用战略集中原则。而要运用战略集中原则，就必须"搁置历史"。这是一种逻辑关系。如果中日关系并没有出现什么危机，而运用战略集中原则又缺乏必需的国际环境，那么所谓"搁置历史"显然不是一个好主意。这又是一种逻辑关系。

我说中日关系是近代以来中日关系历史上最好的时期，当然不是说，今天的中日关系形势一片大好。形势固然很好，但是潜伏着危机。

构成危机的主要因素，是横亘在中日关系之间的历史认识问题。

历史认识问题，人们也许只是看作历史观问题，没有给予它应有的重视，以为那不过是对历史问题的看法，并不影响现实。这种看法是把现实和历史问题完全割裂开来了，是一种机械论的观点。下面的例子说明，历史和现实并不是那样简单地可以机械地割裂开的。

第一个例子：2004 年元旦，日本首相小泉纯一郎在总理内阁大臣任上第四次参拜靖国神社，中国外交部发言人立即表示抗议。这次行动还招致与引起了日本国内许多政党和正直人士的批评与忧虑。日本社民党干事长又市征治认为，小泉参拜供奉有甲级战犯牌位的靖国神社，而不承认日本的侵略事实，这是作为日本首相不应有的行为。日中友好协会理事长村冈久平说：实现日中两国首脑的互访对发展日中关系是非常重要的，但数年来这一互访未能实现的原因就是小泉一再参拜靖国神社。① 这些言论道出了事情的严重所在。实际上，2002 年是中日恢复邦交 30 周年，这年 9 月 22 日北京人民大会堂举行了盛大的友好交流大会，中国国家主席江泽民在大会上讲话，中国国家副主席胡锦涛出席会议。可是小泉纯一郎首相因为在 4 月参拜了靖国神社，未能出席。2004 年如果没有特殊情况，小泉首相未必能够实现对中国的国事访问。这是令人遗憾的。

小泉上任以来每一次参拜靖国神社，每一次都引起中国外交部的抗议。小泉上任的第一年就参拜了靖国神社。这年 10 月 8 日，江泽民主席在中南海会见了来华做工作访问的小泉首相，江泽民对小泉说：靖国神社里供奉着日本军国主义战犯的牌位，如果日本领导人去参拜，就会构成严重问题。② 2002 年 10 月 27 日，在出席在墨西哥洛斯卡沃斯举行的亚太经合组织第 10 次领导人非正式会议时，江泽民会见小泉纯一郎，当面谈过参拜靖国神社问题。参拜靖国神社问题引起两国外交当局的交涉，两国领导人当面讨论参拜靖国神社问题，请问这是什么问题？你可以回答说这是中日两国现实的外交政治问题。我可以回答说这是历史认

---

① 张焕利：《日中友好团体及在野党谴责小泉再次参拜靖国神社》，新华网东京 1 月 1 日电，人民网日本频道（japan.people.com.cn），2004 年 1 月 2 日。
② 《江泽民会见小泉纯一郎，强调以史为鉴面向未来》，《中国日报》2001 年 10 月 8 日；新加坡《联合早报》2001 年 10 月 9 日。

识问题引起的外交政治问题。本来日本领导人参拜靖国神社，是日本国内问题，他国无由说三道四；但是由于靖国神社自1978年起供奉了东条英机等14名东京审判中被判定的甲级战争罪犯，引起了中国和东亚国家的抗议。这种抗议，表示了这些国家对日本复活军国主义的隐忧。这是历史问题引起现实政治交涉的极好例子，历史认识问题与现实外交关系紧密地交织在一起，无法加以机械地分开。

第二个例子：日本国文部省批准修改历史教科书问题。自1982年以来，这个问题引起包括中国在内的亚洲各国的关注和交涉，成为国际上引人注意的事件。1982年日本在处理这个问题的时候，提出所谓"近邻诸国条款"，就是说，日本处理历史教科书要注意邻国的反应。文部大臣小川平二在东京召开记者招待会，重申尊重《日中联合声明》，要求在学校教育方面注意贯彻与近邻亚洲国家以及其他外国之间的国际理解和协调的精神。所谓修改历史教科书，就是把原来正确的一些历史知识做了"模糊战争责任"的修改，比如，把"侵略"改为"进出"，把"南京大屠杀"改为"南京事件"甚至干脆删掉，等等。如果说1982年历史教科书风波中，日本政府还做出了注意邻国反应的政治决定，那么到2001年历史教科书风波再起，森喜朗首相虽然表示要根据前首相村山富市在1995年向亚洲各国表示谢罪和反省的精神审定教科书，[1] 但是主管教科书审定的文部省仍然在这年4月3日批准了包括右翼学者团体"新历史教科书编纂会"编写的八本历史教科书为合格。这件事情引起了中国的强烈反应。中国驻日本大使在东京召开记者招待会，中国外交部长约见日本驻华大使，中国外交部、教育部，全国人大和全国政协外事委员会分别发表谈话，纷纷表明了对歪曲事实、美化侵略战争的历史教科书的愤慨之情。最终，日本政府没有接受中国和韩国等各国的反应，正式拒绝了两国的要求。2001年10月，江泽民会见小泉时说过，如何对待历史，是中日关系的政治基础，也是面向未来的出发点。他说："我一直强调要'以史为鉴，面向未来'。中日关系的发展历程不断有起伏。关系好的时候，各方面的交往很密切，在遇到困难时，总是与教科书和靖国神社这类历史问题有关。"[2] 历史教科

---

[1] 参见徐之光主编《中日关系三十年》，时事出版社，2002，第495页。
[2] 《江泽民会见小泉纯一郎，强调以史为鉴面向未来》，中国日报网，2001年10月8日；新加坡《联合早报》2001年10月9日。

书问题看起来纯粹是一个编撰者的历史认识问题,但经过政府主管部门批准,就变成指导国民历史认识的标准答案,这就使邻国有理由怀疑,现在的日本政府对当年日本军国主义发动的侵略战争是否承认的问题,由此引起国际交涉,又变成为一个现实的国际关系问题。历史认识与现实外交交涉再次交织在了一起。

第三个例子:化学武器亦即毒气弹的处理问题,引起了中日两国政府的许多交涉。2003年齐齐哈尔的"8·4"毒气事件以及石家庄的事件,不久前刚刚处理完毕。温家宝与小泉会面时还谈到毒气弹的处理问题。显然这是两国外交中的现实问题。但是它是由日本部队在战时遗弃在中国的,又是一个历史问题。今天处理这个问题,还涉及许多技术问题,如如何销毁,在哪里销毁,以及受害人的赔偿等。我们甚至难以说清这究竟是处理现实问题呢,还是处理历史问题。

第四个例子:"慰安妇"问题。日本政府一开始不承认,后来迫于舆论和事实勉强承认。1995年日本成立民间的基金会,准备给予受害妇女以赔偿,但为受害妇女所拒绝,理由是它不是国家赔偿。村山富市首相曾经发表谈话,对受害妇女"深表歉意"。官房长官五十岚还表示要把有首相署名的道歉信送到每位受害者手中,要整理保存有关慰安妇的历史资料,传诸后世。在这里,现实与历史已经难以分开了。

第五个例子:1995年日本国会通过的"不战决议"。村山富市做了首相以后,面临1995年日本所谓"终战"50年的到来以及有关各国的压力,希望有一个说法。通过内部各种争论,终于在国会通过了一个名为《以历史为教训,重申和平决心之决议》的所谓"不战决议"。这个决议以它对战争性质的含糊其词遭到了国内外的广泛批评。但是从形式上看,它是以"历史"为切入点。决议的通过当然是现实政治的需要,决议所要处理的首要问题却是历史认识问题。在这个问题上,我们又一次看到了历史问题与现实问题在处理上的交织。在讨论过程中,本来是要以"不战决议"命名的,结果却放弃了"不战"字样。没有不战内容的所谓"和平决议",平添了国内外人们的广泛疑虑。在现实政治中,对历史认识问题的处理,其正确与谬误,反过来是会影响现实政治的。类似于"不战决议"这样的问题,看起来是国内问题,但影响所及,远远超出了国内。

我看举这五个例子就足够说明问题了。其他还有台湾问题、钓鱼岛问题、修改和平宪法问题、海外派兵问题，等等，限于篇幅，就不一一提出来分析了。

请问：我们以什么方法来观察历史认识问题的重要性呢？我看，就要看人们在处理现实问题的时候，这个现实问题中究竟包含了多少历史的积淀。现实问题中所包含的历史积淀越多，说明它所要处理的历史认识问题越多。这样的现实问题处理好了，有关历史的疮疤可能就抚平了，相关的历史认识问题可能就解决了。反之，这样的现实问题处理得不好，说明相关的历史认识问题没有解决，甚至可能因历史问题生出新的现实问题。

通过这个研究，我们似乎可以得出这样的结论：历史与现实是有距离的，但是现实是历史的继续。现实不等于历史，但历史影响着现实。从现实之中总可以看到历史的影子，忘却历史不是现实的要求。有时候，处理现实问题就是为了抚平历史的疮疤；有时候，处理历史问题，就是为了发展现实；只有处理好了历史问题，现实才能向前迈进一步。这是历史与现实的辩证法，不独中日关系如此，处理国内问题的道理也是这样。

那么，这样说起来，"搁置历史"是否可能呢？从以上事实来看，是难以搁置的。从中日两国关系发展的历史看，中方是希望把历史问题说清楚后就"搁置"起来，重点是向前看，重点是处理好现实问题。但是，挑起历史问题，不让"搁置"历史问题的恰恰是日方。为了说明这个问题，提出我的两点根据如下。

第一个根据是1972年中日邦交正常化《中日联合声明》的签署。原则上说，中日邦交正常化，是在当时国际背景下中日两国的政治决定。周恩来在邦交谈判的第一次首脑会谈中说过：同意从政治上解决问题，一些历史方面的问题不要拘泥于法律条文。邦交恢复后，中日两国人民要世世代代友好下去。日本侵华战争虽然给中国人民带来了巨大的灾难，但是中国主张把军国主义与日本人民分开。结束战争状态，恢复邦交，不仅符合两国人民的利益，而且为缓和亚洲紧张局势和世界和平做出贡献。为了日本人民的利益，中国主动提出了放弃战争赔款的要求。[①]在《中日联合声明》中，关于历史认识问题只写了一句："日本

---

① 参见徐之光主编《中日关系三十年》，第40—63页。

方面痛感日本国过去由于战争给中国人民造成的重大损害的责任，表示深刻的反省。"① 这里并没有在战争二字前加上"侵略"字样。所有这些都体现了"前事不忘，后事之师"，搁置过去朝前看的精神。

第二个根据是迄今为止，每一次出现历史认识问题的争执，都是日本政府挑起来的，中国政府只是被迫做出反应。邦交正常化以后十年无问题。第一次出现问题是在 1982 年，日本文部省提出了中学历史教科书审定问题。此后，1985 年、1986 年、1989 年，都有历史教科书审定问题。在这时候，日本政府大致上还能约束自己。但是 2001 年的教科书审定事件，风波甚大，日本政府拒绝邻国的要求，在教科书审定问题上表明了不能约束自己的态度。显然，在教科书审定问题所反映的历史认识问题上，日本政府没能把自己约束到《中日联合声明》的立场上。不是中国不愿意搁置历史问题，而是日本政府不愿意搁置历史问题。

从 1983 年开始，出现首相参拜靖国神社问题。中曾根康弘首相开了头。现将我收集到的有关日本政治领导人参拜靖国神社的资料附于下（不完全）：

- 1983 年 8 月 15 日，中曾根康弘首相参拜靖国神社，还有 15 名内阁成员和 100 多名国会议员也参拜了靖国神社。
- 1985 年 8 月 15 日，日本首相中曾根康弘及 18 名阁僚正式参拜靖国神社。这是战后 40 年来第一位现职首相以公职身份参拜靖国神社。中国外交部表示遗憾。
- 1991 年 8 月 15 日，日本 12 名阁僚和 81 名国会议员参拜靖国神社。
- 1994 年 8 月 15 日，日本联合内阁中 7 名阁僚参拜靖国神社。
- 1995 年 8 月 15 日，9 名内阁大臣参拜靖国神社。
- 1996 年 4 月，120 名议员和 3 位阁僚参拜靖国神社。
- 1996 年 7 月 29 日，桥本龙太郎以"内阁总理大臣"身份参拜靖国神社。

---

① 《中华人民共和国政府和日本国政府联合声明》，引自徐之光主编《中日关系三十年》，第 518 页。

- 1996 年 8 月 15 日，6 名内阁大臣参拜靖国神社。
- 1997 年 4 月，150 名国会议员参拜靖国神社。
- 1997 年 8 月 15 日，部分内阁成员、两院议员及其代表 190 人参拜靖国神社。
- 1998 年 8 月 15 日，小渊内阁中先后有 13 人参拜靖国神社。
- 1999 年 8 月 14—15 日，日本 9 名内阁成员参拜靖国神社。
- 2000 年 4 月，日本 100 多名国会议员集体参拜靖国神社。
- 2000 年 8 月 15 日，10 名内阁成员和 78 名国会议员正式参拜靖国神社。
- 2001 年 8 月 4 日，日本经济财政大臣竹中平藏参拜靖国神社。
- 2001 年 8 月 13 日，小泉纯一郎首相参拜靖国神社。
- 2001 年 8 月 15 日，5 名阁僚和 85 名国会议员参拜靖国神社。
- 2002 年 4 月 21 日，小泉纯一郎首相参拜靖国神社，随后 190 名国会议员和议员代表集体参拜靖国神社。
- 2002 年 8 月 15 日，防卫厅长官中谷元等数位内阁大臣参拜靖国神社。
- 2003 年 1 月 14 日，小泉纯一郎首相参拜靖国神社。
- 2004 年 1 月 1 日，小泉纯一郎首相参拜靖国神社。

从以上列举的事实可以看出，中曾根首相参拜靖国神社后，顾虑到邻国的反应，日本首相曾经约束过自己的行为。1996 年再有桥本龙太郎以首相名义参拜靖国神社。隔了几年，隔了几届内阁，没有首相参拜。但是从 2001 年起，小泉纯一郎组阁后，当年就以首相名义参拜，2002 年参拜一次，2003 年参拜一次，2004 年元旦又参拜一次。从小泉任首相开始，中日关系的问题就比较严重了。小泉参拜还提出了自己的理由。2001 年 5 月，小泉纯一郎首相在国会宣称要以内阁总理大臣身份参拜靖国神社，他说："我并不认为参拜靖国神社是违反宪法的。"他在接见美国记者时说："认为参拜靖国神社就会导致战争,这是错误的,这种观点是建立在误解和偏见基础上的。"① 参拜靖国神社是否违反宪法,这要由日本国内的宪法专家去解释。但是从国际法的角度看,参拜靖国神社,就等于参拜了对侵略战争负有责任的14名甲级战争罪犯,这是违反了《中日联合声明》和《中日和平友好条约》的精神的。说参拜靖国神社就会导致战争,当然是言重了。战争的发生是由十分复杂的因素组合而成的,中日之间现在还没有出现这样的复杂因素,因此也不可能发生战争。但是,参拜行为表示对过去发动战争的军国主义者的怀念,这又包含着孕育新的战争行为的可能性,不能不令人警惕!

可见,"搁置历史",如果是针对中国说的,它本身缺乏针对性;实际上,提出这个论点的学者正是针对中国政府说话的。日本政府领导人不愿意"搁置历史",我们怎么办呢!

对最近 30 年中日关系的动态分析

中日邦交正常化的历史已经超过了 30 年。前面已经论证过,这 30 年是 1871 年以来中日关系历史中最好的时期。这是一个总的评价,一个静态的观察。如果对这 30 年的中日关系再做一个动态的分析,我们就可以看出一些情况来。

把 1972 年复交以后的三十年分成三个时期,1972—1982 年是第一个时期,1983—1993 年是第二个时期,1994 年以后是第三个时期。

1972 年田中内阁成立,中日邦交恢复,到 1982 年中曾根内阁成立。这十年中的大部分时间,中国的政治局势不是很稳定,但中日双方仍在努力维护和发展中日关系,有人称这十年是中日两国的蜜月期。两国部长以上的领导人互访共有 22 人次,其中日方 10 人次,中方 12 人次。两国政治关系很好,没有人提出历史认识问题。两国经贸关系从小到大,迅速发展。贸易额从 1972 年建交时的 10.38 亿美元增加到 1982 年的 100 多亿美元,增长了近 9 倍。②

---

① 参见徐之光主编《中日关系三十年》,第 497 页。
② 我没有找到 1982 年的两国贸易额的数字,1980 年为 89.1 亿美元,1981 年超过 100 亿美元,1984 年达到 131 亿美元,由此可以判断,1982 年应该超过 100 亿美元。

1983—1993 年的第二个十年，是中曾根内阁到细川内阁时期。中国处在改革开放的关键时期，经济和政治的发展都受到冲击，学潮频发，又发生了 1989 年政治风波。日本国内经历了六届内阁。中日两国部长级以上领导人互访了 38 人次，其中日方 20 人次，中方 18 人次。两国贸易额从 100 多亿美元增加到 390 亿美元，增长了不到 3 倍。这个时期中日关系的发展大体上是正常的，经济关系是好的，政治关系虽有一些波动，但很快就平息了。但是这个时期出现了历史认识问题，出现了首相和内阁成员参拜靖国神社的情况。但在中国和韩国的反应之下，政府领导人做了自我约束。六届内阁的首相在对待历史认识的表态上，大体上都是好的，对于错误的言论，能够自制。如国土厅长官奥野诚亮发表了否定侵略的不利于中日关系的言论，受到批评，而且被迫辞职。中山太郎外相还对原运输大臣石原慎太郎否定南京大屠杀的言论提出了批评。这都是照顾中日关系大局的表现。

　　1994 年以后的十年，是羽田内阁到小泉内阁时期。这个时期在中国是邓小平南方谈话以后，中国确定社会主义市场经济原则、经济发展高速前进的时期，大体上也是日本经济泡沫破裂以后处在低增长或者徘徊不前的时期。中日两国部长以上领导人互访 39 人次，其中日方 22 人次，中方 17 人次。① 两国贸易额飞跃增长，从 1994 年的 478.9 亿美元增加到 2003 年的 1335.8 亿美元，增长近三倍。日本连续 11 年成为中国最大的贸易对象国，中国不仅是日本最大的进口贸易国，现在又成为日本最大的出口贸易国。据今年 1 月 17 日《日本经济新闻》报道，日本对中国大陆、香港、台湾的出口急剧增长，2003 年对上述地区的出口贸易额比 2002 年增长约 20%，首次超过了对美出口的数额，两国间经贸关系更趋紧密。② 但是，1998 年江泽民访问日本后两国签署的《建立致力于和平与发展的友好合作伙伴关系的联合宣言》中确认的两国领导人每年交替互访没能实现。1998 年中国国家主席访日后未能再次访日，2000 年中国国务院总理访日后未能再次访日。日本首相 2002—

---

① 我的统计截至 2002 年 9 月，2002 年 10 月至 2003 年的互访情况未能统计出来。
② 中国青年报记者裴军报道，见人民网日本频道（japan.people.com.cn），2004 年 1 月 19 日。

2003 年未能正式访华。这就是人们经常评论的"政冷经热"现象。①

为什么出现这种现象？显然与小泉内阁成立后的两件事情有关。一件是修改历史教科书，另一件是参拜靖国神社。小泉内阁在 2001 年 4 月成立，7 月日本政府就回绝了中韩两国政府有关修改历史教科书的要求。2001 年 5 月，小泉在国会宣布要以总理内阁大臣名义参拜靖国神社，而且上任以来已经有四次参拜。这一行动被日本国内外评论为蔑视亚洲国家的感情。这两件事都与历史认识问题有关。

可见第三个十年的中日关系，并不是所有方面都不好。2001 年以后，日本方面的历史认识问题突出起来了，特别表现在历史认识问题上不考虑国内外的反应，不能从中日关系的大局出发约束自己，表现在处理邻国关系、在处理亚洲大局和国际大局方面战略上的摇摆和波动。

未来中日关系的展望

所以展望未来的中日关系，我认为还是要从历史认识上着手。

有日本学者指出，考虑这个问题，要注意日本的政治结构，注意日本的选举政治。这个提醒是有道理的，但是不能完全说服人。日本的政

---

① 对 2003 年的中日关系以及首脑互访，近日有中国学者发表评论说：在对日关系方面，2003 年中国政府也做出了很大努力。在《中日和平友好条约》签订 25 周年这个值得纪念的一年里，尽管中日首脑未能实现互访，但两国领导人在第三国进行了三次会晤，特别是去年 5 月胡锦涛主席与小泉首相在圣彼得堡进行了会晤，一致表示两国要"以史为鉴，面向未来"。此外，日本防卫厅长官的访华，使一度中断的中日两国军事交流得以重新启动。中日部长级会晤大都得到恢复。去年 9 月中国开始单方面免除日本游客的短期旅行签证。去年 10 月中日韩领导人在印尼巴厘岛举行了第五次会晤。去年 11 月中国驻日本大使馆领事部下设的警务组已正式启动。特别值得提到的还有中国以负责任大国的姿态主动发起有关朝核问题的"六方会谈"，在解决朝鲜核危机的过程中，中国也与日本进行了协调与合作。从日本方面说，在去年发生"非典"期间，日本向中国提供了最多的援助。去年小泉首相多次强调中国的发展对日本不是威胁，作为一个近邻大国的首相表明这样态度自然具有更大说服力。去年年底日本政府郑重表示对陈水扁关于实施"公民投票"及"制定新宪法"的言论使两岸关系产生紧张而感到忧虑，对此中国外交部表示欢迎。但是，日本在对华外交方面做出上述积极动作的同时，也有不少负面的动作，这包括最近日本前首相森喜朗赴台湾访问，小泉"首相"在新年伊始以内阁总理大臣身份第四次参拜靖国神社等。总之，日本方面的负面外交动作对本来就很不够的积极外交动作起到了抵消作用。见冯昭奎《中日"冷政治"》，《瞭望周刊》2004 年 1 月 20 日。

治结构和选举政治三十年来并没有改变。为什么第一个十年没有历史认识问题呢？为什么第二个十年出现了历史认识问题，日本政治领导人能够约束自己呢？政治领导人引导民意的责任是不能忽视的。中国的党和政府领导人在努力引导民意从中日关系的大局着眼，不要做出过度的反应；而日本领导人在推动、怂恿民意朝着不利于中日关系大局发展。例如，1985年中曾根首相参拜靖国神社后，反华的右翼活动明显增多。反华右翼活动的增多又推动着政治家的历史认识向倒退方向发展。

有中国学者指出，"搁置"历史，绕过这个"死结"，前途就光明了。本文已经分析了，这个想法只是一隅之见，不是展望中日关系前景的真知灼见。因为中国政府并没有打历史牌，并没有处处拿历史认识问题刁难日本。只是在日本政治领导人提出历史认识问题的时候被迫做出反应而已。有关中日关系的三个文件都明确阐明了处理历史认识问题的原则观点。为什么日本领导人要挑战这些观点呢？如果中国领导人不被迫做出反应，而是绕过去，会有什么后果呢？我想即使愚者也不难得出结论。那样做，绝不是中日关系之福。

有学者认为，从国际关系的角度看，两国之间"经热政冷"的现象是不正常的。我的看法是，不能简单看待中日之间的"经热政冷"。中日之间经济热是三十年来的最大成果之一，这是好现象。这种经济热绝不是长期政治冷的结果。如果两国政治关系长期恶劣，绝不可能出现两国经济关系如此发达的局面。目前暂时的政治冷，只是有限的，不是无限的。有限的冷，只是表现在一定的范围内，并不是所有的方面都冷。如果这种冷是绝对的，一定会影响经济关系的发展。"经热政冷"现象长期继续下去，一定会影响经济关系的发展。所以我们要克服当前这种有限的冷，防止它可能成为长期的全面的冷，推动中日关系进一步向前发展。反过来说，如果中日两国的经济关系进一步密切，中国经济持续高速增长，会带动日本经济的复苏和增长，也会改变两国关系中的"政冷"现象。日本《每日新闻》编辑委员石乡冈建最近注意到2003年日本对中国经济圈的出口总额达到13.7万亿日元，首次超过了对美出口总额（13.4万亿日元），从而判定：2003年也许是日本的出口结构由美国偏向中国的一个历史性的转折点。中国的经济增长没有停滞，中国的经济规模将越来越庞大。这样中日经济联系也将越来越紧密，到时候，日本"不能无视对美出口"的声音有可能变成"不能无视对华出口"。石乡冈建推测:"这种潮流不会停留在经济领域。也就是说,日本外交将由'追随美国'转为'重视中国'。"① 当然,石乡的推测还有待证实。但是,这样的推测是有一定根据的。如果这种推测得到证实,那它一定首先从历史认识上着手。

在这种推测得到证实之前,首先有一个如何对待中国经济的高速增长,如何对待中国崛起的问题。这是当前摆在日本政治家面前的难以决定的选择。小泉内阁组成后,小泉首相的咨询机构"对外关系工作小组"提交了一份外交政策报告,就充分暴露了这个难题。② 这份报告一方面指出不要把中国的发展视为"威胁",另一方面又认为中国的竞争导致了日本高速增长诸条件的丧失;同时,认为"中国军事力量的增强,从中长期看可能对日本构成严重威胁"。这个估计形成了日本的外交战略:要以日韩为中心,与美国相连接,再向东亚和大洋洲扩展,形成一个应对中国的"网络",要使东盟成为"日本对华外交的盟友和对中国的平衡者",要强化日、加、澳三个发达国家间关系,称印度是一个"可与中国相抗衡的国家",甚至认为对俄罗斯来说,"如能改善与日本的关系,把日本引进西伯利亚,就能平衡中国势力",甚至还提议要强化"日台交流协会"。③

这是一个以中国为假想敌,为此不惜组成以美国为首的统一战线,从中国的周围包围中国的国际关系战略。这个所谓基本战略,是以一种陈旧的反华思想为武装的过时的战略。用这个战略应对中国经济的高速发展和中国的崛起,在今天的国际关系背景下,它本身是充满矛盾的,是无法实现的,是又一种无的放矢。首先,中国致力于发展自己,要努力争取长时期的国际和平环境和良好的周边环境,以中国共产党十六大制定的"加强睦邻友好,坚持与邻为善,以邻为伴"的外交方针,与全世界交朋友。中国正在努力改善对美关系,努力改善周边关系,努力巩固与欧洲各国和欧盟的关系,进一步加强与亚洲、非洲、拉丁美洲各

---

① 石乡冈建:《日本外交将走向"重视中国"的历史性转折点》,《每日新闻》2004年2月16日。
② 对这份报告的分析,参见金熙德《面临崛起的中国　日本尚未摆脱"战略贫困"——解读〈21世纪日本外交基本战略〉》,《环球时报》2003年1月20日。
③ 引自金熙德《面临崛起的中国　日本尚未摆脱"战略贫困"——解读〈21世纪日本外交基本战略〉》,《环球时报》2003年1月20日。

国的关系，种种外交努力已经取得成效。因此，组成以美国为首的反华统一战线，谈何容易！其次，中国的崛起，是和平的崛起。中国的发展是中国自己的努力，也得到了全世界各国朋友的帮助，中国的高速经济发展是和平的保障，是全世界经济发展的推进器。在经济全球化的过程中，中国经济的发展开始显示自己的作用。中国发展了，世界大家庭都会得到好处，事实上日本正在从中国的发展中获得好处。这样的反华统一战线怎么可能建立起来呢！

从国际大战略出发，从建立新的战略思维来说，日本应该淡化或者放弃"脱亚入欧"路线，回到亚洲。日本社会在19世纪80年代形成的"脱亚入欧"思想，与明治维新的国策相结合，曾经造成了日本社会文明的新局面，把日本带入物质文明和精神文明的新境界。在"脱亚入欧"思想和明治维新的国策指导下，无论是"脱亚"还是"兴亚"，都带有"侵亚"的目的。[1] 今天时代不同了。还坚持福泽谕吉当年提出的把中国和朝鲜当作日本"不幸的近邻"和"恶友"[2]的思想应该说是大大落伍了。我建议，日本社会应该反省明治维新以来的发展史，反省1945年战败的历史，改变"脱亚入欧"的思想路线，约束长期形成的对亚洲、对中国的蔑视甚至敌视政策，学会与亚洲各国和平共处，在亚洲形成共存共荣的局面，这样亚洲各国才能更好地发展起来，亚洲才能在世界上有更大的发言权。其实这样做，对日本不难。日本只要放弃在历史认识问题上的固执态度，体会中国、韩国以及亚洲各国人民的感情，就会与中国、韩国以及东盟各国和睦相处，就能够形成新的局面，形成亚洲各国稳定、和平发展的局面。日本放弃在历史认识上的固执态度，对日本有什么损失呢？我看是没有的。因为这个固执态度本来是应该放弃的，不放弃它，背着这个包袱，日本很难前进，很难缓和与亚洲各国的关系。如果说有损失，只是损失了长期背在身上的历史包袱。放弃这个包袱，将获得亚洲各国的原谅、同情和理解，获得停滞不前的经济的复苏，获得国际关系的大改善。以最小的损失，换取最大的收获，这还不是大战略吗？

---

[1] 这个"侵亚"目的，已故的东京大学教授田中正俊早已指出过。见田中正俊『清仏戰爭と日本帝政黨系新聞の論調』，转引自石晓军《中日两国相互认识的变迁》，台北，台湾商务印书馆，1992，第243页。

[2] 见福泽谕吉《脱亚论》，转引自石晓军《中日两国相互认识的变迁》，第242—243页。

至于由于贸易关系的进一步扩大发生的种种贸易争端与摩擦，我认为通过 WTO 的协商框架，通过市场原则，通过两国政府解决贸易争端的真诚努力，是容易解决的。

2004 年 1 月 28 日夜完稿于日本岛根县滨田市津茂谷旅馆

1 月 31 日，修改于京都大学清风会馆

解析近代以来的中日关系史*

甲子轮回。今年是中国人民抗日战争胜利一甲子。回顾60年前中国人民的抗日战争，回顾近代以来的中国与日本关系的历史，今天的中国人有着非常复杂的感情。抗战胜利60周年，也是《马关条约》签订110周年，同时又是台湾光复60周年。这三个纪念日都与中日两国紧密相关。近代中日关系，与近代日本和朝鲜半岛的关系，有着相类似的历史。为了使今后远东和亚洲的国际关系在和平共处五项原则的基础上得到健康发展，借与韩国学者探讨历史的机会，回顾一下近代中日两国关系的历史，是有意义的。

一

如果从1871年《中日修好条规》建立起近代中日关系算起，近代以来的中日关系迄今已134年。可将这134年划分为若干时期：1871—1885年，日本侵略中国的准备期；1885—1895年，日本蓄意发动甲午战争的时期；1896—1901年，日本伙同列强侵略中国的时期；1902—1928年，日本进一步侵略中国的时期；1928—1937年，日本准备全面侵略中国的时期；1937—1945年，日本全面侵略中国并终于失败的时期；1946—1971年，中日无国交时期；1972年以来，中日复交并在政治、经济、文化各方面全面交往的时期。1871年到

---

* 本文是提交人民教育出版社与韩国文化交流中心在北京举办的"中韩教科书研讨会"的，这个研讨会在2005年10月9日举行。未刊。

1971年的整整一百年间，中日之间的关系是以战争、对抗和敌视为基调的。

近代发端，中国、朝鲜和日本有着几乎相同的历史命运，都曾先后遭受西方殖民主义者的侵略。但是，由于西方帝国主义把在远东的侵略重点主要放在中国，由于中日两国的当政者面对西方侵略的措施有异，中日两国的发展道路却截然相反。日本通过明治维新发展成为一个资本主义、军国主义国家，中国却因内忧外患频仍、洋务新政失败而走上半殖民地半封建社会的道路。不同的发展道路，给中日两国关系带来了深远的影响。

应该承认，近代中日之间，不只是血与火的关系。日本在被西方侵略以后自图发展并终于崛起的经验，给了中国人民以启迪。甲午战败后，尤其是日俄战争以后，许多中国人到日本去留学，他们要看一看，日本人是怎样自强起来的，清政府甚至派政府要员去日本考察政治，这与盛唐时期日本派出"遣唐使"到中国来学习文化、考察政治的情况正好相反。中国留日学生中，出现了一大批革命分子，也涌现出了一批技术专家和人文学者。孙中山和黄兴等人的革命活动得到过一些日本友人的帮助。正是这批人，成了改变中国社会的重要力量。由此可见，近代中日关系中，两国人民之间的确存在着友好情谊。

但是，近代中日两国之间，基本的历史事实是日本对中国的侵略。远的不说，从1894年甲午战争起到1945年8月日本战败投降止，就有：1894年7月—1895年4月的第一次中日战争；1895年6—10月的日本占领台湾的战争；1900年6月—1901年4月日本参加八国联军侵华，《辛丑条约》签订后，日本取得了在中国的驻兵权；1904年2月—1905年9月，日俄两国在中国土地上进行的战争；1914年9—11月，日本出兵占领山东并在其后提出灭亡中国的"二十一条"，日军占领青岛直到1922年；1928年4月—1929年5月，日军再次出兵山东占领济南、青岛；1931年9月18日，日军在沈阳挑起事变，旋即占领东北全境，继后日军越过长城，陈兵丰台，终于在1937年7月7日通过卢沟桥事变，发动长达八年的全面侵华战争。在从1894年到1945年的半个世纪中，日本对中国刀兵相见的日子，多于和平安静的日子。从这里不难看出，近代日本和中国之间，存在着侵略与被侵略的关系。

二

中日之间具有两千年的友好交流史。日本人从中国文化中吸纳了许多有益的东西，滋润了自己。明治维新改变了一切。它既使日本走上了发展资本主义的道路，又使日本走上了侵略邻国的军国主义道路。它的基本方针是：脱亚入欧，开疆拓土，布国威于四方。它把征服朝鲜、征服满蒙、征服全中国作为其基本国策。中国不再是它仰慕的对象。

我们看一看日本从《马关条约》中得到了什么？以赔款为例，中国向日本赔偿2亿两白银，加上续还辽东费3000万两白银和日军在威海驻兵费150万两白银，共2.315亿两白银，约折合当时3.5亿日元，相当于日本全国四年的财政收入，这还不算日本从中国掠夺的相当于1亿日元的大量战利品。日本前外务大臣井上馨当时说："在这笔款以前，日本财政部门根本料想不到会有好几亿的日元。全部收入只有8000万日元。所以一想到现在有35000万日元滚滚而来，无论政府和私人都顿觉无比地富裕。"日本利用这笔巨额收入，在1897年确立了金本位制，打下了资本主义发展的基础。有日本人说，日本把这些钱全部用作教育基金，这是误会。其实用作教育基金的只不过1000万日元，其他用作备荒的有1000万日元，用作皇家私产的有2000万日元，还有近3亿日元转为临时军费特别支出，用作扩充海陆军等军事费用及扩大军备产业基础，其中建立著名的八幡制铁所用了不到60万日元。以此为基础，日本帝国主义迅速成熟起来，在而后的日俄战争中日本战胜了俄国，并进一步大规模侵略中国和亚洲其他国家。

远山茂树教授在《日本近现代史》第一卷中描述甲午战胜后日本人的情绪说："明治维新以来欧美列强压迫和官僚政府压抑的郁愤之情，立即倒转过来，陶醉于对朝鲜和中国民族成了优越者和胜利者的欢喜和夸耀之中。"这是非常恰当的描述。日本在甲午战争中获胜，又大大刺激了西方列强的贪欲。1840年鸦片战争后侵华的国家中，日本还是一个被人瞧不起的角色。甲午一役，日本饱掠而归，哪个西方强国不想从中国身上割取一脔呢。这就造成了甲午战后列强掀起瓜分中国狂潮的重要契机。中国被称作"东亚病夫"，"正躺在死亡之榻上"，谁都想来分配一点这个病夫的遗产。这就导出此后八国联军侵华和十一个帝国主义国家联合同中国签订《辛丑条约》以制裁中国的悲剧来。《辛丑条约》仅赔款一项，本息约十亿两白银，到1943年实际缴付了约七亿两白银。日本又从中获得了不小的份额。

由此可以看出，造成中国贫穷落后、民族不能独立、现代化难以起步的原因，难道不是西方列强和东邻日本的侵略吗？

三

分割中国领土台湾，是日本从《马关条约》中取得的另一项重大权益。日本早就在觊觎台湾，1874年借琉球民在台南被杀害事件出兵台湾，明确地表达了日本想占领台湾的企图。1895年3月，清政府与日本大臣议和期间，日军占领澎湖列岛，表达了不占领台湾决不停战的战略图谋，并且终于在《马关条约》中达到了目的。

日本派出首任台湾总督桦山资纪，督率大量日军，在1895年5月底，不顾台湾人民的意愿，从台湾东北部登陆，遇到了台湾军民的顽强抵抗，到11月宣布全台平定，日军付出了伤亡三万余人的代价。宣布平定不到两个月，台湾人民又不顾"六三禁令"的威胁再次发动武装抗日起义。以1896年元旦宜兰人民起义为标志，全台武装抗日活动延续了七年之久。1907年北埔发动起义，又把台湾的抗日斗争坚持了差不多十年。1937年日本发动全面侵华后，台湾人民处在"皇民化运动"的极端困难情况下，仍然配合国内抗日战争，进行了艰苦的反对日本占领的斗争。

1945年4月17日，台湾革命同盟会为纪念《马关条约》50周年发表宣言，说："台澎同胞，为着求自由解放，为着伸张正义，为着保有民族正气，明知寡不敌众，继续奋斗，抗拒强暴。起初发动七年抗战，其次又是十年暴动，抗日反帝怒潮今日依然遍及台澎诸岛。50年间，牺牲65万人。虽然尚未成功，可是先烈的不朽精神仍不断鼓励着我们勇往直前，不达目的，决不停止！"这就是生为中华民族一分子、决心义不臣倭的台湾人。这种精神，正是1945年10月25日台湾顺利回归祖国怀抱的民意基础。

应该指出,日本在台湾 50 年的殖民统治,也培养了极少数愿意成为"皇民"的人。而且至今在日本政界和日本社会,还存在所谓"台湾情结"。马关春帆楼至今仍悬挂着十年前台湾极少数主张"台独"的人前来朝拜的题词,反映的也是这种"台湾情结"。日本国内的右翼势力的"台湾情结",成为今天改善中日关系的阻力。

四

从 1931 年九一八事变开始,特别是从 1937 年七七事变开始,日本为实施其灭亡中国的图谋而开始了全面侵华战争。这是自甲午战争以来日本一直在处心积虑地设计要做的事。

八年战争或者十四年战争,日本侵略者给中国带来有史以来最深重的灾难。日军势力到达了大半个中国,并在中国境内制造了伪满洲国、南京汪伪国民政府和北平伪中华民国临时政府组织等几个傀儡政权,在那里实行日本式殖民统治。八年侵华战争造成了中国人民 3500 万以上的伤亡,1000 亿以上的财产损失,几千万和平居民奔走流徙、辗转沟壑。南京大屠杀,造成 30 万和平居民和放下武器的士兵的惨死;分布在各地的数以百计的万人坑,至今白骨嶙嶙。"三光"政策,烧杀奸淫,在中国人心头留下了永远难以抚平的痛苦记忆。慰安妇、731 细菌部队、遍布东北许多地方利用中国劳工造成的所谓"死亡工程""人肉工程",使数以百万计的中国人死于非命,或者受尽凌辱。遗落在中国境内的数百万发毒气弹,至今仍在威胁着人们的生命安全。

全面侵华开始,日本当权者十分乐观,以为只要"对支一击",便可凯旋班师。有的估计用一个月左右就可以解决事变。日本参谋本部预定两个月"扫荡"北平驻军,三个月击败国民党中央军。但是,事与愿违,战争打了八年又一个月,最后胜利者不是日本而是中国,日本落了个战败投降的下场。历史是无情的。自 1874 年日本首次对华用兵以来,这是它遇到的第一次惨重失败。

事情怎么会变成这个样子呢?日本制定侵华决策的人低估了本世纪初以来中国人民族觉醒的程度。他们忘记了 1919 年的五四运动,中国青年学生高呼"取消二十一条""誓死争回青岛""外争国权,内惩国贼"，正是以反对日本侵略为目标的。以后日本每搞一次对华侵略活动，都激发一次中国人民的民族自觉。1905 年以后虽然有大量中国学生前往日本留学，但日本的对华侵略行动，没有培养亲近日本的中国留学生，却培养了大量仇视日本侵华的中国留学生。九一八事变后，东北流亡学生在关内各地流荡，实际上成了激发中国人抗日热情的火种。日军越过长城，北平学生走上街头，高呼"平津危急！华北危急！偌大的华北放不下一张平静的书桌"，表明了华北学生强烈的抗日意识。西安事变预示了抗日诉求即将成为中国政治变动的新趋势。七七事变促使互相敌对的国共两党携起手来，再次表现了中国历史上"兄弟阋于墙外御其侮"的民族大义。中国共产党的存在及其坚决的抗日主张是近代中国历史上的新事物。中共及其领导下的抗日军民在极其艰苦的条件下，坚持了敌后抗日游击战争，作为抗日战争中的中流砥柱，推动了国民党政权的抗日活动，使它最后也没有公然降下抗日的旗帜。貌似强大的日本帝国主义终于败在了觉醒了的中华民族的凝聚力面前，败在了抗日民族统一战线的强大威力下。中国的历史学者把抗日战争作为近代中国第一次完全胜利了的反侵略战争，是中国近代历史发展的转折点，所指的正是这种情况。

如果第二次世界大战的欧洲战场以 1939 年 9 月德军侵占波兰为揭幕的话，它的东方战场却早在 1937 年 7 月中国军队抵抗日军侵略时就形成了。中国战场上形成了敌后战场和正面战场相互配合、共同抗日的独特局面。中国战场的存在，拖住了日本陆军的主要兵力，使它既无力"北进"苏联，又无力"南进"太平洋。以 1938 年 10 月为例，日本陆军总兵力有 34 个师团，分布在中国的有 32 个，占其总兵力的 94%。再以 1941 年 12 月为例，日军陆军总兵力有 51 个师团，分驻于中国的有 35 个，占其总兵力的 69%；分布在太平洋战场的有 10 个，只占其总兵力的 19.6%。到 1945 年，日军 51% 的兵力部署在中国战场，49% 的兵力部署在太平洋战场。中国人民以其巨大的牺牲和百折不挠的抗战精神，支持了苏联的对德战争，使它有一个稳定的后方；又支持了美国、英国的太平洋战场，大大减少了日军对它们的压力；还粉碎了日德法西斯打通欧亚的企图，使日德法西斯不能在更大范围内给人类带来苦难。中国抗战的胜利及其对世界和平力量所做的贡献，使它开始摆脱弱国的处境，并有资格作为一个世界大国出现在世界的舞台上。

回顾50年前中日两国间长达半个世纪的战争历史，可以得出一个结论：中国是日本侵略战争的受害者，但中国却从战争中站了起来；日本虽享受过侵略战争胜利的甜头，但最终尝到了战争失败的苦果。以战争为手段来处理中日国交的历史性错误，是日本的军国主义政策造成的。

五

1945年日本无条件投降后，中日之间长期没有正式国交关系。在当时的特殊背景下，日本作为美国国际战略包围中国和社会主义国家的一部分，担负着反华反共的任务，虽有民间友好关系，国家关系却是冷冰冰的、敌对的。因此，两国关系不能正常展开。

可以说，近代中日两国关系史，只有1972年复交以来是在平等的基础上互利互惠交往的历史。三十多年来，两国领导人频繁互访。中日两国外交部门间、两国政府间建立了交换意见的正常渠道。中日民间友好人士的交流活跃。两国领导人频繁互访，大大改善了两国的政治关系，从而带来了经济、文化交流的热络。1972年，两国贸易额为11亿美元，1996年达到600亿美元，2002年超过1000亿美元，2004年超过1600亿美元。产业、科技、环境方面的交流蓬勃发展。文化艺术、体育界往来频繁。学术、教育界访问不断。与本世纪初的留学热潮相似，复交以后中国学生再次掀起留日热潮。日本学生到中国留学，最近几年更有增加趋势。两国建交以后，在政治、经济、文化方面往来密切，对中国有好处，对日本也有好处。两国人民更加了解了，两国的经济文化发展获得了有力的推动。尽管这三十多年中，两国由于政治制度的不同，经济发展水平的不同，历史文化背景的不同，以及国际因素等区别，两国关系中存在着摩擦、争吵，有几届日本内阁大臣就中日历史关系发出不和谐的声音，干扰了中日两国关系发展的大方向。但是总起来说，主流是好的。中日两国的经济联系，无论从纵向、横向的角度分析，都是无与伦比的。这种联系实际上构成了中日两国国交的稳定器。

由于种种原因，中日关系中潜伏着危机。构成危机的主要因素，是横亘在中日关系之间的历史认识问题。

历史认识问题，人们也许只是看作历史观问题，没有给它应有的重视，以为那不过是对历史问题的看法，并不影响现实。这种看法是把现实和历史问题完全割裂开来了，是一种机械论的观点。其实，历史和现实并不是那样简单地可以机械地割裂开的。参拜靖国神社问题、修改教科书问题、化学武器即毒气弹的处理问题、"慰安妇"与劳工问题、台湾问题、钓鱼岛问题、修改和平宪法问题、海外派兵问题等，都不能简单地看成是历史问题，或者现实问题，在这些问题上，历史认识与现实关系紧密地纠结在一起。处理不好历史认识问题，就处理不好现实关系问题。在以上这些问题上，日本政界和社会在过去认识的基础上大幅度后退了。

1972年中日复交以来，小泉内阁时期的中日关系是最为困难的。2000年中国国务院总理访日后未能再次访日。日本首相2002年以来未能正式访华。这种"政冷经热"现象是大家都注意到的。目前的中日关系，值得严重关注。"政冷"如果长期得不到解决，一定会影响"经热"的。

照我看来，从国际大战略出发，从远东地缘政治关系出发，从建立新的战略思维出发，日本应该放弃以中国和朝鲜为假想敌的想法，应该淡化或者放弃"脱亚入欧"路线，回到亚洲。日本社会在19世纪80年代形成的"脱亚入欧"思想，与明治维新的国策相结合，曾经造成了日本社会文明的新局面，把日本带入了物质文明和精神文明的新境界。但在"脱亚入欧"思想和明治维新的国策指导下，无论是"脱亚"还是"兴亚"，都带有"侵亚"的目的。今天时代不同了。还坚持福泽谕吉当年提出的把中国和朝鲜当作日本"不幸的近邻"和"恶友"的思想应该说是大大落伍了。我认为，日本社会应该反省明治维新以来的发展史，反省1945年战败的历史，改变"脱亚入欧"的思想路线，约束长期形成的对亚洲、对中国的蔑视甚至敌视政策，学会与亚洲各国和平共处，在亚洲形成共存共荣的局面，这样亚洲各国才能更好地发展起来，亚洲才能在世界上有更大的发言权。其实这样做，对日本不难。日本只要放弃在历史认识问题上的固执态度，体会中国、朝鲜、韩国以及亚洲各国人民的感情，就会与中国、朝鲜、韩国以及东盟各国和睦相处，就能够形成新的局面，形成亚洲各国稳定、和平发展的局面。日本放弃在历史认识上的固执态度，对日本有什么损失呢？我看是没有的。

因为这个固执态度本来是应该放弃的，不放弃它，背着这个包袱，日本很难前进，很难缓和与亚洲各国的关系。如果说有损失，只是损失了长期背在身上的历史包袱。放弃这个包袱，将获得亚洲各国的原谅、同情和理解，获得停滞不前的经济的复苏，获得国际关系的大改善。以最小的损失，换取最大的收获，这还不是大战略吗？

至于由于贸易关系的进一步扩大，由于利用东海资源，发生种种争端与摩擦，我认为通过 WTO 的协商框架，通过市场原则，通过两国政府解决争端的真诚努力，是可以解决的。诉诸谈判，而不诉诸武力，对日本来说，是一个考验。通过了这个考验，远东地区的和平与繁荣，就是可以预期的。

中日关系的现实与中日关系史研究[*]

最近五年来，中国社会科学院中日历史研究中心文库系列丛书，推出了大约40种有关中日关系史的学术论著，大部分在社会科学文献出版社出版。这个中日历史研究中心是与日中友好会馆的日中历史研究中心相对应的。中方在1998年成立这个中心，是中国外交部与日本外务省交换意见的结果，中方答应协助日方从事中日历史研究事业。中方的研究，是以中日历史研究中心的名义在国内公开发布课题指南，招聘研究者，由有关研究者独立进行课题研究。研究结果经过适当的学术评议，合乎出版水平的大多收集在这个文库里。我曾参与中日历史研究中心的工作，认为中心的文库大体上反映了最近一些年来中国历史学者有关中日历史关系研究的水平。因此，仅就这些出版物做一些介绍和分析，供这次学术讨论会参考。

这些出版物，大致上可以分为两类：一类是有关中日关系历史的研究，另一类是有关日本社会政治和社会思潮的研究。如果再细分一下，中日关系史类中，可分为中日关系史综合研究、近代中日关系史研究、近代中日经济关系史研究。

我的研究，先从中日关系的现实开始。

---

[*] 本文是为2007年11月初在东京大学举办的"清末民国初期日中关系史——协调与对立的时代（1840—1931年）"国际学术讨论会准备的，在那次会议上做了基调报告。日本著名政治史学者卫藤沈吉策划了这次会议，并带病出席了开幕式。会后不久，他就去世了。本文原载贵志俊彦、谷垣真理子、深町英夫编『摸索する近代中日关系　対话と竞存の时代』、东京大学出版会、2009。王键副研究员为本文收集了基础资料。

中日关系的现实

中日关系史研究，是学术界的重要任务。研究中日关系，不仅要研究当前中日关系的走向，也要研究近代的中日关系，还要研究两千年来的中日关系历史。不仅要研究中日关系中的重大事件、重大关节点、影响中日关系的主要历史人物，尤其要注意影响中日关系的国际氛围、国内形势、民族心理，还要从影响两国关系的历史事件的研究中，探索中日两国关系历史发展的基本规律，即在什么国际国内条件下，中日关系走向融洽与互补；在什么国际国内环境下，中日关系走向紧张与对峙；在什么国际国内氛围下，中日两国相互竞争与提防。我们要从历史的经验中学会处理各种复杂的关系，形成双赢的互利格局。中日两国历史学者在涉及中日关系的一个又一个具体事件上，做了许多研究，是很有成绩的，当然还可以继续做下去；但是在探索两国关系发展规律方面，所做的深入研究，还是很不够。从这个角度说，我们在中日关系研究上，无论是在学术上，还是在政治倾向上，还不是很老到，还不是很成熟。

当前中日关系，在小泉任首相时期，是政治上不热，经济上不冷。经过了安倍晋三首相的"破冰之旅"和温家宝总理的"融冰之旅"，两国政治关系呈现回暖态势。9月25日，福田康夫当选首相，中国国务院总理温家宝当日致电，祝贺福田康夫就任日本首相，表示中国政府将一如既往地坚持中日友好政策，愿与日方一道为全面构筑中日战略互惠关系，推动两国关系长期健康稳定发展做出共同努力。看来，中日关系的这种回暖态势将会继续下去。这是好现象。

从中日关系的历史看，在1871年以前差不多2000年间，中日关系是好的或者基本上是好的。那时候，中国的经济发展和中华文化的力量，都在吸引着日本，成为日本学习的榜样。

经过欧风美雨的吹袭，1871—1971年整整100年间，中日关系是不好的，或者不大好的，中日两国之间的基调是对抗，其间，在1945年前，基本上是日本侵略中国的时期，1945—1970年是相互敌视的时期。这100年中，特别后25年里，民间往来推动了中日关系的发展。

近代以来中日关系最好的时期，是1972年中日邦交正常化后的三十年。把1972年复交以后的三十年分成三个时期，1972—1981年是第一个时期，1982—1991年是第二个时期，1992—2001年是第三个时期。

1972年田中内阁成立，中日邦交恢复，到1981年铃木善幸内阁正好十年。这十年中的大部分时间，中国还处在"文革"中，政治局势动荡，1978年才走上改革开放的新路。但中日双方仍在努力维护和发展中日关系，有人称这十年是中日两国的蜜月时期。两国政治关系很好，没有人提出历史认识问题。建交联合声明和《中日和平友好条约》都是这个时期签订的。两国经贸关系从小到大，迅速发展。贸易额从1972年建交时的10.38亿美元增加到1981年的100多亿美元，增长了将近9倍。

1982—1991年的第二个十年，是中曾根内阁到海部俊树内阁时期。中国处在改革开放的关键时期，经济和政治的发展都受到冲击。日本国内经历了六届内阁。中日两国部长以上领导人互访近40人次。两国贸易额从100多亿美元增加到228亿美元，增长了将近两倍。这个时期中日关系的发展大体上是正常的，经济关系是好的，政治关系虽有一些波动，但很快就平息了。但是这个时期出现了历史认识问题，出现了首相和内阁成员参拜靖国神社的情况。但在中国和韩国的反应之下，政府领导人做了自我约束。六届内阁的首相在对待历史认识的表态上，大体上都是好的，对于错误的言论，能够自制。如国土厅长官奥野诚亮发表了否定侵略的不利于中日关系的言论，受到批评，而且被迫辞职。中山太郎外相还对原运输大臣石原慎太郎否定南京大屠杀的言论提出了批评。这都是照顾中日关系大局的表现。

1992年以后的十年，是宫泽喜一内阁到小泉纯一郎内阁时期。这个时期在中国是邓小平南方谈话以后，中国确定社会主义市场经济原则、经济发展高速前进的时期，也大体上是日本经济泡沫破裂以后处在低成长或者徘徊不前的时期。中日两国部长以上领导人互访约40人次。两国贸易额飞速增长，从1992年的289亿美元增加到2002年的1019.05亿美元，增长了将近3倍。日本连续10年成为中国最大的贸易对象国，中国不仅是日本最大的进口贸易国，现在又成为日本最大的出口贸易国。在这个十年期间，1998年中国国家主席江泽民实现访日，并与日方签署了中日两国《建立致力于和平与发展的友好合作伙伴关系的联合宣言》。这个宣言，与第一个十年期间签订的建交联合声明和

《中日和平友好条约》一起，构成今日中日关系的政治基础的三个重要文件。

但是，1998年中国国家主席访日后未能再次访日，2000年中国国务院总理访日后未能再次访日。日本首相2002年以后未能正式访华。出现了人们经常评论的所谓"政冷经热"现象。

可见第三个十年的中日关系，并不是所有方面都不好。2001年以后，日本方面的历史认识问题突出起来了，特别表现为在历史认识问题上不考虑国内外的反应，不能从中日关系的大局出发约束自己，表现为在处理邻国关系、处理亚洲大局和国际大局方面战略上的摇摆和波动。

为什么出现这种现象？显然与小泉内阁有关。小泉内阁在2001年4月成立，5月小泉在国会宣布要以总理大臣名义参拜靖国神社，7月日本政府就回绝了中韩两国政府有关修改历史教科书的要求。小泉上任以来已经有6次参拜靖国神社。就在他卸任首相职务的前夕，即2006年8月15日，小泉还进行了一次参拜。修改历史教科书，参拜靖国神社，这两件事都与历史认识问题有关。

就小泉内阁时期的中日关系而言，由于小泉坚持参拜靖国神社，两国领导人的互访中止。但是部长及部长以下官员来往并未中止，经济文化交往仍很活跃。2003年两国贸易总额超过了1335亿美元，2005年更是超过1700亿美元，2006年达到2073.6亿美元。这个数字是极为巨大的。如果与1972年建交时的10亿美元相比，已经不可同日而语。一些人把它称作"政冷经热"，又叫作"寒流""冷冻"。还有人认为，政治冷，经济也在降温。我认为，用政治上不热，经济上不冷，更为写实一些。

对于中日关系的走向，我个人抱着审慎乐观的态度。中日关系之间，除了经济上的紧密联系之外，也存在一系列有待解决的问题。首先是历史认识问题。当然还有台湾问题、钓鱼列岛问题、东海油田划界问题、贸易冲突问题等。其中有些问题是当今中日关系发展中新产生的问题。这些问题都很重要。但是较之于1972年建交前的相互敌视，较之于1945年前日本侵略中国的状况，还是大大不同的。从这个角度说，当今中日关系问题，还是可以通过中日两国之间的政治手段和经济手段，逐步加以解决的。我相信在日本，除了右翼势力日渐坐大以外，要求改善中日关系的积极力量还是广泛存在的。

如何改善中日关系？有人以为，为了实行中日接近、集中应对美国这样一个战略集中原则，中国要在一个较长时间内将"历史问题"争端大致撤出对日外交要事议程，也相应地撤出官方和准官方宣传。这是说要中国把"历史问题"撇开，为了实施集中应对美国这样一个战略集中原则，实行"中日接近"。

对于这种主张，我有三点讨论。首先，把"中日接近"作为中日关系现在和未来的一种追求方式，是不妥的。"接近"与"分开"或"敌视"相对应。中日无论在经济上，还是在政治上，都是很接近的，或是比较接近的。中日之间政治上、经济上的对话，在部长或者部长以下的层级上，从未停止。因此，把"中日接近"作为中日关系的理想模式，是一种无的放矢，是不符合实际的。

其次，实施集中应对美国的战略集中原则，是一种书生之见。所谓战略集中原则，作为处理国际关系的一种原则，在历史上是出现过的。但是在今天的国际关系中，不存在实施战略集中原则的土壤和现实条件。美国一国独大，今日域中，难以寻觅实施战略集中原则以对付美国的国家或国家集团。

再次，美、日、中三国之间的关系，好比等腰三角形。美、日是相等的两腰，中国是底边。不仅两腰之和大于底边，而且两腰中任何一边都大于底边。美日关系远比中美、中日关系牢固。企图在美日关系中打下中国这根楔子，在现今的国际关系局势下，显然是徒劳的。在今天的国际关系背景下，美日中三角中，不存在联合一个对付另一个的那种利益驱动原则。

要求中国撇开或者"搁置"历史问题，实际上反映了日本某些政治家的观点，他们认为中国在打"历史牌"。我的看法，不是中国在打"历史牌"，而是日本政治家在打"历史牌"。

从1972年以来中日两国关系发展的历史看，中方是希望把历史问题说清楚后就"搁置"起来，重点是向前看，重点是处理好现实问题。但是，挑起历史问题，不让"搁置"历史问题的恰恰是日方。根据就在1972年中日邦交正常化"联合声明"的签署上。周恩来在邦交谈判的第一次首脑会谈中说过：同意从政治上解决问题，一些历史方面的问题不要拘泥于法律条文。邦交恢复后，中日两国人民要世世代代友好下去。日本侵华战争虽然给中国人民带来了巨大的灾难，但是中国主张把军国主义与日本人民分开。结束战争状态，恢复邦交，不仅符合两国人民的利益，而且对缓和亚洲紧张局势和世界和平做出贡献。为了日本人民的利益，中国主动提出了放弃战争赔款的要求。这样，在《中日联合声明》中，关于历史认识问题只写了一句："日本方面痛感日本国过去由于战争给中国人民造成的重大损害的责任，表示深刻的反省。"这里并没有在战争二字前加上"侵略"字样。所有这些都体现了"前事不忘，后事之师"，结束过去朝前看的精神。所谓结束过去就是搁置历史。正是日本政府屡屡挑战"历史问题"。无论是修改中学历史教科书，还是参拜靖国神社，都是在否认侵略战争问题上做文章。所以，有关"历史问题"，每次都是日本方面先出牌，中国方面被迫做出反应。事实甚多，不能尽举。因此，解决"历史问题"，责任首先在日方，在日本少数政治家，在于他们应该回到处理中日关系的三个政治性文件的立场上来。

关于中日关系发展的前景，前面说过，我保持着审慎的乐观。这是从一个相对较长的时段来看问题得出的结论。在一般情况下，中日关系不会回到1972年以前的状况，更不会回到1945年以前的状况。

决定这一点的，还是1972年建交以来所形成的中日之间紧密的经济、文化和政治关系。目前中日两国贸易额在2000亿美元以上，经济贸易关系是不容易降温的[①]；这种情况说明了中日两国之间互有需要，经济上存在着明显的互补关系。这种经济贸易关系对于日本振兴经济是有作用的，对于中国寻求全面的国际贸易关系，提升国内经济质量也是有作用的。降温对双方都没有好处。发展着的经济关系，不可能为不热的政治关系所支持，换句话说，不可能在长期"政治冷"的状况下发展经济关系。从这一点来说，两国存在着改善政治关系的巨大空间。

从1992年开始的中日复交以后的第三个十年，正是中国经济高速发展的十年，特别是2000年以后中国经济发展令世人瞩目。西方世界对中国的高速经济发展感到惶恐。他们用"中国威胁论"来妖魔化中国。大约从1996年起，日本媒体也在鼓吹所谓"中国威胁论"，反华的右翼势力借此进一步滋长，民族主义甚嚣尘上。小泉内阁借此声势进一

[①] 据2007年8月9日报道，中国商务部发布消息称，2007年上半年，中日贸易额约为1067.9亿美元，中国首次跃升为日本第一大贸易国。如果按此估算，2007年中日两国贸易额将接近2200亿美元。

步煽动国内的民族主义情绪。

中国的经济发展不仅有利于中国人民，而且有利于日本人民，有利于全球化的经济关系。但在市场竞争原则下，增加了与日本和西方国家的贸易摩擦、能源竞争。这是各国的国家利益使然。解决这些矛盾，只能靠国际贸易秩序的改善，靠政治、外交以及谈判的手段。相互仇视不能解决问题，历史已经证明战争也不能解决问题。用比较冷静的态度观察世界，还是要用积极的态度寻求中日两国之间政治关系的升温。

现实和历史是有连带关系的。对历史的认识，影响着人们对现实的认识；现实关系的发展，也会影响人们去观察历史。我们今天研究中日关系史，首先是学术研究的需要，其次也是现实关系发展的需要。从这个角度说，对中日关系历史的研究，前景是远大的。我希望，让历史回归历史，让学术回归学术，不要让所谓历史认识问题成为改善中日关系的障碍，希望中日关系向着睦邻合作、和平共处的方向发展，真正发挥东亚两个邻近国家经济上互补互助、文化上互相学习尊重的精神，在难免发生矛盾和冲突时，永远不要诉诸战争！

关于中日关系史综合研究

孙乃民主编的《中日关系史》三卷本，是近年来我国史学界有关中日关系史著述中的一部分量较重的本子。著者引用大量资料和研究成果，对古代、近现代及当代中日关系史做了全方位的梳理和考察。该书第一卷设五章，从汉代中日间有文字记载的历史事件开始，止于中国辛亥革命时期。第一章至第四章主要叙述自汉代至鸦片战争以前中日两国间存在的各方面的关系，尽管其中也有不愉快的时候，但主流是友好交往史。在两国的友好关系中，双方互有借鉴、互有促进。但是，日本向中国学习，是这一时期的特点。第五章主要叙述中国从鸦片战争开始，日本从明治维新开始，两国在上述各方面存在的友好交流关系，尽管经过两国人民的努力未曾中断，仍在向前发展，但就其主流说，却发生了全面逆转。两国关系中的主导方面，是日本对半殖民地半封建中国的侵略关系，并且随着中国半殖民地化的进程而加强。与此同时，这一时期也是中国人民进行反帝反封建的旧民主主义革命的时期，是先进的中国人学习西方，特别是向日本人学习拯救中国的时期。因此，在这一时期，中日两国间的友好交流关系和日本对中国的侵略关系错综复杂地交织在一起。该书第二卷论述了自第一次世界大战爆发（1914年8月）至第二次世界大战结束（1945年9月）31年间的中日关系史。这段历史虽然时间跨度小，但经历了1931年九一八事变、1937年七七事变、1941年太平洋战争，直到1945年8月日本战败投降等重大历史场面。因此，这段历史具有特殊意义，它是中日关系史发展过程中最令人不忍卒读的一页，也是中日两国值得世世代代引为鉴戒的一页。该书第三卷主要论述了当代中日关系史，所谓当代中日关系史，是指自1945年8月15日日本宣布在第二次世界大战中战败投降以来的中日两国关系发展史。具体地讲，是指这一历史时期两国之间以政治、经济关系为基本内容，兼及文化、教育、科技、军事等各个领域的关系发展过程的历史。该书尤为着重论述了1949年新中国成立后中日关系的发展过程。对于1972年9月中日邦交正常化，该书给予很高的评价："中日两国邦交实现正常化，是对维护亚洲、太平洋地区和世界的和平做出的一个巨大的贡献，有着重大的积极意义。中日两国是亚洲和太平洋地区具有重要影响的国家，两国正式结束战争状态，就消除了能够导致这一地区紧张局势的因素。"[1]此后，《中日和平友好条约》签订，"进一步推动了中日两国关系的发展，它使中日两国人民之间的友好大道越来越宽广，使中日两国政府间的往来大门更加敞开，当代中日关系由此进入了一个新时代"。[2]

胡德坤、韩永利合著的《中国抗战与世界反法西斯战争》，从中国抗战对日本世界战略的巨大影响和牵制作用，中国持久抗战对日本侵华战争的巨大打击和制约作用，中国战场对太平洋战场、北非地中海战场、苏德战场、西欧战场以及印缅战场的巨大支援，对英美苏等盟国的重大支持，中国抗日战争在推动战后国际政治经济新秩序建立中的作用等方面，较为系统地考察和探讨了中国抗日战争在世界反法西斯战争中的地位与作用。书中指出："日本发动侵略中国的战争，其目的就是灭亡中国，变中国为日本的殖民地。这一目的体现在日本的全面侵华战争

---

[1] 孙乃民主编《中日关系史》第3卷，社会科学文献出版社，2006，第329页。
[2] 孙乃民主编《中日关系史》第3卷，第354页。

的政策之中。……但是，中国全面抗日战争的兴起，中国抗日军民以血肉之躯和民族精神与智慧进行英勇抗战，极大地影响制约着日本对华政策的实施，粉碎了日本帝国主义全面灭亡中国的妄想，成为世界反法西斯战争胜利的基本因素之一。"[1] 作者指出："战后初期确立的国际新秩序的总体框架，至今未有大的改变，二次大战带来的战后世界进步是前所未有的。战后60年来，无论是战胜国还是战败国，全人类都在分享着二次大战胜利的成果。中国是反法西斯四大国之一，今天，世界各国和人民享受的二次大战成果中，也渗透着中国人民在反法西斯战争中所付出的鲜血与汗水。"[2]

王振德著《新编第二次世界大战史》，认为第二次世界大战始终是一场反法西斯性质的战争；1937年中国抗日战争全面爆发开辟了世界反法西斯战争的第一个战场，标志着反法西斯的第二次世界大战的开端；中国抗日战争作为二战的重要组成部分，作战时间最长，付出了巨大的民族牺牲，为世界反法西斯战争最终取得胜利做出了不可磨灭的伟大贡献。作者认为："中国战场迫使日本不可能分出应有的兵力侵占澳洲，进攻中东，夹击苏联，德意日军事协定形同废纸，法西斯侵略国始终未能形成一个军事实体。而英、美、苏各盟国之间不仅在军事可以东西呼应；而且由于航路畅通，在战略物资上也紧密地结合起来，形成一个真正统一的战斗力量。这不仅对大战的转变具有重大意义，而且对大战的总进程也产生了不可忽视的影响。"[3]

近代中日政治史研究

关捷等学者全面、系统地研究了日本军国主义者在中日甲午战争时期制造的旅顺大屠杀惨案。作者认为："旅顺大屠杀是在日本侵华军事当局同意和批准下进行的一次有预谋、有计划、有组织的大规模的屠城暴行。"作者对日军军官的回忆著述进行分析后指出："旅顺大屠杀惨

---

[1] 胡德坤、韩永利：《中国抗战与世界反法西斯战争》，社会科学文献出版社，2005，第19页。
[2] 胡德坤、韩永利：《中国抗战与世界反法西斯战争》，第477页。
[3] 王振德：《新编第二次世界大战史》，社会科学文献出版社，2006，第440页。

案的制造者毫无疑问是亲自发布过屠杀密令的日军师团长山地元治中将,是他部署的一次有组织、有计划的行动。很明显,这样一次大规模持续5天之久的屠杀,如果不是日军依照战场指挥官的命令或得到更高层次的第二军司令官大山岩大将乃至日本政府、天皇的同意或批准,不但不合常理,而且也根本不可能发生。"①

有关南京大屠杀的著作和史料继续出版。朱成山主编的《侵华日军南京大屠杀幸存者证言》,是一部由315位亲历南京大屠杀幸存者证言文字编辑而成的证言集。全书分别揭示了当年侵华日军在南京对手无寸铁的平民进行长达6周的集体屠杀、零散屠杀、性暴力、抢劫焚烧破坏、对南京城狂轰滥炸等惨绝人寰的血腥暴行以及当时各慈善团体收埋被害者尸体的情况,史料翔实。这些受害者以亲身的经历,以对日本侵略者的控诉,确认了侵华日军实施南京大屠杀暴行的存在。吴广义编著的《侵华日军南京大屠杀日志》,则依据加害方、中立方和受害方的照片及文字等第一手资料,采取图文互证、图随文行的体裁,依时间顺序,逐月逐日记述了南京大屠杀的实态。张宪文主编的28卷《南京大屠杀史料集》,从美国、日本、英国、德国和我国南京、台湾等地搜集了大量史料和各类档案,整理、翻译了1500万字的中文、日文、英文、德文原始材料,包括了中国军队为保卫首都南京与来犯日军进行顽强作战的历史档案材料,关于日军南京大屠杀遇难者尸体掩埋情况的大批资料,大量侵华日军官兵的日记、书信、回忆录和证言,一大批西方人士关于南京大屠杀的文献记录,一批南京大屠杀幸存者的证言,远东国际军事法庭和中国国防部审判战犯军事法庭的史料以及战后中国国民政府所做的有关南京大屠杀的调查统计材料,还收录了关于南京沦陷初期的人口伤亡与财产损失的统计材料。这些都是有关南京大屠杀的珍贵史料,对研究南京大屠杀历史真相,有重要的史料价值。

研究日军侵华暴行的著作,在这个文库中占有一定分量。其中,史丁对日本关东军的侵华理论及其暴行做了详尽的历史考察与梳理。作者指出:"关东军的所作所为表明,它是一个十足的侵略者和战争罪犯。它犯下战争屠杀罪、反人类罪、侵略别国主权罪和领土罪、研制和使用细菌罪、化学武器罪等重大罪行。然而遗憾的是,战后在美国的庇护

---

① 关捷主编《旅顺大屠杀研究》,社会科学文献出版社,2004,第116页。

下,关东军乃至日本法西斯的许多重大罪行并没有受到追究。如关东军的细菌、化学战犯被掩盖起来,而其犯罪的恶果至今仍在毒害着中国人民。在中国东北仍遗留有大约 200 万件细菌、化学武器,给中国人民的身心健康造成了极大危害,对东北的自然环境造成了极大破坏。从这个意义上说,战争并没有结束,关东军的犯罪问题仍在继续。"①

李秉刚主编的《日本侵华时期辽宁万人坑调查》,是辽宁境内万人坑的大型调查报告集。全书以大量第一手资料系统介绍了日本侵华时期,日本军队在辽宁省的旅顺、平顶山、新宾等地血腥屠杀中国人民,在抚顺、本溪、北票、阜新、大石桥、弓长岭、鸭绿江水丰水电站、大连金州龙王庙、铁岭乱石山等地开采矿藏、修建水电工程和军事工程中,进行疯狂经济掠夺、残酷剥削和奴役中国劳工,形成了一个个大型万人坑的基本情况。作者认为,辽宁境内的万人坑从形成的原因上归纳,可分为三种类型:一是大规模屠杀形成的万人坑,主要有旅顺大屠杀万人坑、抚顺平顶山大屠杀万人坑和新宾境内的万人坑;二是经济掠夺形成的万人坑,主要分布在各大型矿山,包括抚顺煤矿万人坑、本溪煤矿万人坑、北票煤矿万人坑、阜新煤矿万人坑、大石桥镁矿万人坑、弓长岭铁矿万人坑;三是修建大型工程形成的万人坑,主要有水丰水电站万人坑、大连金州龙王庙军事工程万人坑和铁岭乱石山军事工程万人坑。

陈先初以翔实的历史资料,研究了日军在湖南境内施暴、屠杀无辜的种种恶行,向世人展示了不堪回首的一页痛史,也为当年远东军事法庭在东京审判中认定的日本在侵华战争期间所犯"违反战争法规的犯罪"即反人类罪提供了新的佐证。作者通过大量的实例调查指出:"在近代战争史上,日本发动的对中国的那场侵略战争是最不人道的战争,侵华日军是一支极为残暴、极为野蛮的杀人部队。"②

谢忠厚主编《日本侵略华北罪行史稿》,运用新的档案文献和调查资料,对日本帝国主义侵略华北的罪行做了较为系统、全面的论述,这是我国第一部系统地揭露与研究日本侵略华北罪行的著作。书中通过对日军建立"无人区"、实施的大屠杀、细菌战、毒气战以及强制劳工、

---

① 史丁:《日本关东军侵华罪恶史》,社会科学文献出版社,2005,"前言"第 9 页。
② 陈先初:《人道的颠覆——日军侵湘暴行研究》,社会科学文献出版社,2004,第 10 页。

对妇女的性暴行等大量"恶行"的调查,指出:"日本侵略者在华北伤害平民犯罪之普遍,之残暴,亘古未有。"① 日本侵略者把华北视为"日满华经济圈"的骨干部位,不遗余力地掠夺华北的财力物力以补充日本及伪满之"缺需"。日本在华北的经济统制与掠夺,与其在东北的做法有所不同:一是它对华北沦陷区经济的统制与掠夺更加疯狂;二是对华北敌后抗日根据地经济的破坏与掠夺采取了毁灭政策。为摧毁中华民族文化精神,日军扶植下的汉奸政权开展所谓的"思想战",提倡反共、亲日、做顺民的"新民精神",推行以"反共誓约"为中心的"新民运动",培植奴才。

抗日战争期间,日军曾经在中国进行化学战,给中国人民的生命财产造成极大损害。步平等学者在充分的历史考察和现实调查的基础上,全面揭露了日军实施化学战的罪行。作者指出:"日本军队在侵华战争中的化学战是相当残忍的行为,也是违背国际公约的行为。对于日本人来说,这是很不光彩的事情,能不能接受这一历史事实并进行深刻的批判,对于许多日本人来说是一个严峻的考验,但也是必须经受的考验。"②

杨玉林等研究了七三一部队的所谓"特别输送"问题。他们除了引证史料,还先后在黑龙江、辽宁、山东和北京等地大量采访受害人遗属及见证人,对日军实施的"特别输送"这一骇人听闻的犯罪形式进行了详尽的实证考察与论述。日军将其拘押的抗日民众或抗日战士"定为"所谓的"特别输送对象",由日军宪兵队将他们秘密押送至哈尔滨宪兵队,再转交七三一部队,进行惨无人道的细菌实验,直至被残害致死。该书作者经过调查证明,"日军细菌战实验迫害的主要对象是他们最可怕的敌人——秘密抗日分子,或者说,日军是用最残酷的手段来镇压隐蔽战线上的抗日志士"。③ 作者强调:"'特别输送'是日军七三一部队使用活人进行细菌战实验的第一步、关键环节。它最直接、最明显地暴露了日本军国主义的凶残、野蛮、反人类、反人道本性。"④

---

① 谢忠厚主编《日本侵略华北罪行史稿》,社会科学文献出版社,2005,第17页。
② 步平等编著《日本侵华战争时期的化学战》,社会科学文献出版社,2004,第609页。
③ 杨玉林、辛培林、刁乃莉:《日本关东军宪兵队"特别输送"追踪——日军细菌战人体实验罪证调查》,社会科学文献出版社,2004,第22页。
④ 杨玉林、辛培林、刁乃莉:《日本关东军宪兵队"特别输送"追踪——日军细菌战人体实验罪证调查》,第3页。

关于日本侵华战争期间伪政权的研究，近年也有新作问世。余子道等著《汪伪政权全史》和郭贵儒等著《华北伪政权史稿：从"临时政府"到"华北政务委员会"》是代表作。扶植傀儡政权，实行"以华制华"，是日本帝国主义对中国沦陷区实行殖民统治的主要策略。1937年在北平粉墨登场的"中华民国临时政府"（后来改称"华北政务委员会"），是日本在发动全面侵华战争初期在关内扶植建立的最大的伪政权；1940年3月在南京"登台"的以汪精卫为首的"中华民国国民政府"，是沦陷区最大的傀儡政权。这些伪政权在协助日军巩固殖民统治秩序和扩大侵略等方面曾起过极为恶劣的作用。以上著作研究了华北伪政权和汪伪政权的兴亡历史，对两个伪政权在政治、经济、军事、思想文化等方面的活动进行了比较系统的阐述，勾勒出两个伪政权的演变情况，剖析了其汉奸理论的反动性，披露了许多鲜为人知的新材料和新事证，进一步揭示了日本殖民统治的欺骗性和暴虐性。

周瑞海等从不同角度、不同层面全方位论述了回族抗日救亡斗争的历史过程。回族人民的抗日救亡斗争是中国抗日救亡斗争的组成部分，也是回族史上的重要内容。"回族在长期的历史发展进程中，有一种当代意识与爱国主义高度统一的精神品格。这一点，在回族抗日战争的历史中表现得尤为突出。"[1] 作者指出："大敌当前，回汉人民从国家民族的大义出发，为了中华民族的根本利益，为了从中华大地上消灭日本侵略者，回汉各民族加强团结，互相支持，携手抗日。这说明回族人民认识到回汉民族团结具有十分重要的意义。""抗日战争的胜利与回汉人民、回汉革命战士尤其是回汉先进分子的团结合作分不开。"[2]

李广民著《准战争状态研究》，是把国际法的理论和方法引入中日关系历史研究的一部开创性的著作。从九一八事变直到太平洋战争爆发，日本虽多次在中国挑起武装冲突，特别是卢沟桥事变以后，更是掀起了全面的侵华战争，但无论是发动侵略战争的日本，还是进行自卫抗战的中国，都没有明确表示开战的意向，日本始终坚持按"事变"处理中日关系，国民党政府也迟至1941年12月才公开对日宣战。这种有事实上的战争状态存在，而交战双方却都不愿将其宣布为法律上的战争

---

[1] 周瑞海等：《中国回族抗日救亡史稿》，社会科学文献出版社，2006，第515页。
[2] 周瑞海等：《中国回族抗日救亡史稿》，第481、485页。

状态,就是所谓"准战争状态"。在这种状态下,国际法是如何适用的?为处理九一八事变、一·二八事变,国联的制度安排和各方的作为到底怎样?卢沟桥事变后,处理中日纠纷的国联大会和布鲁塞尔会议为什么相继失败?日本扶持伪满洲国,谋求国际承认,有什么国际法的含义?日本"不宣而战",国民党政府"战而不宣",日本发表的"尔后不以国民政府为对手"和国民政府发表的"自卫抗战声明书",其国际法的含义如何?研究者查阅了中日双方的历史档案,做出了自己的判断。

近代中日经济关系史研究

黄美真等学者对日本帝国主义扶植伪政权对华中沦陷区经济进行全面掠夺和统制进行了研究。他们以翔实的档案资料,从金融业、工矿企业、交通运输业和物资诸方面,分门别类地深入揭示了日本侵略者在华中沦陷区的经济侵略行径,以及它给华中沦陷区的社会经济和人民生活造成的严重后果。作者指出:"日本帝国主义侵华战争的摧残与破坏,日伪的掠夺和统制,对华中沦陷区经济、社会以至文化、教育等方方面面,造成巨大损失,带来严重负面影响和灾难性后果。"[①]

庄维民、刘大可合著的《日本工商资本与近代山东》一书,对日本工商资本与近代山东的关系进行了实证研究与理论阐述。该书指出,日本对山东的经济扩张经由一般民间资本向财阀资本、商贸经营向工矿业投资的发展,最终形成以日本侵华政策和国家资本为先导,财阀集团与民间产业资本相结合,共同对山东实施殖民经济扩张的态势和格局。日本工商资本与近代山东的关系是近代中日关系史、经济史的重要组成部分,这种关系是在殖民化与现代化的双重历史背景下形成的,是近代日本对华殖民经济扩张的产物。在日本殖民者的掠夺下,山东"市场经济的正常发展遭受严重破坏,产业改进(工业化)进程骤然中断,现代化进程出现了停滞、畸变、倒退的局面。随之而来的是商业贸易活动

[①] 黄美真主编《日伪对华中沦陷区经济的掠夺与统制》,社会科学文献出版社,2005,第552页。

衰竭，民族金融萎缩"。① 作者认为："日本在山东的殖民政策是其侵华总政策的一个重要组成部分，具体实施上则以经济的扩张掠夺为重点，日本政府及殖民当局的政策制定和实施，与其财阀集团、产业资本之间存在着互动关系，工商资本的投资扩张、利益指向是殖民政策制定实施的前提，而前者的步步推进有赖于后者的扶植庇护；武力强权及不平等条约是日本经济扩张的条件，移民、贸易与资本输出，是其强化经济扩张的重要环节；由商贸、航运、金融扩张到产业投资扩张，直到抗战时期控制山东经济命脉，经济扩张对地区经济的影响日益加深，结果造成地区市场经济与产业发展的畸形状态，并最终延误了地区社会经济现代化的进程。"②

戴建兵、王晓岚根据档案资料和历史文物，研究了日本在侵华战争期间推行"公债"，指出在中国沦陷区大量发行各种战争债券，用经济杠杆有计划地对中国人民进行疯狂的经济掠夺，以实现"以战养战"的目的。日本发行公债，主要用来充当军费支出，日本每年战争军费的60%—80%来源于公债。在中国发行日本的公债，简单地讲，就是用中国人的钱来打中国人。战败之前，日本在中国发行了大量的公债，并指使其扶植的伪政权滥发各种债券，支持日本军费，维持伪政权财政。作者注意到："日本在中国境内采取了不同的公债政策，在东北地区仿行日本的国内公债政策，到战争后期又将日本公债和伪满公债充为纸币发行准备，滥发纸币。在华北以华北开发株式会社为统制经济的工具，战争后期使华北公司可直接从伪中国联合准备银行里获得纸币。而在蒙疆和汪伪控制地区，基本上就是公债等于纸币发行，这种公债政策是对中国人民赤裸裸的掠夺。"③ 作者还指出"日本在战争时期发行的公债，战后在日本国内进行了清偿，但是日本政府利用当时十分复杂的国际关系，将遗留在中国的日本公债抵赖了"。④ 作者还对日本在台湾的公债政策进行了考察，指出这一时期台湾成为向日本提供军费的重要基地，

---

① 庄维民、刘大可:《日本工商资本与近代山东》，社会科学文献出版社，2005，"前言"第21页。
② 庄维民、刘大可:《日本工商资本与近代山东》，"前言"第21页。
③ 戴建兵、王晓岚:《罪恶的战争之债——抗战时期日伪公债研究》，社会科学文献出版社，2005，第192页。
④ 戴建兵、王晓岚:《罪恶的战争之债——抗战时期日伪公债研究》，第192页。

是日本筹集军费的重要场所。

居之芬、庄建平主编的《日本掠夺华北强制劳工档案史料集》(上下集),发掘了北京市档案馆、天津市档案馆、中国第二历史档案馆、青岛市档案馆以及吉林省社会科学院满铁资料馆、辽宁省档案馆的档案文献资料,对抗战时期日本帝国主义强掳华北劳工的行为,进行了系统、全面的整理。档案文献证实,日本在战争中有组织有计划地使用华北强制劳工正式始于1935年,之后逐渐强化其强制体系,大量征用民工,也大量使用中国军队战俘,由日本华北方面军监督强征。本书为研究华北强制劳工提供了重要的档案资料。

居之芬以档案史料为根据,以战时日本在"东亚劳力之供给源泉地"——华北的劳工为主线,研究了日本在华北实施的劳务统制问题(主要集中于1933年9月至1945年8月间)。该书认为日本对华北劳务统制政策大致经历了四个阶段。针对日本掠夺劳工的特点,作者在分析了军国主义色彩浓厚的日本政治体制后,指出:"战争期间,日本驻华各占领区军队的最高长官实际也是日本驻该占领区的最高行政长官……所以,日本对华各占领区的经济统制掠夺计划和劳务统制掠夺联合的实施,也都主要由各占领区日本驻军系统来决策、指挥和推动。"[①] 作者还指出:在强制实施劳工掠夺时,有时也有意实施了一些"伪装"。如"大东公司""华北劳工协会",名义上是"公司法人",实质上是关东军直接掌控,主要由关东军现役军官和退役军官组成的"官办"的劳动统制掠夺机关。作者在对掳日劳工的实况进行了考察后,指出:1944年日本正式向本土大规模输入华工,日本内务省曾正式发文要求对掳华工采取完全剥夺人身自由、视同于"战俘劳工"和"囚徒劳工"的监管方针;要求在生活上苛酷虐待华工,在劳动上超强度榨取华工。掳日劳工遭到极其残酷的野蛮对待,以矿山业为甚。战时日本矿山中煤矿业、铜矿业及码头搬运业等使用华工最多,死亡率也极高。据日方及中方在战后不完全统计,在从1943年至1945年8月的两年多时间内,掳日劳工被折磨致死者接近7000人,平均死亡率超过17.5%。其中14个事业场所的华工死亡率超过30%。另有伤残华工6778人,两项之和占

---

① 居之芬:《日本对华北劳工统制掠夺史》,中共党史出版社,2007,第18页。

到掳日劳工总数的 1/3。①

陈小冲研究了日本占据台湾时期的历史。作者在书中着重论述了日据时期台湾殖民地经济的发展历程,指出:"平心而论,整个殖民地时期台湾工业确实得到了发展,虽然这种发展一直是畸形的。"② 同时也指出,"日本财阀对台湾的投资几乎遍及所有重要的工业部门,并且还通过参与手段控制了台湾为数不多的土著资本企业,成为台湾工业界的垄断巨头,直接控制了台湾的经济命脉"。③ 作者还研究了"皇民化"运动,认为"皇民化"运动"是一场对殖民地人民空前的强制同化运动,同时也是对殖民地人民的战争动员。这一运动以斩断中华文化脐带、灌输日本皇国精神为核心,企图将中华民族一分子的台湾汉族及原住民同化为日本皇民,塑造一批在日本统治者面前俯首帖耳的畸形的日本人,并借战争之机驱使台湾人民、搜刮台湾富源"。④

近代日本政治体制与社会研究

殷燕军以日本学界的研究成果和日本政府发布的公开官方史料为基础,采用实证研究的方式,研究了近代日本政治体制(主要是明治宪政体制)与其对外扩张政策之间的内在联系。同时,也对一些重大历史事件的决策过程进行个案研究,对相关人物及机构做出评估,资料翔实,论述充分。著者认为:"在以天皇为中心的明治宪政体制指导下,日本从一个面临殖民地危机的东方小国在很短时间里发展成为与西方列强为伍的帝国主义国家,近代天皇制在建立国家的基本价值观念、团结全国力量、统合国民意志等方面都发挥了巨大作用。"⑤ 同时,著者还认为:"如果说明治宪政体制使日本走向帝国主义过程中以血腥的战争取得了成功的话,那么同样是该体制使日本侵略战争走向彻底失败。即天皇专

---

① 居之芬:《日本对华北劳工统制掠夺史》,第 246 页。
② 陈小冲:《日本殖民统治台湾五十年史》,社会科学文献出版社,2005,第 61 页。
③ 陈小冲:《日本殖民统治台湾五十年史》,第 69 页。
④ 陈小冲:《日本殖民统治台湾五十年史》,第 279—280 页。
⑤ 殷燕军:《近代日本政治体制》,社会科学文献出版社,2006,第 187—188 页。

制体制的成功最终导致了天皇为核心的军国主义专制体制的失败。"①

沈予通过对甲午战争、华盛顿体系的建立、九一八事变、七七事变、太平洋战争等重大历史事件的研究,对日本大陆政策从形成、演变、发展到彻底破产的整个历程进行了客观的剖析,揭示了日本军国主义七十多年来侵略中国,称霸亚洲、太平洋地区的历史真相。著者指出:山县有朋"利益线论"的出笼,"标志着日本近代大陆政策作为日本的国策正式形成",1945年日本无条件投降,"标志着日本大陆政策的彻底失败"。②

熊沛彪对近现代日本的霸权战略进行了再探讨。作者认为:"自明治时期以来,日本的对外侵略扩张政策经历了一个逐步扩大的过程,其对外侵略扩张战略随之经历了多次起伏扩展的阶段性变化。日本称霸中国的战略是其整个东亚战略中的重要一环,应该看到这不单是中日两国关系史的问题,也是整个东亚国际关系史的问题。"③ 同时,他也指出,"综观近现代日本对外扩张战略的阶段性变化,不难看到其对外扩张目标是随着国力增强而不断提升的。追随欧美列强争夺中华帝国遗产,是其发展资本主义的同时走上军国主义道路的政策方向",日本发动的"九一八事变打破了列强间在远东地区的势力均衡,日本见其打破既有国际秩序的举动并没有受到实质性干预,于是我行我素,决定推行霸权政策,遂成为远东地区的战争策源地,结果导致了中日战争和太平洋战争"。④

何劲松选择了一个很有意思的题目:日本军国主义侵略战争线索下的日本佛教研究。他在所著书中论述了在从明治时期以来日本政府大力推行侵略战争政策这一特殊历史背景下,日本佛教经甲午战争、日俄战争直到第二次世界大战,逐步沦为法西斯主义的工具和帮凶的过程,论述了日本佛教对处在日本帝国主义殖民统治之下的朝鲜和台湾地区的渗透,以及日本佛教诸宗在遭受日本帝国主义侵略的中国东北地区的传教情况。正如著者在后记中说的:佛教是一个和平的宗教,信奉"和平养无限天机",和平、平等、慈悲是佛教的基本信念。"通过这个课题的

---

① 殷燕军:《近代日本政治体制》,第656页。
② 沈予:《日本大陆政策史(1868—1945)》,社会科学文献出版社,2005,第753页。
③ 熊沛彪:《近现代日本霸权战略》,社会科学文献出版社,2005,第2—3页。
④ 熊沛彪:《近现代日本霸权战略》,第13页。

研究，我看到佛教在日本扮演了本来不该扮演的另一个角色"，"日本佛教的绝大部分宗派都曾不同程度地为日本帝国主义发动的侵略战争服务过。这些佛教宗派不仅为日本军国主义思想提供理论依据，同时还充当起日本军国主义对外侵略的帮凶"。①

林庆元、杨齐福研究了"大东亚共荣圈"问题，对日本战略扩张主义的产生及其理论内涵、战略扩张主义与法西斯主义的关系、"东亚联盟"与"中日经济提携"等问题进行了分析，指出日本还在封建社会时期，就"开始仿效西方老殖民主义者的道路"。② 日本学习西方，除了学习西方技术、殖产兴业之外，还积极搬用了西方国家的对外殖民的模式，"其根本原因在于日本的大日本主义欲望与小日本现实的矛盾，产生了日本向外膨胀的要求"。③ 所谓的"中日经济提携""支那保全论""大东亚共荣圈""大东亚新秩序"等，是为日本掠夺和控制中国服务的经过包装的理论。"大东亚共荣圈"高唱反对欧美对亚洲各国的侵略，实际上日本借此伪装取代欧美殖民者，对亚洲各国进行残酷的掠夺和殖民统治。

"东亚联盟"理论是日本侵华战争期间出现的一种影响较大的侵略理论。史桂芳比较系统地研究了"东亚联盟"理论形成的社会历史条件及其基本内容，以及"东亚联盟"运动兴起、发展及败亡的全过程，并从理论与实际两个层面予以深刻的批判。她指出：日本宣传"东亚联盟"理论，开展"东亚联盟"运动"主要是为侵华战争服务"；汪精卫伪政权开展"东亚联盟"运动，"是为了寻找投敌叛国的理论根据"；"日伪的东亚联盟运动虽然在形式、规模、目的等方面存在着差异，但是他们在维护日本侵略利益、破坏中国抗战上是一致的。尽管东亚联盟运动在中国的沦陷区形成了一定的规模，但并不能泯灭植根于中国大地的民族主义，也欺骗不了热爱独立、自由的中国人民，东亚联盟运动最终也挽救不了侵略者失败的命运"。④

---

① 何劲松：《近代东亚佛教——以日本军国主义侵略战争为线索》，社会科学文献出版社，2002，第320页。
② 林庆元、杨齐福：《"大东亚共荣圈"源流》，社会科学文献出版社，2006，第12页。
③ 林庆元、杨齐福：《"大东亚共荣圈"源流》，第11页。
④ 史桂芳：《"同文同种"的骗局——日伪东亚联盟运动的兴亡》，社会科学文献出版社，2002，第254页。

崔新京通过阐述日本法西斯思想的古代及近代渊源，分析了日本法西斯思想的基本内容及主要特点：指出从古代的神创论、"日本精神"哲学，到近代的日本主义、皇国思想，再到二战中的日本法西斯思想以及战后的日本思想逆流，它们之间存在着密切的逻辑关联，具有思想上的连续性和一贯性，认为当代日本仍然存在着滋生法西斯主义的思想土壤。针对冷战后的日本思想逆流现象，如新民族主义的高涨、新国家主义的出笼及军国主义的抬头等，作者认为："冷战结束后，在日本急骤高涨起来的新民族主义、新国家主义和军国主义思想，已经越出政治思潮范畴，打破'左'、'右'的界限，渗入各个角落，成为日本社会的一种流行色。尽管这些思潮在日本还表现为社会意识的蔓延，但它与现实政治、政策之间的互动、互促关系不容忽视，对日本国家社会走向必将产生重大影响。"①

历史教科书问题，是日本社会日益走向右翼化的一个社会指标，引起日本和亚洲乃至全世界的关注。张海鹏、步平主编的《日本教科书问题评析》，通过对日本右翼团体多次修改教科书行为的分析，指出："关于教科书问题的争论，实际是对战前及战争中日本军国主义教育及皇国史观的评价的争论，是对日本是否承担战争责任和是否反省的争论，是对日本战后如何接受历史教训走什么样的道路的争论。也就是说，现在的教科书问题与历史认识问题有密切的联系，与战前和战争中的教育及教科书有直接的联系。"②

日本的右翼团体，是观察日本社会的一个重要切入点。步平、王希亮对日本的"右翼"进行了全面的社会考察与历史研究。作者通过对日本右翼思想的起点——《古事记》、日本主义思想、日本右翼思想的萌芽——"大义名分"和"尊王斥霸"思想、日本右翼思想的表现——日本开国时期的"尊皇攘夷"、福泽谕吉及其"脱亚"论对日本右翼思想的影响，以及大盐平八郎与吉田松阴"尊皇攘夷"思想、天皇观等的分析指出："日本社会经常出现战争狂热，右翼在其中起了相当积极的作用。但是，将这样的战争狂热完全归咎于右翼的鼓动，将其看作是日本社会的特殊时期的特有现象是不准确的。事实上，第二次世

---

① 崔新京等：《日本法西斯思想探源》，社会科学文献出版社，2006，第304页。
② 张海鹏、步平主编《日本教科书问题评析》，社会科学文献出版社，2002，第3页。

界大战前在日本社会占据主流地位的思想家福泽谕吉以及他的占据主流地位的思想——脱亚论,也为右翼思潮所大量的吸收。日本近代以来基于'脱亚入欧论'思想的社会发展方向,事实上也为右翼思潮的存在与发展提供了极其便利的条件。事实上,只要在福泽谕吉的脱亚论的基础上稍稍迈出一步,一旦与'神国日本'的学说、与日本民族的优越说以及'国体'说结合起来,就成为右翼的思想。"[1] 战后右翼是战前右翼和战时右翼的延续,它的宗旨纲领、思想观念、组织形态以及活动方式等都同战前和战时右翼有着不可分割的联系。作者通过案例"说明了战后日本右翼运动的随意性,也反映出战后右翼并非一切唯政府当局的马首是瞻"。作者还指出:"右翼团体毕竟是民间团体,它有各自不同的独立宗旨和纲领,所以,还不能武断地把战后右翼视作日本政治当局的附庸,在这一点上,同战争时期的右翼有所区别。"[2]

王希亮《战后日本政界的战争观研究》一书,研究和揭示了日本政界的战争观和历史观,使我们认识到日本战争责任顽疾长期存在的根源所在,也解析了日本战争遗留问题拖延至今,久而不得妥善解决的根本原因。他指出:"如果说,日本国民是促进解决战后责任的主体,那么,日本政界就是酿成战后责任的'肇事者',也是承担和解决战后责任的关键所在。"[3]

---

[1] 步平、王希亮:《日本右翼问题研究》,社会科学文献出版社,2005,第58—59页。
[2] 步平、王希亮:《日本右翼问题研究》,第423页。
[3] 王希亮:《战后日本政界战争观研究》,社会科学文献出版社,2005,第532页。

警惕日本军国主义复活[*]

——写在世界反法西斯战争胜利 68 周年之际

2013 年 9 月 3 日到了,这是反法西斯战争胜利纪念日,今年是 68 周年,也是波茨坦会议和《波茨坦公告》68 周年,同时又是《开罗宣言》70 周年。可以说,在一定意义上,反法西斯战争的胜利,是由《开罗宣言》和《波茨坦公告》事前宣告和奠定的。反法西斯战争的胜利宣布了人类社会的转折点。如果德、日、意法西斯获得战争的胜利,人类历史将面临万劫不复的境地。如果是那种情况出现,中国将成为日本的殖民地,成为日本所一贯追求的所谓"大东亚共荣圈"的一部分。中国人民所进行的新民主主义革命将在极其艰苦的斗争与磨炼中继续摸索,中华人民共和国的成立将是不可能的。如果那种情况出现,苏联是否能完整存在,还是一个问题;欧洲一些国家如波兰、匈牙利等国是否还是一个独立的国家,也要打一个大的问号;德国的世敌法国是否还是一个独立的共和国,也是一个问题。

今年纪念这个胜利纪念日,将有新的意义。这就是日本右翼政府挑战二战后的国际秩序,大张旗鼓地敬拜供奉在靖国神社里的日本二战中的甲级战犯,否认日本帝国主义的侵略战争,正在筹划修改日本的"和平宪法"。这个"和平宪法"就是战后国际秩序的组成部分之一。日本政府正在加强军备,筹划提升日本自卫队为日本军队。正在海岛问题上与周边国家较劲。所有这些,都是违背《开罗宣言》《波茨坦公告》,违背二战后的国际秩序的。

二战后的国际秩序,是由战胜国共同奠定的,是战胜战败国的产

---

[*] 本文发表于《中国社会科学报》2013 年 9 月 2 日,"评论版"。

物,毫无疑问,这种国际秩序首先反映了战胜国的要求。但是,二战后,战胜国中的一些国家,从冷战需求出发,逐渐改变了《开罗宣言》《波茨坦公告》的立场,开始扶持日本,以苏联、中国为敌国。今天日本的局势,在一定意义上是美国等国家养痈遗患的结果。纪念战胜纪念日,当年的战胜国应当恢复二战精神,抑制产生新的战争的可能因素和产生战争的新的根源,否则,世界还将会不安宁。美国如果不加警惕,偷袭珍珠港的情景再现不是不可能。

开罗会议、波茨坦会议以及反法西斯战争的胜利,与中国关系极大。首先中国政府领导人出席了开罗会议,与美国、英国领导人一起商定了战胜日本帝国主义的基本方略和战后处置日本的基本原则。日本政府在1945年8月15日宣布无条件投降,也在中国战区向中国投降,中国人民经过八年艰苦抗战终于成为战胜日本的国家。这是中国近代自鸦片战争以来头一次在对外战争中取得胜利。《开罗宣言》宣布日本窃据中国的领土,包括中国东北和台湾各岛屿以及澎湖列岛归还中国(原则上应该包括钓鱼岛列屿)。1945年10月,被日本帝国主义占领50年的台湾以及澎湖列岛回归祖国怀抱。战后成立联合国,中国是五个常任理事国之一。联合国的成立就是战后国际秩序的基本表征。1972年中日发表建交公报,日本保证遵守《开罗宣言》和《波茨坦公告》,这个建交公报是中日两国建立外交关系的政治基础,表明战时的文告至今还在国际上发挥着必要的作用。

应该说,反法西斯战争的胜利,中国取得对日作战的胜利,是近代以来中国人民民族觉醒的基本标志,也是中国人民取得三年人民解放战争胜利的重要助力。中华人民共和国的成立就是建立在这两个伟大胜利的基础上的。

有一种论调说,战后秩序不过是战胜国的秩序,企图否定战后国际秩序的成果。这是一些日本右翼分子的言论。战后国际秩序当然首先是战胜国共同建立的秩序。否定这一点,难道要战败国来建立这种国际秩序吗?难道要战败国来建立他们所需要的国际秩序吗?战胜国建立的国际秩序,首先是惩治战争的策源地,德国和日本在战后遭到了适当的惩治,日本不能建立军队,不能发展军工企业,不能对外宣战,日本的领土只能限制在日本本土的四个大岛,以及战胜国认可的若干小岛,等等。就是这些措施。这是十分必要的。从今天来看,这些措施不能削弱，只能加强。今天，当年的战胜国还应该坐在一起，重温开罗会议和波茨坦会议精神，重新审视对日本是否严格落实了两个会议的精神。对琉球群岛的处分，还是战后未了的一个议题，应该重新议定。

战后国际秩序也反映了战败国人民的意愿。二战后保留了日本作为一个国家，粉碎了日本军国主义当年狂啸的"一亿人玉碎"的谰言。周边国家，主要是中国考虑到日本战后的困难处境，放弃了战争赔款，而按照国际法要求，战胜国是可以向战败国提出战争赔偿的。

德国在二战后，按照战后国际秩序的安排，主要从事国内经济建设，真心反省德国法西斯给人类带来的重大灾难，采取了一系列反省措施，赢得了欧洲国家特别是邻国的谅解。德国成为战败国中按照二战后国际秩序站起来的一个国家。日本与德国相比，是二战后一个反面的国际典型。这个反面的国际典型的存在，造成或正在造成军国主义复活的机遇，将成为东亚新的战争策源地的温床，不能不引起全世界人民的警惕。

纪念反法西斯战争胜利 68 周年，应该向中国人民和世界人民讲清这些道理。

钓鱼岛争端与中日关系评析与展望[*]

钓鱼岛争端引出琉球问题

2012年9月，日本政府不顾中方一再交涉，悍然宣布对钓鱼岛实施"国有化"。这一不理智的举措，打破了中日关系上的平衡，引起了中日关系的紧张与交涉。

1972年中日建交以来，中日关系虽不免有所起伏，常常引人担忧，但中日两国之间还有四个政治性文件的制约，中日两国政府和人民一再表示中日不再战，中日关系总体是好的。由于日本国内政党政治的竞争和选票的需要，更由于日本经济十年停滞，小泉纯一郎内阁开始向右转，他用参拜靖国神社的方式，打破了中日关系中"政经平衡"的原则，出现了所谓"政冷经热"的不正常局面。这种局面，预示着中日关系趋冷的可能性。这是1972年以来中日关系的第一次转折。

安倍第一次上台后，从国内政情出发，他做出了改善中日关系的努力，这种努力取得了一定成效，但为时不久，他被赶下台。去年安倍第二次上台，他吸取第一次上台失败的教训，急速向右转向，向历史命运挑战，向中国挑战。他的办法是三项：修改和平宪法、强调集体防卫、宣布钓鱼岛"国有化"。这三项都是针对中国的，也是配合美国的"亚洲再平衡"战略。安倍这一次转向，是1972年以来中日关系的第二次

---

[*] 本文刊载于台北《海峡评论》第279期，2014年3月1日。

转折。

日本政府宣布钓鱼岛"国有化",彻底推翻了中日建交40年以来在钓鱼岛问题上"搁置争议"的共识。核心问题是不承认在钓鱼岛问题上中日两国间存在主权争议。而存在主权争议是1972年建交时达成的君子协定,为此后40年中日两国所遵守。日本出手在先,中国不能落后。有关钓鱼岛主权存在争议公开化了。

日本政府和媒体有关钓鱼岛"国有化"的理由基本上是两条。一条是1895年1月日本把钓鱼岛列屿划归日本的冲绳县管辖;另一条是钓鱼岛与《马关条约》没有关系。

今年5月8日,《人民日报》发表了我和我的朋友李国强研究员合写的文章《论〈马关条约〉与钓鱼岛》。这篇文章的要点有三:一是驳斥了日本政府有关钓鱼岛与《马关条约》无关的说辞,指出日本"窃占"钓鱼岛是甲午战争中日本侵华战略的一环。正是基于侵华战争胜券在握,日本才抢先窃据钓鱼岛,接着才有了《马关条约》;通过《马关条约》,日本力图以所谓条约形式,实现其对钓鱼岛"窃占"行为的"合法化"。二是引证大量史料,论证钓鱼岛是中国台湾附属岛屿。三是指出虽然日本在1879年吞并琉球,但史料证明清政府立即提出了抗议,此后形成所谓琉球交涉,根据1880年中日琉球交涉,日本政府同意,宫古岛、八重山诸岛划归中国。直到1887年总理衙门大臣曾纪泽还在声明,琉球问题并未了结。只是因为甲午战败,琉球问题淹没在甲午战败的阴云之中。中国政府宣布废除《马关条约》后,根据《开罗宣言》,琉球问题应该再议。

这篇文章提出,"历史上悬而未决的琉球问题,到了可以再议的时候",不仅引起了国内外新闻媒体的广泛关注,而且在当天引起日本不满,日本内阁官房长官菅义伟向中国提出抗议,中国外交部发言人立即拒绝了日本的抗议。5月9日,美国国务院发言人也就此表态。一篇学者写的文章,因为在《人民日报》上刊登,引起相关的三个大国几乎同时关注,是很罕见的。我的一位日本学术界朋友评论说:张先生的这篇文章打痛了日本,我的另一位日本学术界朋友说,他在二十年前就说过,一旦中国强大,中国人就会提出琉球问题。这说明,琉球历史问题,是中日两国学者心中挥之不去的问题。

再议琉球是一个历史话题

再议琉球,是在钓鱼岛争执不下时提出的话题,是在被逼无奈的情况下提出的,但却是一个真实的话题,从历史的角度,又是一个不容回避的话题。

日本历史文献上有所谓"琉球处分"的说法,表面上这个说法很文雅,实际上它是降伏琉球或者侵略琉球的代名词。冲绳本是琉球王国所在地。琉球王国是一个独立的国家,明初即接受明朝皇帝册封,是明清时期中国的藩属国。据中琉两国历史文献记载,明洪武五年(公元1372),明朝派出册封使到琉球,此后历代册封使不绝于途。日本染指琉球,从开始到结束,都是用战争行为来完成的。据琉球王国历史典籍《琉球宝案》记载,早在明朝万历三十七年(1609),因日本萨摩藩侵略,琉球国王向明朝皇帝上表(《万历三十七年琉球国王报称日本萨摩州倭奴进兵琉球阻止进贡事》)称:"日本萨摩州倭奴他鲁济吾济等纠党突入中山那霸港,队成蜂蚁,势如喊虎,藩城被倭罗围数匝,村麓被劫,靡有孑遗,复逼割土献降:假不如议,城庙尽行焚毁,百姓尽行剿灭,土地悉卷所有。"琉球国王发现,日本得陇望蜀,还想劫取台湾鸡笼,"看其鸡笼虽是萍岛野夷,其咽(喉)毗连闽海,居地籍□,鸡笼殃虐,则省之滨海居民(岂)能安堵?故而不(能不)为之惊惧也"(括号内文字以及其他符号为引者所加)。琉球国王被挟制到了日本。这是琉球国王第一次被掳掠到日本。清光绪五年(1879),日本明治政府派遣450名军人和160名警察到长期不设武备的琉球,将琉球国王强行押解到东京,吞并琉球王国,将琉球改名为日本的冲绳县。这样,一个独立的琉球王国,就被日本明治政府剥夺了国家地位。日本政府的侵略行径遭到了清政府抗议,清政府驻日本公使何如璋指摘日本"背邻交,欺弱国",是"不信不义无情无理"。此后,中日两国就琉球问题进行了数年交涉。终因甲午战败,《马关条约》签订,琉球问题成为一个尚待谈判解决的悬案。

中日琉球交涉虽未得合理结局,但国际社会并不承认日本占领琉球。证据有三:(1)1943年11月开罗会议期间,美国总统与蒋介石商量琉球归属,虽未形成定论,说明美中两国当时并不认为琉球是日本领土。(2) 1952 年生效的《旧金山和约》(中华人民共和国外交部当时发表声明不承认这个条约,因为条约的谈判把对日作战的一个最重要当事国中国排除在外)规定,日本在放弃占领的领土之外,还同意美国将北纬 29°以南之西南群岛(包括琉球群岛)等岛屿送交联合国之信托统治提议。在此提案获得联合国通过之前,美国对上述地区、所属居民与所属海域拥有实施行政、立法、司法之权利。这就是说,包括对琉球在内的西南诸岛的委托统治在获得联合国通过以前,由美国行使管理权。这就是说,《旧金山和约》不承认琉球是日本的领土。(3) 美国占领琉球期间,只使用琉球(Ryukyu)本名,不承认日本为它取的日文名字"冲绳",说明美国只承认琉球,不承认冲绳。

1971 年,未经联合国讨论通过,美日签订移交冲绳协定,私相授受,将琉球的治权交给日本,这是违反《开罗宣言》和《波茨坦公告》的,是违反《联合国宪章》的,也是违反《旧金山和约》的。这个移交协定,日本译作《归还冲绳协定》,但英文名字还是 Agreement Between Japan and the United States of America Concerning the Ryukyu Islands and the Daito Islands。

根据以上论证,再议琉球的历史根据是清楚的。再议琉球的含义是:确认历史上琉球是一个独立王国;《旧金山和约》对琉球地位的处置没有落实;琉球地位问题应当交由联合国讨论(中国不是《旧金山和约》的签字国,但是联合国安理会常任理事国)。讨论的结果是不确定的,琉球既可能是日本的,也可能是中国的,也可能是重新确立琉球的独立国家地位。在讨论过程中,应当充分听取琉球人民的意见。

战后东亚秩序与中日美之间的纠葛:
平衡与再平衡

中日之间的争执,与美国的立场有很大关系。无论是钓鱼岛,还是琉球,都与美国有关。

1941 年珍珠港事件后,中美两国是对日本作战的,1943 年,美英中三国在开罗达成对日作战以及战后处分日本的共识。《开罗宣言》声明："三国之宗旨，在剥夺日本自从1914年第一次世界大战开始后在太平洋上所夺得或占领之一切岛屿；在使日本所窃取于中国之领土，例如东北四省、台湾、澎湖群岛等，归还中华民国；其他日本以武力或贪欲所攫取之土地，亦务将日本驱逐出境；我三大盟国稔知朝鲜人民所受之奴隶待遇，决定在相当时期，使朝鲜自由与独立。根据以上所认定之各项目标，并与其他对日作战之同盟国目标相一致，我三大盟国将坚忍进行其重大而长期之战争，以获得日本之无条件投降。"1945年8月日本无条件投降，接受《波茨坦公告》和《开罗宣言》，放弃被它侵占的我国台湾和澎湖列屿，照道理，钓鱼岛也应该在放弃之列。钓鱼岛距离台湾很近，历史上划归台湾管辖。而且，日据时期，钓鱼岛也是划归台湾管辖的。钓鱼岛理应与台湾一起归还中国。另外，日本也要放弃朝鲜半岛，放弃南千岛群岛等。这就是《开罗宣言》《波茨坦公告》规定的东亚战后秩序。

此后，随着社会主义阵营形成、朝鲜战争爆发，美国在冷战中改变了态度，美国主持的对日和约，居然排斥了最主要的抗日当事国中华人民共和国的参加。尽管如此，《旧金山和约》还是大体遵循了《开罗宣言》的立场，对日本的领土做出了明确的限制，对北纬29°以南的西南诸岛（包括琉球诸岛）做出了由联合国托管的决定。

美国绕过联合国，长期占领北纬29°以南的包括琉球群岛在内的西南诸岛，在琉球群岛建立强大的军事据点，在中国东南海疆建立严密的第一岛链封锁线，包围中国。

1971年，在国际局势正在发生重大变化的时候，在中美正在谋求建立关系的时候，在中国即将恢复在联合国的常任理事国席位的时候，美国和日本还是违背了《旧金山和约》的规定，不经过联合国讨论和决定，私相授受，把琉球群岛的治权交给了日本。这就给日本留下了霸占琉球群岛的把柄，也给日本留下了钓鱼岛争端的口实。这一举动，显然打破了战后东亚局势的平衡。

1971年中美关系缓和、1972年中日建交，是在寻求建立东亚的再平衡局面。照道理，1989年东欧剧变后，冷战局面逐渐瓦解，东亚的国际局势再平衡应该实现。事实证明，寻求东亚局势的再平衡的道路是不平坦的。中国经济总量超过了日本，位居世界第二，在中美日之间带来了微妙的社会心理变化。

看起来,再过 20 年,当中国经济发展再上一个台阶,超过美国的时候,实现东亚局势的再平衡可能顺当一些。

中日关系的过去与未来

钓鱼岛争端、再议琉球,给中日关系蒙上了阴影。一些人变得很紧张,很悲观。因为我提出了琉球问题,有人甚至怀疑今后日本是否会欢迎我去日本。

其实,我对中日关系的发展没有那么悲观。

我把 1871 年以来的中日关系发展史分成几个阶段。

(1) 1871—1888 年,是近代中日建交的试探时期,是中国看不起日本,日本却在积聚力量准备侵略中国的时期。1888 年中国北洋海军成军,引起了日本的高度警觉,此后加快了日本准备侵略中国的步伐。

(2) 1889—1930 年,是日本策划大举进攻中国并最终形成大陆政策的时期,甲午战争发生,《马关条约》签订,台澎被割让。日本加入八国联军,是八国联军中军队人数最多的国家。占领山东,提出"二十一条"。1927 年召开东方会议,形成《对华政策纲领》,确立了将中国东北(所谓满蒙)与中国关内(所谓中国本土)相分离的政策,决定经营满蒙,为下一步大举侵略中国做准备。1928 年制造济南惨案和皇姑屯事件。这个时期是日本开始转变为帝国主义国家的时期,是中日关系历史上日本第一次大举侵略中国的时期。

(3) 1931—1945 年,是日本发动九一八事变,发动七七事变,发动"一·二八"事变,占领中国首都并进行南京大屠杀,走上企图灭亡全中国道路的时期,是中日关系历史上日本第二次大举进攻中国的时期,但是这一次侵略遭到了最后的失败,日本国家覆亡。

(4) 1945—1951 年,是美国占领日本并对日本进行改造的时期。

(5) 1952—1971 年,是日本追随美国时期,日本作为美国的外交附庸,成为美国对中国实施包围而形成的反华反共半月形包围圈的中坚一环,中日之间长期敌视,没有国家关系,只有民间外交,只经不政。

廖承志、高碕达之助在维持中日民间贸易方面起了重要作用。

（6）1972年以来，是中日建立外交关系的时期。1972年（《中日两国关于恢复邦交正常化的联合声明》）、1978年（《中日和平友好条约》）、1998年（《中日关于建立致力于和平与发展的友好合作伙伴关系的联合宣言》）、2008年（《中日关于推进战略互惠关系的联合声明》），中日之间签订了四个政治性文件，这是制约并维持中日关系的基石。2002年日本小泉纯一郎内阁参拜靖国神社以后，中日关系中出现不和谐因素，但到2008年福田康夫上台，两国签订了建立战略互惠关系的联合声明。

在1871—1971年整整一百年间，中日关系是以战争、对抗和敌视为基调的，只有1972年复交以来的40年是在平等的基础上互利互惠交往的历史，我们应当珍视这一时期中日交往的历史。1972年中日之间的贸易总额只有10亿美元，1981年是100亿美元，2002年超过1000亿美元，2011年增加到3449亿美元（日方统计）。2012年中日贸易总额虽然下降了3.9%，但还是保持了一个相当庞大的数字（3294.5亿美元）。2013年上半年中日贸易总额大幅减少，美国超过中国成为日本最大贸易伙伴。尽管中日贸易总额大大超过中国和俄罗斯的贸易总额，但是这个大幅减少，还是令人关注的。政治上，2012年中日建交40周年的国家间的纪念活动未能按计划进行。这就导致出现了中日之间政治、经济同时趋冷的现象，值得中日两国政府和民间人士思考。

当然，这种趋冷，毕竟不同于1972年以前的时期，更不同于1945年以前的时期。两国之间的四个政治性文件还存在，两国领导人的交往虽然冻结，安倍近日（2013年12月26日）参拜靖国神社，是对受到日本帝国主义侵略的各国人民感情的严重伤害。尽管如此，两国的外交关系还存在，两国的民间往来继续进行，两国间相当规模的经济关系还是存在。

今天的中国已经不是1972年前的中国，更不是1945年前的中国，当然也不是1894年的中国。日本像从前那样欺负中国的可能性已经不大可能有了。中日之间的经济贸易关系，我判断不大可能继续趋冷降温。随着中国经济发展的企稳向上，随着国际经济环境的改善，中日之间的经济贸易关系还可能升温。

中日之间的历史认识问题将会长期存在，钓鱼岛争端将会长期存在。中日美三国之间的关系将会长期胶着。琉球群岛是美国在亚洲最重要的军事基地，日本正是依靠这个军事基地强调集体防卫。像有的国际关系学者估计的那样中日之间出现针对美国的所谓"战略集中原则"，在可以预测的未来还不可能出现。同样，中美之间针对日本的"战略集中原则"也不可能出现。日美针对中国的所谓"战略集中原则"也是难以实现的。中美日三国之间，现在是一个等腰三角形，未来可能向等边三角形发展。未来10—20年内，中美之间的经济差距进一步减小，甚至可能出现反逆差，中美之间的政治、外交关系可能得到更大程度的改善，中日之间的经济差距可能继续拉大，而国家之间的紧张关系可能缓解。

随着中国与周边国家间的关系和国际关系进一步调整，日本或者美国在国际上和中国周边国家关系上包围中国的阴谋很难得逞。

日本的政局也会发生变化。日本对华友好的力量还是存在的。日本人民中认识到侵略战争给中日两国人民带来伤害的力量还是存在的。中日之间改善关系的可能性还是很大的。

我的研究结论是：中日之间因为钓鱼岛问题引起的争端短期内不会解决，但是中日关系大局不会有本质的改变。钓鱼岛争端毕竟不是中日关系的全部。中日关系恢复到1972年前，恢复到1945年前的可能性几乎不存在。我认为，中日之间在钓鱼岛区域发生冲突的可能性是存在的，但中日之间打仗的可能性是很小的。从长远看，现在中日之间的困难局面，将只是1972年建交以后中日关系长期发展中的一个有意思的插曲！

《马关条约》与日本的崛起[*]

甲午战争 120 周年刚刚过去，又迎来乙未年 120 周年，这是《马关条约》签订 120 周年，也是台湾人民抗击日本占领台湾 120 周年。

回顾甲午战争的历史，回顾《马关条约》签订以来的历史，它就是一部中国近代史，也是一部中日关系史。这是令所有中国人切切不可忘怀的历史，也是所有中国人，包括生活在海峡两岸的所有中国人须牢记的历史。面对今日中日关系和海峡两岸现实，我们尤其要温故知新。因此不揣浅陋，缕述如次。

战争进程与马关割台

1894 年 7 月 25 日丰岛海战后，中日双方相互宣战，标志着甲午战争正式打响。日本为这次战争做了 20 年以上的准备，成立了以天皇为统帅的广岛大本营，全面指挥战争。清政府没有想到会发生战争，对日本明治维新后国力的进步没有了解，对日本的战争准备所知不多，一开始就请求外国调停，调停不成仓促应战，一路败退。慈禧太后要过好 60 大寿，把国帑花到祝寿活动上，不希望战争拖下去。平壤失败、黄海海战后，清军守不住鸭绿江防线，日军分两路进入辽宁，1894 年 11 月，日军攻占设防的大连湾和"铁打"的旅顺，12 月日本首相伊藤博文向大本营递交了《攻陷威海卫略取台湾之方略》，以攻陷北洋海军基地威海和宝岛台湾作为讲和条件。1895 年 1 月，日本内阁在判断取胜

---

[*] 本文刊载于台北《海峡评论》2015 年 5 月号。

已有把握的情况下，一改十年前否决冲绳县申请的做法，做出了把台湾管辖的钓鱼岛列屿划归冲绳县管辖的决定。这个决定没有对外公布，完全是非法的。2月，日军占领威海卫，彻底摧毁北洋舰队。至此，李鸿章指挥的这场战争已无胜利希望。

3月，清政府派出以李鸿章为首的代表团前往日本下关议和。议和期间，日军占领澎湖列岛，做了进攻台湾的准备，加大了对清政府的压力。议和谈判中，日本确定的媾和条约方案为："以此次中日两国开战主因之朝鲜独立、割让土地、赔偿军费及将来帝国臣民在中国通商航海之利益等问题为重点。"马关议和时，日本已经基本上探明了西方各列强对它要求割让领土的态度。最让日本担心的是俄国。但俄国反对割让辽东半岛，对台湾之让与不持异议。在谈判割地时日本提出将"奉天省南部之地、台湾全岛及其附属诸岛屿与澎湖列岛"永远让与日本。李鸿章做了批驳，伊藤博文表示，如果不同意，日本立即派兵攻取台湾。

1895年4月17日，李鸿章与日本代表签订了《马关条约》。台湾及附属岛屿、澎湖列岛被迫割让给日本。日本趁着清政府无力回天的战败局面，借助于西方近代文明旗号，施展恃强凌弱的殖民手段，通过一系列阴谋行径，台湾全岛及所有附属岛屿完全被纳入日本殖民者的囊中。

1895年6月2日中日签署《交接台湾文据》，台湾附属各岛屿包括哪些岛屿，成为双方讨论的焦点。会谈中，清政府全权代表李经方担心日本在日后将散落于福州附近的岛屿也视为台湾附属岛屿而对中国提出岛屿主权要求，提出应该列出台湾所有附属岛屿的名录。日本公使水野回复说，如果将岛名逐一列举，难免会出现疏漏或涉及无名岛屿问题。他说台湾附属岛屿已有公认的海图及地图，而且在台湾和福建之间有澎湖列岛作为"屏障"，日本政府绝不会将福建省附近的岛屿视为台湾附属岛屿。鉴于日方的表态，李经方同意对台湾附属各岛屿不逐一列名的处理。

一方面，水野谈话表明，日本政府承认台湾附属岛屿已有公认的海图及地图，因而不需要在接管台湾的公文中列出钓鱼岛列屿，从这一点看，日本政府实际上承认钓鱼岛列屿是台湾附属岛屿，因为钓鱼岛列屿在公认的海图及地图上早已标明它属于中国或者台湾；另一方面，这段对话还表明，日本政府会谈代表水野有意隐瞒另一个事实，即在《马关条约》签署前三个月,日本政府已召开内阁会议秘密将钓鱼岛纳入了冲绳县。非法的内阁决议通过《马关条约》合法化了。

割让台湾,包括了台湾附属岛屿,钓鱼岛当然在内。

日本从战争中得到了什么

日本从甲午战争的胜利中,获利甚丰。第一,它迫使清政府同意割让台湾及其附属岛屿、澎湖列岛,还割让了辽南。第二,获得了战争赔款2亿两白银。因为俄国、德国、法国反对割让辽南,日本又从清政府手中拿到了续辽费3000万两白银。日本还要求所有战争赔款在三年内付清,付清前,日军必须驻扎威海卫,三年驻兵费由清政府负担,每年50万两。第三,中国在已开通商口岸以外,增开沙市、重庆、苏州、杭州为通商口岸,日本船只可以驶入以上各口。第四,允许日本人在中国从事各项工艺制造,在中国制造之货与进口货一样享受优待,免除一切杂税。此外,条约还按照日本要求承认朝鲜独立,等于废除了中朝之间的藩属关系,为日本独占朝鲜扫除了一切障碍。

《马关条约》是清政府自《南京条约》以来与列强签订的最为屈辱、损失最大的一个条约,也是日本自"开国"以来对外取得的最重要的一次胜利。攫取朝鲜和台湾,使日本迈出了成为"大日本帝国"的重要一步,为下一步扩大侵略打好了基础。赔款2.315亿两白银,是中国历史上对外战争赔款最大的一笔,也是日本收到的最大的一笔额外收入。将开放城市扩大到沙市、重庆,实际上等于控制了长江航道。日本人可以在华从事任何工业制造,就是任何日本人都可以在中国开设工厂,而且享有优厚待遇。这个特权,是清政府首次给予外国。

战争赔款养肥了日本

中国付给日本赔款2.315亿两白银。赔款中,有学者研究日本以库平银必须"足色"为借口,让中国多付1325万两;又因必须以英镑在伦敦交付,日本规定汇率,中国因"镑亏"多付1494万两。此外,日本还从中国掠夺了大量战利品，包括舰船、军港设施、枪炮、金银、粮食等，大约折合 8000 万两白银。

2.315 亿两白银折合成日元是 3.58 亿日元。这是当时日本想都想不到的一笔巨大收入。日本内阁大臣井上馨说，看到这么多的财富滚滚而来，"无论政府和私人都顿觉无比地富裕"。这笔巨款中近 2.7 亿日元转作临时军费和扩军支出，用作扩充海陆军等军事费用以及用于扩大军事产业基础。其中建立八幡制铁所（今天属于"全日铁"）这样的大型钢铁厂，只用了 58 万日元。同时，它还提出 5000 万日元作为储备金，建立了金本位制，打下了资本主义经济发展的基础。可以说，日本的资本主义经济基础和军事工业基础以及教育基础，都是靠甲午战争中攫取的不义之财打下的。正是在这个基础上，日本在 1905 年取得了对俄战争的胜利。也就是这个基础，成为此后日本制定大陆政策，在 1931 年发动九一八事变，1937 年发动七七事变，企图一举灭亡中国的奠基石。第一次中日战争（甲午战争）和第二次中日战争，带给中国人民无尽的苦难。

甲午战争以前，西方列强不怎么看得起日本。通过甲午战争，这个后起的资本主义国家，也叫它的欧美老师刮目相看了。由此，日本成为军国主义国家，成了一个帝国主义国家。

甲午战争给中国带来了世纪性的打击

从近代中国的历程中处处可见甲午失败的影响，甲午战争是中国近代历史的转折点之一。

中国的宝岛台湾以及澎湖列岛在《马关条约》中被割让给日本。清政府在洋务运动中苦心经营的模范省台湾一举被日本攫走，台湾人民失去祖国庇护，遭受长达半个世纪的苦难。为了反抗日本占领，台湾人民开展了流血的和不流血的斗争。半个世纪牺牲了 60 万人的生命，台湾人民的爱国情怀，不可谓不深，不可谓不烈。

按照条约规定，清政府被迫付出 2.315 亿两白银战争赔款。清政府平均每年需付出 8000 万两赔款，相当于一年财政收入。这是清政府无法承担的。清政府只得忍痛向法俄、英德银行团发起三次大借款，共借得外币折合约 3 亿两白银，扣除折扣、佣金，实得 2.6 亿两白银。此银交还日本后，所剩无几。三次大借款，中国除忍受苛刻的政治条件外，经济上遭受重大损失，36—45 年内，中国要付出的本息远远超过 3 亿两白银，可能在 6 亿—8 亿两。加上几年后《辛丑条约》本息，差不多 10 亿两白银，中国被牢牢捆绑在欧美和日本债务单上，国家的贫穷落后成为不可解开的结。

甲午战争出人意料的结局，刺激了帝国主义列强加大侵略中国的胃口。欧美列强看见东方刚刚崛起的小国日本打败了中国，便认为这个东方巨人已经躺在"死亡之榻"上，瓜分这个巨人的"遗产"的时机已经到来，便纷纷在中国占领租借地，划分势力范围，抢占路矿权利，控制中国经济命脉，中国名义上保持着独立的地位，实际上处在半瓜分的状态。

甲午战争后，中国历史上与周边亚洲国家建立的宗藩关系体系彻底瓦解，殖民主义体系在亚洲取代了宗藩关系体系。远东以及国际格局发生变化。远东地区（包括中国与朝鲜）从此成为欧美、日本等列强关注的焦点。此后，八国联军（其中日本出兵最多）对中国的侵略，第一次世界大战（日本借口对德国宣战，进攻并占领中国山东），巴黎和会，华盛顿会议以及九国公约，李顿调查团，第二次世界大战（中国抗日战争战场是第二次世界大战东方主战场），太平洋战争，开罗会议，等等，都直接与远东、与中国相关。说甲午战争改变了世界格局，是一点都不为过的。

甲午战争的失败，不仅给予中国沉重一击，而且也使中华民族猛烈地警醒！中国不能停留在老样子上，应该有所变革。1894 年 11 月，即平壤战役和黄海海战失败后，孙中山等在夏威夷发起成立兴中会，提出了推翻清朝的主张，第一次发出了振兴中华的号召。康有为领导的戊戌维新也从反对签订《马关条约》开始。严复在天津的报纸上第一次提出了"救亡"的口号，此后，"救亡"成为所有爱国者的中心口号。

革命和维新成为甲午以后推动中国变革的两股主要力量，可以说这是中国旧民主主义革命的真正开端。

中华民族的觉醒还表现为开始有意识地向西方学习。甲午以前，中国朝野也好，知识界也好，对东邻日本是瞧不起的，对日本在幕府末期的改革是不大了解的，对日本明治维新后的进步也是不屑一顾的，总之对日本在近代的崛起是不重视的。中国派留学生到美国、到欧洲都比日本早。但是，1896 年，因为甲午战败的刺激，第一批 13 名留学生去了日本。1905 年日本战胜了俄国，大出中国知识分子的意料，这一年涌到日本的中国留学生一下子达到 8000 人到 1 万人。这些年轻的留学生放下了看不起日本的身段，要去看看日本是怎样自强的，日本是怎样学习西方的，中国可以从中学到些什么？中国民主主义革命时期的许多革命者都是留日学生出身（包括中国国民党和中国共产党的早期领导人）。他们在日本学到了要学习西方，要改变中国，只有用革命的手段，才能救中国。马克思主义的理论，最初也是留日学生带回国内的。

从此以后，中国社会改造自身的革命就成为不可逆转的了！

美国支持日本侵略中国

美国对台湾的觊觎早在甲午战争以前就开始了。1853 年，美国海军准将佩里（M. C. Perry）率领舰队到日本、琉球、台湾等地搜集情报，向美国政府建议：美国应该努力在远东建立一个庞大的殖民帝国，首先把小笠原群岛、琉球和台湾弄到手。他说，台湾"直接面对中国的许多商业口岸，只要在该岛驻泊足够的海军，不但可以控制这些口岸，并且可以控制中国海面的东北入口"。佩里的政策建议，可以说是美国远东政策的蓝本。1857 年第二次鸦片战争期间，美国驻华公使巴驾认为："台湾对于美国是最合乎愿望和最有价值的岛屿。"

1867 年，美国商船"罗佛号"在台南搁浅，水手遭到当地居民杀害。美国海军上将贝尔（Bell）率军舰进攻台湾，海军陆战队在台南琅峤登陆，被当地居民击退。美国驻厦门领事李仙得（C. W. Le Gendre）深入琅峤地方调查，与当地头目卓杞笃说和，李仙得掌握了当地民族地区的第一手资料。此次在台南登陆失败，证明美国国力还不够强。此后，美国便与也对台湾怀有野心的日本联合起来。

机会终于等来了。1871 年发生台南琉球漂流民事件（即牡丹社事件）。1872 年，日本迫使琉球为藩属国，封琉球国王为藩主。这样日本对琉球漂民被害看作是日本臣民被害。1873年日本外务卿副岛种臣奉命来华,向中国"伸理"。日本不但否认琉球是中国的属国,而且否认台湾是中国的领土。清政府总理衙门指出台湾和琉球均为中国"属土",台湾"生番"杀害琉球漂民该如何裁决、抚恤,与日本无关。日本对华交涉不得要领,便在美国唆使下,联合起来向台湾进攻。美国驻日公使德隆(C. E. De-Long)劝说日本外务省大臣占领台湾,并向日本政府推荐了熟悉台湾番地事务的美国前驻中国厦门领事李仙得,副岛种臣随即聘请李仙得为日本外务省"征台"顾问(外务省二等出仕),李仙得尽力教唆日本占领台湾。美国政府全力支持日本侵占台湾。1874年,日本成立台湾番地事务局,李仙得被聘为台湾番地事务局二品官,现役美海军少校凯塞尔为参谋,指挥9艘日军舰只,退役美军工兵中尉华逊负责指挥日军构筑工事,美国船"纽约号"还受雇为日军运兵。清政府为因应事件发展,派大臣赴台湾。这时候,美国、日本国力都还不够,英法等国反对日本占领台湾,美国也改变态度不再支持日本。中日签订《中日台湾事件专约》,清政府赔偿日本50万两白银,日本军队撤出台湾,确保了中国对台湾的主权。

甲午战争爆发前,美国站在日本一边,担心日本打不过中国。开战后,美国表面"中立",实际上把胜利的希望寄托在日本身上。美国驻朝鲜公使向美国政府报告,日本主张朝鲜内政改革是"一举而消灭中国之宗主权",对美国有好处。清军平壤失败、黄海大战后,清政府请求各国调停,美国立即表示拒绝调停。美国政府认为,现在日本尚未全胜,如果参与调停,会有利于中国,不愿意参与英国主张的调停。清政府驻美公使杨儒也请求美国调停,美国国务院答复说,等中国打了胜仗再参与调停。这分明是骗人的话。清军在战争中一路失败,才要求调停,你让他打胜仗,分明是挖苦他不能打胜仗。马关谈判中,美国经过中国议和代表李鸿章的顾问美国人科士达,支持日本对中国多方威胁,除"中国认明朝鲜国确为完全无缺之独立国"外,将中国澎湖群岛、台湾与辽东半岛永远割让给日本。割让辽东,引起俄德法三国干涉,美国还在后面进行反干涉。据陆奥宗光记载:"美国务卿承诺在不与局外中立之主旨相矛盾范围内,与日本协力,而对批准讲和条件之事,已训令在北京美国公使劝告中国政府加速实行云。"要求清政府尽快在条约上签字,可见美国是如何急迫地与日本站在一起。

日本的再崛起与美日合作制华

日本的崛起有两个基本条件：一是通过明治维新日本成长为一个资本主义国家；二是国力增强，军国主义势力随之增强，通过甲午战争进一步取得了大量财富，日本军国主义从中获得了侵略亚洲各国的动力，刺激了它独霸亚洲、称雄世界的野心，最终成为第二次世界大战的东方策源地和亚洲爆发点。日本军国主义不仅要打中国，也要打美国、苏联，还想要与作为第二次世界大战欧洲的策源地之一的德国会师。这不仅激起了中国人民的愤怒和反抗，也激起了美苏等各国的愤怒和反抗。1945年8月，日本在中国、美国、苏联的共同打击下，无条件投降。这一次投降，把日本明治维新以来的成就几乎全耗光了。

但是，第二次世界大战后，中华人民共和国成立，中国从此摆脱了半殖民地半封建地位，向着一个独立的民主的富强的国家迈进。美国基于反对共产主义的原则，又开始扶植日本，帮助日本发展，经过30年，日本再次崛起。日本上一次崛起时，美国与日本合作对付中国。日本再次崛起后，美国支持日本对付中国。

美国应该记得，二战中，是中国、美国、苏联合作打败日本的。《开罗宣言》《波茨坦公告》关于对日本的处分和形成战后的世界格局，是美国、苏联、中国都同意的。美国还应该记得，1941年12月珍珠港事件的教训。美国再次扶植日本，是不是会再来一次珍珠港事件呢？

我们学习历史，必须记住这个历史教训。

2015年4月5日清明节于北京东厂胡同

正视甲午是改善中日邦交的前提*

今年3月全国两会期间，外交部部长王毅曾说："2014不是1914，更不是1894。"从甲午历史视角来审视当前的中日关系，我有一点感想。王毅部长所说是在警告日本当局，不要把2014年当成1914年，更不要当成1894年。1914年第一次世界大战爆发，日本借口向德国宣战，出兵占领青岛，占领济南，占领胶济铁路。"还我青岛"成为1919年五四运动最中心的口号和诉求。1894年正是甲午战争爆发之年。这就是说，1894年、1914年都是日本侵略中国的标志性年份。王毅部长是在对日本讲外交，也是对日本讲历史。

中日关系不能永远僵持下去。世界第二大经济体中国和第三大经济体日本都是亚洲大国，而且是一衣带水的大国，这个邻居是不可选择的。中日两国都要在思想上真正认识这一点，不要像福泽谕吉那样把中国当作日本的一个恶邻。历史上，日本曾经长期向中国学习历史和文化。近代史上，中国也曾经向日本学习如何实现现代化的经验。无论是历史上、现实上还是今后，中日两国都有需要相互学习的地方。日本和中国都是亚洲重要国家，亚洲要振兴，亚洲人民要发展经济，改善生活福祉，日本和中国都有不可推卸的责任。中日两国长久对立甚至敌对，无法达成改善亚洲人民生活的目的。

改善中日邦交要正视历史。当前中日关系出现波折，主要原因是日本政府"购岛"、领导人参拜靖国神社、解禁集体自卫权等一系列事件，严重违背了中日之间签订的四个政治性文件的原则精神，也违背了二战后一系列国际秩序的安排。鉴于今天安倍政权的右倾化，使中日两

---

* 本文刊载于《国际先驱导报》2014年8月6日。

国关系处在1972年建交以来最紧张的时刻，要使中日关系正常化，我们更要抓住正视历史和正确认识历史这一条不放。只有这样，中日两国关系才有可能正常地向前发展。

对于中日两国人民来说，日本军国主义曾经给中国人民带来的刻骨铭心的历史灾难不能忘记。甲午战争中的旅顺大屠杀，抗日战争中的南京大屠杀，以及日本第二次侵华战争期间在中国各地的屠杀，都是日本军国主义精神的体现，这些历史暴行将永远钉在历史的耻辱柱上。

日本一定要防止军国主义复活。日本军国主义曾经给亚洲各国人民带来深重灾难，也给苏联、澳大利亚、美国、英国等国家带来重大损失。正是因为日本发动了长达八年的全面侵华战争，发动了太平洋战争，才招致了毁灭性的打击，才在开罗会议、波茨坦会议等一系列国际会议召开后无条件投降，使日本遭到1868年明治维新后最惨重的失败，也使日本人民遭受了苦难。

日本广岛和平纪念馆中的一块四方玻璃上写着："向因错误的国策而牺牲的众人致以悼念。"广岛遭到原子弹爆炸是因日本"错误的国策"，这是广岛人民正确的历史总结。日本当局应该从日本人民的智慧中汲取营养，避免走上执行错误国策的道路。如果军国主义复活，错误国策再现，再次出现广岛、长崎那样悲惨的爆炸不是不可能的。

2014年2月全国人民代表大会常务委员会通过9月3日为中国抗日战争胜利纪念日，通过12月13日为南京大屠杀死难者国家公祭日，完全反映了中国人民的意志。这是第一次以法律的名义规定这个纪念日和公祭日，意义重大，他提醒全中国人民不要忘记历史，不要忘记抗战八年的艰苦牺牲，不要忘记日本帝国主义的侵略；也借此昭告世界：中国人民一直坚守着二战后的国际秩序。

日本当局企图否定二战后的国际秩序，修改"和平宪法"，坚持解禁"集体自卫权"，都是违背《开罗宣言》《波茨坦公告》的危险举动。我们必须正告玩火者：2014年的马年，不是1894年的马年，1894年的马年是不可能在今天复制的。这其中的关键是：2014年的中国，不是1914年的中国，更不是1894年的中国。

120年来，中国人一直在反思历史教训，日本却相反，往往对历史教训置若罔闻。不尊重历史的国家和民族是会遭到历史惩罚的。日本已经遭到过一次惩罚，希望不要再遭一次惩罚。

历史经验告诉我们，甲午战争以来的中日国交的历史上，战争多于和平，紧张多于友好。要创造和平多于战争，友好多于紧张的局面，中日两国人民都要经常回顾历史，牢记历史教训。

历史教训还有一点要注意，16世纪末以来，日本政治家常存灭我之心。这是我们在回顾甲午战争的世纪影响的时候，不要忘记的。当然，今天的中国，既不是第二次中日战争时的中国，更不是甲午年第一次中日战争时的中国。但是，中国人民、中国的军人不要陶醉于自己的成绩，只有居安思危，常存战守之备，我们才能立于不败之地。

从这个角度说，120年前的甲午战争，今天还在影响着中日两国，甚至影响着国际关系！

甲午战争与中日关系[*]

——对甲午战争 120 周年的反思与检讨

今年是甲午马年，正是甲午战争爆发 120 周年。甲午战争已经过去了两个甲子，在中国人的历史记忆中打下的烙印，难以磨灭。不幸的是，当甲午战争爆发 120 周年的时候，中日关系正经历着建交 40 年后的一次令人痛苦的倒退。个中因缘，值得今天的人们深深总结。痛定思痛，应对 120 年前的甲午战争历史做出检讨，算作历史与未来的对话。

中日胜败实属必然

对于中国在甲午战争中失败，120 年来各方面人士有不同的解读。这里依据历史事实，做出一些分析。

第一，中日两国社会发展阶段不同，这是评估战争胜败的基础性因素。中国原是封建社会，在鸦片战争后成为半殖民地半封建社会。虽然在 19 世纪 60 年代开展了洋务运动，但在社会发展阶段上，只可与日本幕府末期的改革相比，而改革效果尚不及幕府末期。日本通过明治维新，大力推行"殖产兴业"政策，不仅引进西方资本主义的生产技术，而且引进西方资本主义的社会制度，迅速发展为后起的资本主义国家。

第二，国内经济政治实力不同。甲午战争前，日本已形成全国统一市场，颁布了宪法，召开了国会，建立了以天皇为核心的高度集权的中

---

[*] 本文刊载于《参考消息》2014 年 6 月 25 日。

央统治机构,政府大臣大多曾留学欧洲或赴欧美各国考察。日本还建立了新式陆海军,新式陆军加上预备役部队有近30万人。双方社会发展阶段不同,经济成长实力相差甚大,军备实力中国不如日本,这是决定战争成败的关键因素。

第三,对战争的准备情况不同。日本要发动这场侵朝、侵华战争,经过了几代人的准备,设计了多种实施方案。单是对敌情的调查,就可谓无所不细其极,周到翔实。情报人员足迹遍及北京、天津、上海、汉口、广州、福州、厦门、湖南、陕西、四川以及东北各地。一些后来在日本政坛担任要职的人都曾赴华调查,如桂太郎、川上操六、桦山资纪等。反之,清政府对日本明治维新以来的情况缺乏了解,对日本"征韩""征清"的图谋未曾研究。

第四,日本组建了举国一致的战争体制,包括军事、政治、后勤、外交都分别有周到安排。清政府在战争初起时则惊慌失措,各大臣意见相左,主战、主和争论不休。李鸿章以北洋大臣、直隶总督处在应战的指挥者地位,但在应对方略和调兵遣将等问题上均需奏请,常遇掣肘,难以迅速形成决策。有人说,李鸿章以一人敌日本一国,虽然语带夸张,但在某种意义上也反映了实情。

第五,两国战争指导原则不同。在战争指导原则上,日本实行积极进攻的战略原则,李鸿章采取的是消极防御的战争指导方针,"保全和局"是李鸿章应对战争的不二法门。在战争的每一阶段,李鸿章都将前景寄望于列强调停。而日本在外交上应付调停,在军事上一步也不放松,处处掌握主动。

第六,国际环境不同。国际环境总体对清政府不利。清政府与列强签订了《南京条约》等不平等条约后,已困于西方列强的条约体系之中,旧有的宗藩体系正在全面崩溃。日本虽在幕末时期也被迫与列强签订了不平等条约,但此后就开始改革,至明治维新时期,更是大刀阔斧地推行资本主义改革,国力大增,正在争取废除不平等条约。甲午获胜后,日本与列强间的不平等条约即陆续废除。

总之,当时中国正值封建社会末期,面对西方列强的挑战,完全处在下风。在国际事务上,朝野上下颟顸无能,内政一塌糊涂,经济成长乏力,贪污腐败成风,武备不兴,民气不扬。以这种状况对付成长中的资本主义小国日本,战败是必然的。

影响中日百年国运

甲午战争的结局,是清政府事前没有料到的;日本在战争中完胜,也是欧美各国没有料到的。

第一,甲午战争的失败给予中国的打击是世纪性的。在近代中国的历程中处处可见甲午失败的影响。中国台湾以及澎湖列岛在《马关条约》中被割让给日本。按照条约规定,清政府被迫付出2.315亿两白银赔款,三年还清。清政府从俄法银行团、英德银行团三次借出本金3亿两白银,才还清这笔战争赔款。加上几年后《辛丑条约》赔款,本息差不多10亿两白银,中国被牢牢捆绑在欧美和日本债务单上,极大地加剧了国家的贫穷落后。

第二,甲午战争的胜利给日本发挥其野心带来巨大的刺激。日本从一个东亚小国成为"亚洲巨人",变成军国主义—帝国主义国家。中国付给日本的赔款,大部分用作扩充海陆军和扩大军事产业基础。同时,它还提出5000万日元作为储备金,建立了金本位制,打下了资本主义经济发展的基础。可以说,日本的资本主义经济基础、军事工业基础以及教育基础,都是靠甲午战争中攫取的不义之财打下的。

正是在此基础上,日本在1905年取得了对俄战争的胜利。这个基础,也成为此后日本制定大陆政策、企图一举灭亡中国的奠基石。再后来,日本在1931年发动"九一八事变",1937年发动"七七事变",带给中国人民无尽的苦难。

第三,甲午战争出人意料的结局,刺激了帝国主义列强侵略中国的胃口。欧美列强看见东方刚刚崛起的小国日本打败了中国,便认为这个东方巨人已经躺在"死亡之榻"上,瓜分这个巨人的"遗产"的时机已经到来,纷纷在中国占领租借地,划分势力范围,抢占路矿权利,控制中国经济命脉。中国名义上保持着独立地位,实际处于半瓜分的状态。

第四,甲午战争后,中国历史上与周边亚洲国家建立的宗藩关系体系彻底瓦解,殖民主义体系在亚洲取代了宗藩关系体系。远东及国际格局发生变化。远东地区(包括中国与朝鲜)从此成为欧美、日本等列强关注的焦点。中国在亚洲和世界的影响降到最低点。

第五，甲午战争的失败，不仅给予中国沉重一击，而且也促使中华民族猛烈地警醒！1894年11月，即平壤战败和黄海海战失败后，孙中山等在夏威夷发起成立兴中会，提出了推翻清朝的主张，第一次发出了"振兴中华"的号召。康有为领导的戊戌维新也从反对签订《马关条约》开始。严复在天津的报纸上第一次提出了"救亡"的口号，此后"救亡"成为所有爱国者的中心口号。革命和维新成为甲午以后推动中国变革的两股主要力量，可以说这是中国旧民主主义革命的真正开端。

中华民族的觉醒还表现为开始有意识向西方学习的过程。甲午以前，中国人对东邻日本是瞧不起的。但是，1896年，因为甲午战败的刺激，第一批13名留学生去了日本。1905年日本战胜了俄国，大出中国知识分子的意料，这一年涌到日本的中国留学生一下子达到8千至1万人。这些年轻的留学生放下身段，要去看看日本是怎样自强的，日本是怎样学习西方的，中国可以从中学到些什么？马克思主义的理论，最初也是留日学生带回中国的。

第六，甲午战争胜利的刺激，使日本忘乎所以，最终走向彻底失败的结局。当第一次世界大战打响后，日本借口对德国宣战，出兵青岛，提出灭亡中国的"二十一条"，不久占领济南和胶济铁路线。1931年"九一八事变"后，日本在中国发动局部战争。1937年"七七事变"后，日本叫嚷"三个月灭亡中国"。但是中国在极其困难的条件下坚持了长达八年的抗战，在苏联、美国、英国的支持下，获得了最后的胜利。

中日必须以史为鉴

回顾120年前甲午战争的历史，客观地看待中国失败的历史教训，我们心情并不轻松。从这些历史教训中，我们可以得出几点认识。

第一，国贫民弱，经济落后，难免受外人欺凌。近代欺凌过中国的列强，都是正在上升中的资本主义—殖民主义国家，都已完成或正在完成工业化。中国当时只经历了延迟的、远不完全的早期现代化进程。对于中国这样一个历史悠久、"地大物博"又停留在封建社会末期、运转失灵的大国，落后就要挨打，是难以避免的。

第二，国家要避免遭受侵略，关键在于自身强大。通过完成新民主主义革命，中国已在中国特色社会主义道路上迈出坚实步伐，国家经济总量已经超过日本。中国共产党领导下的多党合作和政治协商制度，正在获得欧美一些有识之士的关注甚至认可。中国民气的昂扬向上，同仇敌忾，是与120年前决然两途的。

第三，外交交涉，国际上的折冲樽俎，一切都要以国家实力为基础。19世纪90年代的中国正好缺乏这样的基础，却要谋求以夷制夷，无异于与虎谋皮，实际上被外国列强玩弄于股掌之中。

第四，中日复交的政治基础需要尊重。1972年7月中日两国复交以后，中日两国之间共签署了4个政治文件。这些文件的基本精神就是正视过去及正确认识历史是发展中日关系的重要政治基础。鉴于今天安倍政权的右倾化，使中日两国关系处在1972年建交以来最紧张的时刻，又鉴于16世纪末以来近400年间日本谋我中华的历史，尤其是近代以来日本加给中华民族的极大伤害，为使中日关系正常化，更要正视历史和正确认识历史。只有确保这一点，中日关系才能建立在正确的基础上，才有向前发展的可能。

第五，中国人和国际社会要记住抗战胜利纪念日和南京大屠杀死难者国家公祭日。甲午战争期间，日军在旅顺进行大屠杀，两万居民死难；1937年12月，日军制造南京大屠杀；抗战期间，日军在中国各地制造屠杀。中国人民和世界爱好和平的人民定会永远记住这些历史。

第六，二战后国际安排应该落实。至今造成中日关系紧张的钓鱼岛问题与甲午战争有密切关系。日本在甲午战争胜利确有把握的1895年1月，通过内阁决定将钓鱼岛划归冲绳县管辖，但却未对外正式公布。日本这种窃取行为掩盖于其甲午战胜之中。其实，说起冲绳县，它本是琉球王国，是明清两代中国的藩属国。日本吞并琉球，引起清政府强烈不满，交涉经年，直至1888年日本为策划大举侵略中国才主动停止交涉。琉球问题最终也被甲午战争的结局掩盖。今天所以要重议琉球，是因为琉球主权未定。琉球主权未定基于两个理由：一是中日之间就琉球地位的谈判被甲午战争打乱了；二是由《开罗宣言》等一系列国际条约所形成的对日本领土的规定，这是二战后的一项国际安排，至今尚未落实。

第七，对中日关系抱有谨慎乐观态度。中日之间因为钓鱼岛问题引起的争端短期内不会得到解决，但是中日关系大局不会有本质的改变。钓鱼岛争端虽然涉及中日在东海和西太平洋主导权的争夺，但毕竟不是中日关系的全部。从长远看，现在中日之间的困难局面，将只是1972年建交以后中日关系长期发展中的一个有点苦涩的插曲！

总结甲午战争以来120年的历史，我们应该从历史和现实的角度加以反省和检讨，寻求中日正常关系的未来。

历史经验告诉我们，甲午战争以来中日国交的历史，战争多于和平，紧张多于友好。要创造和平多于战争、友好多于紧张的局面，中日两国人民都要经常回顾历史教训，牢记历史教训。中日两国要牢记发展经济的大局，以造福于两国人民。中国要居安思危，常存战备之思，牢记甲午惨败教训，使自己立于不败之地。

忘记历史教训难以改善中日关系[*]

——写在第一个法定抗战胜利纪念日来临之际

9月3日,我国第一个法定抗战胜利纪念日即将来临,这是我国第一次由全国人民代表大会常务委员会通过设立的抗战胜利纪念日,随之而来的还有12月13日南京大屠杀死难者国家公祭日。这两项纪念活动意义重大,不仅充分表达了中国人民的意志,也提醒全中国人民不要忘记历史,不要忘记抗战八年的艰苦牺牲,不要忘记日本帝国主义的侵略,对未曾经历过抗日战争艰苦岁月的年轻一代进行历史唯物主义的教育;同时,借此昭告世界:中国人民一直在坚守着二战后的国际秩序。

今年是甲午战争120周年,也是第一次世界大战爆发100周年和第二次世界大战爆发75周年,是开罗会议和《开罗宣言》发表71周年,又是波茨坦会议召开和《波茨坦公告》发表69周年。今年还是卢沟桥事变爆发77周年。再过一年,就是世界反法西斯战争暨中国人民抗日战争胜利70周年,也是日本无条件投降70周年。上举一系列世界历史上的重大事件,都是改变中国和世界历史走向的大事件,在这样的历史时刻,回顾历史教训,对于改善中日关系是有意义的。

甲午战争是在日本明治维新以后实行"殖产兴业",初步发展成为资本主义国家以后发生的。那时候,日本国力正在上升阶段,怀抱着向外扩张的雄心,希望实现丰臣秀吉以来历代政治家的理想。清朝国势日衰,在列强侵略的打击下,处在自顾不暇的境地,对于邻邦日本的侵略意图未做出预先的防范,在日本海陆军的强势攻击下,一败涂地,不得

---

[*] 本文刊载于《光明日报》2014年9月3日。

不签订《马关条约》，割地赔款。甲午战争的胜与败，《马关条约》的签订，对于中日两国的影响都是世纪性的。惨败没有使中国沉沦，中华民族的觉醒是从甲午战争的失败中开始的。革命派认为只有推翻这个腐朽的朝廷，中华才能振兴；维新派认为只有改造这个朝廷，中国才能前进。革命派的理念赢得了民心，辛亥革命发生了，清朝被推翻了，民国诞生了。但是在北洋军阀统治下，民国空有其表，国家还是不能进步，于是有五四运动的发生，于是有中国共产党的诞生，有中共与人民大众的结合，有国共合作组成抗日民族统一战线，有正面战场与敌后战场的战略配合，在国际反法西斯力量的支持下，最终赢得了抗日战争的胜利。日本则在甲午战争胜利的刺激下，对外扩张野心一步步膨胀，发动九一八事变和七七事变，全面侵略中国，最终走向失败。

第一次世界大战是爆发于欧洲的一场帝国主义战争。欧洲列强在华利益因大战爆发无法推进。日本正想借机扩大在华权益，便以山东是德国势力范围，胶州湾是德国租借地为由，派兵向山东进攻，占领济南，占领胶济铁路，攻占青岛。日本的目的不是胶州湾，而是想根本解决中国问题，这就是日本提出的"二十一条"。大战结束后，列强之间相互勾结，完全忽视中国的国家主权权益，忽视中国人民收回青岛的正义要求，在巴黎和会上同意把胶州湾权利从德国让渡给日本。中国也是对德宣战的国家，却得不到巴黎和会对于战胜国权益的保障，关于青岛的决定极大伤害了中华民族的自尊心，伤害了中国人对大战结束是"公理战胜强权"的期待。这一事件成为五四运动爆发的直接因素，极大地刺激了中国人的民族感情。"打倒列强，除军阀"成为国民革命期间国共两党合作的政治基础。

1937年7月7日卢沟桥事变，是日本帝国主义发动全面侵华战争的起点。日本军人狂妄叫嚣"三个月内灭亡中国"。这个狂言虽然未能实现，但是八年抗战使中国付出了伤亡3500万人的巨大代价，物资损失无法统计。中华民族奋起抗战，国共两党共赴国难，阻止了日本帝国主义灭亡中国的图谋。失道寡助的日本，终于在1945年8月宣布无条件投降。这个历史教训，对中日两国来说，不是很深刻吗？

1943年11月的开罗会议，可以说是1941年12月日本发动的珍珠港事变引起的。日本的对外扩张野心进一步膨胀，北上不成就南下，用飞机偷袭了夏威夷的美国太平洋舰队，美国损失惨重。偷袭珍珠港，点燃了太平洋战争的战火，美英中苏成为共同反对德日法西斯侵略的同一个战壕里的战友。中国是世界反法西斯战争东方主战场，日军大部分军力都被牵制在中国战场上，以1938年10月为例，日本陆军总兵力的94%分布在中国。再以1941年12月为例，日本陆军总兵力的69%分驻于中国；太平洋战场只占19.6%。到1945年，日军51%的兵力部署在中国战场上，49%的兵力部署在太平洋战场上。中国人民以巨大的牺牲和百折不挠的抗战精神，支持了苏联的对德战争，使它有一个稳定的后方；支持了美国、英国的太平洋战场，大大减少了日军对它们的压力；粉碎了日德法西斯打通欧亚的企图。中国抗战对世界和平做出了不可替代的贡献。

在已经可以预计战争胜利结果的形势下，美国总统罗斯福提议召开四大国首脑会议，决定战争的最后进程以及战后的安排。美英中三国首脑开罗会议在前，苏美英三国首脑会议接着在德黑兰召开。《开罗宣言》所确定的原则有两点：一是以强大的军事压力，迫使日本无条件投降；二是迫使日本退出其以武力和贪欲所攫取之所有土地，包括自1914年第一次世界大战以来在太平洋所夺得或占领之一切岛屿，所窃取于中国之领土如满洲、台湾、澎湖列岛等，使朝鲜独立自由。这是当时美英中三大国首脑（实际上包括苏联领导人斯大林的同意，是四大国首脑）关于第二次世界大战结局所做出的最重要的政治决定。这也是有关人类社会历史前途的决定。1945年7月，苏美英三国首脑在波茨坦开会，会后发表《波茨坦公告》，除决定对德处分措施外，还敦促日本无条件投降，明确开罗会议之条件必须实施。1945年6月，《联合国宪章》签订，中国与苏联、美国、英国、法国一起成为联合国安理会五大常任理事国。《开罗宣言》、《波茨坦公告》和《联合国宪章》，标志着战后国际基本格局的形成。

美军在占领期间帮助日本制定的《和平宪法》，是对日本社会结构的改造，是要剥夺日本发动战争的权利，让日本成为一个和平国家，这部《和平宪法》实际上反映了战胜国的意志，也反映了要求和平的日本人民的信念。日本一些右翼人士常常抱怨日本不是一个正常国家，日本的地位是战胜国强加的，日本要建设一个新国家。不错，二战后的国际秩序，是战胜国共同确定的，这种国际秩序首先反映了战胜国的要求。战后国际秩序当然是战胜国共同建立的秩序。否定这一点，是公正的吗？难道要战败国来建立它们所需要的国际秩序吗？战胜国建立的国际秩序，首先是惩治战争的策源地，德国和日本在战后遭到了适当的惩治，日本不能建立军队，不能发展军工企业，不能对外宣战，日本的领土只能限制在日本本土四个大岛，以及战胜国认可的若干小岛，等等，就是这些措施。这是十分必要的。从今天来看，这些措施不能削弱，只能加强，我们还需重新审视对日本是否严格落实了两个会议的精神。

二战后，战胜国中的一些国家，从冷战需求出发，逐渐改变了《开罗宣言》《波茨坦公告》的立场，开始扶持日本，以对抗苏联、中国。今天日本的局势，在一定意义上是美国等国家养痈遗患的结果。当年的战胜国应当恢复二战精神，抑制产生新的战争的可能因素和产生战争的新的根源，否则，世界还将变得不安宁。美国应该记得珍珠港偷袭的惨剧，如果不加警惕，偷袭珍珠港的情景再现不是不可能的。

世界反法西斯战争暨中国人民抗日战争胜利，是世界历史的一个非常关键的转折点，是人类走向光明的转折点。如果德、日、意法西斯获得战争的胜利，人类历史将面临万劫不复的境地。开罗会议、波茨坦会议以及反法西斯战争的胜利，与中国关系极大。日本政府在1945年8月15日宣布无条件投降，也在中国战区向中国投降，中国经过八年艰苦奋战终于成为战胜日本的国家。这是中国近代自鸦片战争以来头一次在对外战争中取得胜利。《开罗宣言》宣布日本窃据中国的领土，包括中国东北和台湾各岛屿以及澎湖列岛等归还中国。1945年10月，被日本帝国主义占领50年的台湾以及澎湖列岛回归祖国怀抱。战后成立联合国，中国是五个常任理事国之一。联合国的成立就是战后国际秩序的基本表征。1972年中日发表建交公报，日本保证遵守《开罗宣言》和《波茨坦公告》，这个建交公报是中日两国建立外交关系的政治基础，表明战时的文告还在国际上发挥着重要的作用。

反法西斯战争的胜利，中国取得对日作战的胜利，是人类历史和中华民族发展史上具有重大意义的历史事件。中华人民共和国的成立就是建立在这两个伟大胜利的基础上的。因此，维持并维护二战后国际新格局，是关乎维护二战胜利成果的大问题，决不可以小视。当初开罗会议、波茨坦会议的与会国美国、英国、中国等都应该在维护二战成果上迈出新的步伐。德国作为二战的战败国也在维护二战成果上做出了应有的努力。日本却反其道而行之，不仅不承认战时"慰安妇"制度，不承认对亚洲国家的侵略，不承认南京大屠杀，还大力扩张军备，要像战前那样大力发展日本的间谍体制，国会还正式通过了解禁集体自卫权，为修改《和平宪法》迈出了重要一步。为此，日本当局在拓展国际空间方面下了很大力气，虽然这种国际空间其实很有限。日本的一切努力，似乎都在朝着复活军国主义的方向。这些努力的前景，究竟是搬起石头砸自己的脚呢，还是首先妨害二战胜利国的利益呢？这还需要密切观察。但是，我们可以肯定地说，这种努力的前景，一定是对日本人民不利的，一定是会伤害日本人民的民主自由和阻碍日本人民生活福祉提高的。

中国人民马上就要迎来第一个法定的抗战胜利纪念日。迎接这个纪念日，是要充分肯定中国人民抗日战争胜利的成果，是要充分肯定盟国携手争取反法西斯战争胜利的伟大斗争，是要维持并维护二战胜利成果、维持并维护二战后国际新格局。现在的中日关系正处在1972年建交以来最困难的时期。中日关系不能永远僵持下去。世界第二大经济体中国和第三大经济体日本都是亚洲大国，而且是一衣带水的邻居。这个邻居是不可选择的。中日两国都要在思想上真正认识到这一点。历史上，日本曾经长期向中国学习历史和文化。近代史上，中国也曾经向日本学习如何实现现代化的经验。无论历史上还是今后，中日两国都有需要相互学习的地方。日本和中国都是亚洲重要国家。亚洲要振兴，亚洲人民要发展经济，改善生活福祉，日本和中国都负有不可推卸的责任。

改善中日邦交要正视历史。当前中日关系出现波折，主要原因是日本政府所谓"购岛"、领导人参拜靖国神社、解禁所谓"集体自卫权"等一系列举动，严重违背了中日之间签订的政治性文件的原则精神。要使中日关系正常化，我们更要抓住正视历史和正确认识历史这一条不放。只有这样，中日两国关系才有可能正常地向前发展。

中国即将迎来第一个抗战胜利纪念日，我们应该有这样的认识。